The Reflective Parent
How to Do Less and Relate More with Your Kids

反思的爱
——看见自己，看见孩子

【美】Regina Pally 著

戴艾芳 译　　肖广兰　马丽平　郑凯 审校

中国轻工业出版社

图书在版编目(CIP)数据

反思的爱：看见自己，看见孩子／（美）雷吉娜·帕利（Regina Pally）著；戴艾芳译. —北京：中国轻工业出版社，2019.6（2021.10重印）
ISBN 978-7-5184-2177-0

Ⅰ.①反… Ⅱ.①雷…②戴… Ⅲ.①亲子关系-家庭教育 Ⅳ.①G78

中国版本图书馆CIP数据核字（2018）第252320号

版权声明

Copyright © 2017 by Regina Pally
First Edition Published by W. W. Norton & Company, Inc.
All rights reserved.

总 策 划：石 铁
策划编辑：阎 兰　　　　　　　　责任终审：杜文勇
责任编辑：阎 兰　王雅琦　　　　责任监印：刘志颖

出版发行：中国轻工业出版社（北京东长安街6号，邮编：100740）
印　　刷：三河市鑫金马印装有限公司
经　　销：各地新华书店
版　　次：2021年10月第1版第6次印刷
开　　本：710×1000　1/16　印张：18.25
字　　数：158千字
书　　号：ISBN 978-7-5184-2177-0　定价：58.00元
读者热线：010-65181109，65262933
发行电话：010-85119832　传真：010-85113293
网　　址：http://www.chlip.com.cn　http://www.wqedu.com
电子信箱：1012305542@qq.com
如发现图书残缺请拨打读者热线联系调换
181037Y2X101ZYW

这本书献给我的三个孩子，是他们教会了我所有关于为人父母的重要知识，也献给我的丈夫，每当我开始怀疑自己的时候，他会支持我并给我信心。

The Reflective Parent

致　谢

在本书的写作中，融入了太多人的想法、鼓励和建议。我要永远地感谢所有朋友、家人和同事，他们给我提供了支持、听取了我所有的想法，而且在本书初稿的写作过程中也提供了很多帮助。我要特别感谢 Nancy Rosser、Dorli Burge、Kathy Reuter、Joan Gurfield、Sharon Polkinghorn、Martha Slagerman、Julie Tepper、Jonathan Salk。我还要感谢反思性社群中心，尤其是同事 Diane Reynolds、John Grienenberger、Bronwyn Talbot、Wendy Denham、Natalie Levine、Melissa Jacobs、Kevin Gruenberg，他们非常慷慨地付出了宝贵的时间，通过反思性的理念方法和关系建设来促进儿童的健康发展，并亲切地与我分享了有关儿童发展和养育的所有知识。我要感谢 Paulene Popek，他最先向我介绍了"善于反思的父母"的概念，并帮助我启动了反思性社群中心。我要感谢 Dan Siegel，他最先让我参与到与大脑相关知识的学习中，感谢他对我所做的与反思相关工作的支持。感谢 Hans Miller、John Schumann，他们为我在神经科领域的学习提供了多年的指导。非常感谢我的导师 Beatrice Beebe,她精心培养了我在写作方面的所有能力。我要感谢科学研究人员 Pat Levitt、Marco Iacoboni、Peter Whybrow 提出的建议。最后,我要深深地感谢诺顿出版社的编辑们给了我很多非常棒的建议和帮助。

The Reflective Parent
译者序

与雷吉娜·帕利（Regina Pally）博士的新书结缘，源于一次巴彤老师的新书分享。2017年2月4日，农历新年的节日气氛还未褪去，我在家中查看电子邮件时，无意中看到了巴彤老师转发的一封新书推荐。也就是从这封邮件开始，我第一次"认识"了雷吉娜·帕利博士，第一次看到了《反思的爱——看见自己，看见孩子》（The Reflective Parent）的新书封面和简介。彼时，我正满怀热情地投身于育儿文章的写作中，这本书的题目深深地吸引了我。这是我第一次看到有作者直截了当地将"反思"作为核心理念进行阐述，尤其是在育儿领域。带着些许兴奋，带着很多好奇，也带着一点疑惑，我用最快的速度上网购买了英文原版书。经过一个月的漫长等待，终于收到了这本书。时至今日，我还清晰地记得自己在读这本书时的心情。正如雷吉娜在本书开篇时所说："当我还是一名年轻妈妈时，在养育3个孩子的过程中，我很需要这样的一本书。"没错，这就是我的感觉！当我可以忘记疲惫，忽略语言的障碍，一口气将这本书读完的时候，我打心底里认为，这本书是我真正需要的。作为一名正在养育孩子的妈妈，我需要这本书。因为它可以带着我穿越养育孩子的艰辛，让我放下焦虑，回到孩子，回到自己，回归亲子关系的核心议题；它也让我更加相信自己，更加有自信去找寻属于自己的方法。作为一名跟父母和孩子工作的心理咨询师，我同样需要这本书，因为它可以让我帮助更多的家庭，让更多的父母可以找到真正适合他们自己和孩子的养育方法。因为迫切地想要与更多的父母和同行分享这本书，我萌生了翻译这本书的想法。在巴彤老师的引荐和帮助下，我开始了为期近一年的翻译工作。

无论是在初次阅读时，还是在翻译的过程中，作为一名读者和译者，我无时无刻不被雷吉娜平易近人、生动形象、严谨而不失幽默的语言风格所打动。她将神经科学领域最前沿的研究成果运用到父母养育的领域，用浅显易懂的方式讲述了"大脑"如何参与父母的养育过程、如何影响父母和孩子的互动，从而影响孩子的大脑发展和健康成长。在大脑科学的基础上，全书围绕"反思"这一核心概念阐述了何谓"善于反思的父母"，何谓"反思性养育"。需要特别指出的是，本书所阐述的"反思能力"是指大脑的一种心智功能，这种能力可以让我们认识到"人类的所有行为都因每个人内在的心智状态而具有各自的意义"。这种能力可以让父母更加了解自己，可以真正"读懂"孩子，从而跟孩子建立起更加牢固的亲子关系。

与其他养育类的书籍相比，这本书的不同之处在于，作者没有就各类育儿议题给出具体的建议，而是提出了一种全新的养育方法。这种方法将重点放在帮助父母意识到反思能力的重要性，以及如何通过反思、依靠自己找到适合自己孩子的养育方式。每个孩子和父母都与众不同，所以不存在一种唯一正确的养育方式，但要寻找到适合自己和孩子的方式并不是一件容易的事情。相信每一位父母都曾遇到过这样的困境：为什么书上这么好的方法，放在自己孩子身上却不奏效？为什么我尝试了某种方法，但孩子却更加远离我，而我自己也更痛苦呢？我没有按照专家说的这样做，是不是就会给孩子带来不好的影响？很多方法和理论看上去有些互相矛盾，我该如何选择？如果你有着同样的困惑，不妨跟随雷吉娜博士一同开启一段与众不同的养育旅程，在这段旅程中你可以学到有用的知识，感受到一种全然的支持和信任，获得最为宝贵的自信心，相信每一位父母都会在这个过程中收获属于你们自己独一无二的发现和惊喜。

在本书的翻译过程中，我得到了很多人的无私帮助。当对书中的一些概念和阐述没有把握时，我会通过邮件跟雷吉娜博士进行沟通，我的每一个问题、每一封邮件都得到了她耐心、清晰、细致地回复，最重要的是她给予我非常多的鼓励和信任，让我更加有信心地投入到翻译工作中。在完成翻译初稿后，北京麦德麦德教育咨询机构母婴组的成员巴彤、施以德、肖广兰、马丽平、郑凯贡献出他们宝贵的时间，同我一起阅读初稿，帮助我澄清和梳理本书的内容，并且提出了很多非常具有建设性的建议。在把握整体的基础上，几位老师还分别承担了全书的审校工作，其中第一章、第二章、第三章由肖广兰审校，第四章、第八章、第九章由马丽平审校，第五章、第六章、第七章由郑凯审校，衷心地感谢各位老师的支持和鼓励。从最初计划翻译本书，到最终成书出版的过程中，万千心理的编辑阎兰，给予了我很多支持，也为本书的内容提出了很多专业的建议，仅在此再次表达我的感谢。

最后，我想向雷吉娜博士和反思性社群中心（Center for Reflective Community，简称CRC）的老师和研究人员致以最诚挚的敬意。他们将最新的研究成果、多年来积累的与父母工作的宝贵经验毫无保留地在书中与广大读者分享。我相信，无论是养育孩子的父母，还是从事心理咨询和治疗的专业人员、学校的老师，或者是跟儿童青少年工作相关的其他专业人员，都可以从本书中有所收获。在完成本书的翻译工作后，我和麦德麦德母婴组的同事们还会继续投身于"反思性养育"方法的推广工作中，希望可以通过我们的努力让越来越多的父母和同行从中获益。真心地祝愿每一位父母都可以与自己的孩子更亲近，每一位专业人员都可以帮助更多的父母找寻到属于自己的养育心得。

戴艾芳
2018 年仲夏于北京

The Reflective Parent

目 录

001 // 导 言　我为何写这本书？

准备开始：反思性思维实验 // 006

学会反思：一种自然之道 // 007

反思性养育：益于父母和孩子 // 007

反思性养育：科学知识的良好应用 // 008

我如何成为一个善于反思的父母 // 009

本书的框架 // 013

一本属于你的书 // 014

015 // 第一章　反思性养育的十大原则

建立关系的方式比做任何事都重要 // 017

反思性养育的十大原则 // 021

为何需要具备反思能力？ // 024

039 // 第二章　孩子独一无二的心智

心智——大脑的艺术品 // 041

反思能力：大脑感知心智的方式 // 042

"你—我—我们"的亲子关系 // 043

大脑构建了所有的感知 // 045

大脑像一个巨大的乐高积木 // 046

影响大脑感知过程的因素 // 051

对反思性养育的启示 // 054

063 // 第三章　大脑的镜像系统：共情能力的基础

一切都与社交有关 // 065

为什么婴儿是不成熟的 // 066

亲子关系和社交大脑 // 066

社交大脑如何工作 // 069

行为的共享回路：镜像系统 // 072

镜像系统与孩子的模仿行为 // 076

镜像系统和共情 // 080

反思性养育：在联结之间建立联结 // 083

089 // 第四章　大脑的心智化系统：反思的基础

反思能力：我们如何感知心智 // 091

解析心智化系统 // 092

什么样的进化可以让我们学会养育 // 093

抽象符号：心智的载体 // 095

心智化系统必然具有社交属性 // 096

有意识或无意识的反思需视情况而定 // 099

反思性的视角：两个头脑，两种视角 // 105

教会孩子成为一个善于反思的思考者 // 107

无为的价值 // 109

调节情绪的反思性策略 // 110

正念觉察不同于反思能力 // 113

119 // 第五章　大脑和母性照料：成为母亲的基础

女人到母亲的转变 // 121

什么是母性照料？ // 122

母亲大脑的变化 // 123

与母性照料有关的化学物质 // 125

父母，请对自己的需求保持敏感！ // 130

反思能力适用于所有关系 // 131

137 // 第六章　大脑和依恋：联结的基础

当母亲和婴儿互动时发生了什么？ // 139

调节 // 141

可预期性 // 143

需要建立多少依恋关系？ // 145

依恋：从幕后到台前 // 145

依恋有时会出现困难 // 146

依恋的神经生物学基础 // 153

依恋和反思能力 // 157

善于反思 // 163

171 // 第七章　养育和压力：安抚与应对

　　父母是孩子主要的压力调节者！ // 173

　　压力、应激反应和压力复原 // 174

　　健康就是适应性地应对压力 // 174

　　压力和压力复原的神经生物学基础 // 179

　　以反思的方式应对孩子的压力 // 181

201 // 第八章　养育：从婴儿期到童年期

　　大脑发展：主要议题和重点 // 204

　　孩子发展的里程碑 // 207

　　给孩子的最佳学习方式提供支持 // 212

　　女性和男性两种照料方式的好处 // 222

231 // 第九章　养育：从青春期到成年期

　　青少年之旅 // 233

　　为什么会有青春期：一个积极、适应性的观点 // 234

　　青少年大脑的发展 // 235

　　青少年的奖励机制 // 239

　　大脑的领导能力最后才成熟 // 242

　　跟青少年在一起时保持反思：同样的工具，

　　不同的侧重点 // 243

257 // 后　记

259 // 参考文献

The Reflective Parent

导 言

我为何写这本书？

导 言
我为何写这本书？

当我还是一名年轻妈妈时，在养育3个孩子的过程中，我很需要这样的一本书。在那段日子里我读了很多育儿书，这些书无一例外地给出了很多建议。但很不幸的是，这些建议和答案往往让我更加不自信。这些金科玉律让我感到在养育孩子的过程中仿佛存在着某种"正确"的方法，如果我没有遵照执行就会对孩子造成伤害。我感觉自己就像走在悬崖边的一条羊肠小道上，在运送一个非常珍贵的包裹，我的每一个举动必须完美无缺，否则灾难就会降临。

但最终我发现在养育孩子的过程中其实有很多回旋的余地，这些余地往往比我意识到的要多得多。其实这条路远比大多数人认为的宽敞很多，有牢固的护栏保护你和你的孩子不会掉下悬崖。我也开始认识到可以凭借自己的力量来了解我的孩子到底需要什么。无论是从专业方面还是从个人生活方面，搞明白作为母亲需要知道的事情，已经成为我人生非常重要的一份工作。我想通过这本书来跟大家分享我的体会和收获，在最近跟其他父母的交流中，我也感到他们就如我之前一样，需要这样一本书。

这本书的内容凝结了我多年的知识和经验，包括儿科和精神科领域的知识、精神分析训练以及跟父母临床工作的经验、在神经科学领域的研究以及我的一些个人经验。还有很大一部分来源于我参与的反思性社群中心（简称CRC*）的工作。该中心的使命是通过加强孩子们跟身边所有

---

* CRC（Center for Reflective Community）始创于2008年，名为反思性养育中心。2015年更名为反思性社群中心。该中心是一家培训和研究机构，主要与机构组织合作，为低收入、弱势群体和处于危险中的儿童及其家庭提供服务。因为在生活中，所有的儿童，不论贫穷还是富有，都需要一个具有反思能力的成年人在身边照顾。CRC将这个反思性养育的项目提供给父母、老师和社区中的其他人员。

养育者的关系来促进其健康地发展。在这些工作当中，我意识到父母的反思能力与孩子的健康发展有着非常紧密的联系。CRC 所坚守的原则是：人生中最重要的莫过于关系，通过提高反思能力，可以加强我们与重要他人的关系联结。

反思性养育意味着你可以理解，孩子的所有行为和语言都是由他们内在的心智激发和触动的。例如他们的感受、意愿或者信念。父母也是如此，你所说和所做的一切都是被你自己心智中进行的某种东西所激发和触动的。反思性养育包含了两种视角：一种是孩子的视角，另一种是你自己的视角。具备反思能力可以让你在参与所有跟孩子有关的事情时做得更好，孩子们也可以在他们的人生中做得更好。

- 同时从孩子和你的视角来理解所发生的一切
- 对孩子持开放、灵活和积极的态度
- 可以容忍模糊和不确定性
- 在如何养育孩子方面保持平衡
- 调节孩子的压力和负面情绪
- 找到最适合孩子和你自己的解决方案
- 培养跟孩子的亲密感，同时促进孩子形成与年龄相适应的独立性

相对于那些心存善意的专家在其他育儿书中所呈现的内容，要领会我所要说的内容可能会略难一些。因为我鼓励父母们相信他们自己的直觉并独立思考。我希望可以慢慢地消解这样一种趋势：很多观点和建议以极其简单的、程式化的方式告诉你有一种正确的养育孩子的方式。很多时候这些内容聚焦在父母们做错了什么，而很少关注父母们做得对的地方。很多父母都会诉苦：如果自己不能按步骤去实践书中的建议，他们就会在自我怀疑和内疚中结束这个过程。我也从与父母工作的老师和临

导　言
我为何写这本书？

床工作者那里了解到很多类似的反馈：很多父母都认为存在一种可以直接套用的、特有的行为范式，而如果没有很准确地遵照执行，他们就会搞砸一切。

大多数育儿书和育儿专家所说的内容都非常好，但这些内容遗漏了非常关键的部分，那就是意识到每一个不同个体的差异，并以灵活和开放的态度来对待每个人。缺少了这个部分，人们就会缺少一种谦逊的态度，以致无法意识到养育孩子如同人生一样会非常的不容易。我们可能也无法承认这一事实，即无论多么地善于反思，做得多么好，自己都永远无法成为完美的父母，或者培养出一个完美无缺的孩子。同时，人们可能还无法接受这样一种现实：生活中有很多的模糊和不确定性，我们无法总是知道自己该做什么。人们同时也可能倾向于忽略从生物性的角度来考虑问题，而即便是再好的东西，也可能失之毫厘，差之千里。

尽管很多父母都相信他们需要的只是一个正确的答案，但我认为从来就没有一个正确的答案。最好的答案其实就来自于父母和孩子本身。我不会就一些具体的问题来建言献策，因为你可以找到很多这样的资源来加以利用。我所做的是鼓励你去发现自己是否需要它们。相对于告诉你该如何做，我更愿意帮助你思考这些问题：你是如何养育孩子的？你想如何养育你的孩子？这种方式旨在让你更好地思考有关自己和孩子的部分。我也相信这种方式很有可能让你对自己跟孩子的关系更加乐观和自信。同时，你还可以了解你的孩子是如何一步步成为一个具有独特个性的成年人。我所提供的视角侧重于更多的可能性，以多样的观点来看待你所面临的境况，帮助你认识到，其实在养育孩子的过程中，是条条道路通罗马的。

在接下来的内容中有3个关于反思性心智的热身练习。这些练习可以帮助你思考我在这本书中所要呈现的观点。这3个练习可以帮助你体会：成为一个孩子的感觉、作为父母的感受，以及什么是反思性的思考方式。

The Reflective Parent
反思的爱

准备开始：反思性思维实验

想象你来到了火星上。你对如何在火星上生存一无所知，但幸运的是一位和善的火星人会来庇护你，保障你的安全。火星人会教你很多规矩，你需要学习以下这些内容：火星人的语言，如何跟火星人相处，习得被火星人认可和接纳的行为方式，辨别在火星上可以吃和不可以吃的食物。如果你很幸运的话，你的火星人向导不仅可以理解并接受你对这些一无所知，需要一一学习，而且他还会意识到，在成为一名功能良好的火星人的过程中，你需要更多的共情和支持。

想象你是一名园丁。你的花园新添了一种新的植物，但是没有人告诉你这是一株什么样的植物。你只知道它需要土壤、阳光、水和肥料，但对于具体种类和数量一无所知。还好你是一个善于观察的园丁，你可以通过观察树叶和花蕾的状态来判断自己是否做得正确。它们看上去是鲜亮的吗？是否生机勃勃？还是已经枯萎发黄了？这株植物继续生长着并开枝散叶，为了让它适合整个花园的景致，你还需要修剪它的枝叶。你的目标是发现手中的这个植物到底是什么，然后给它提供最适宜的环境来让它更好地成长。你可能很好奇，你正在打理的是玫瑰、樱桃、洋葱，还是兰花呢？阳光、土壤、水和肥料该以怎样的比例搭配才最适合这株植物呢？它需要什么类型的修剪呢？这里有很多书籍、课程，还有其他园丁可以帮助你，但是大家都知道每株植物、每个花园又都是独一无二的。

想象你是一名考古学家。你正在远古遗迹的废墟中发掘文物。你捡到了一个弧形的物件。在还不清楚它到底是什么之前，你仔细地端详此物。你推测这可能是一个陶器的碎片。在弄明白这是个什么东西后，你需要弄清楚它之前是用来干什么的。你可以很清晰地看出来这个碎片应该来自于一个陶碗。但因为这个物件太古老了，所以很难揣测出它之前的用途是什么。你所能做的就是尽力猜测它可能的用途。也许这个碗之前被用来洗东西、煮饭或者被用在某种仪式中。即便猜得很对，但你还是非常谦逊地认为自己并不能肯定它到底是什么。

学会反思：一种自然之道

学会反思听上去像是一种特有的、不寻常的能力。然而事实上它却是我们人类理解自己、理解他人最为寻常和自然的方式。反思的能力对于我们与他人建立关系具有至关重要的作用。这种能力让我们得以不仅从自己的角度，还从他人的角度来看待这个世界。我们可以用不止一种方式来考虑所处的境况，就如俗语所说的："萝卜青菜，各有所爱""达到目的的方法不止一种"。反思能力的概念就取自这两句谚语的精髓。

反思性养育：益于父母和孩子

运用反思性的方法来养育，对于孩子和父母来说都是非常有益的。在现代社会文化中，父母们需要承受很多的压力和焦虑，反思性的方法恰恰可以减轻父母们的紧张和焦虑。父母们往往认为存在一种正确的方式，可以给孩子们提供机会，使他们获得成功。帮助孩子达成这些目标是父母的职责所在，然而这只是父母们的一隅之见。遗憾的是，这种观念将会让孩子们变得过于忙碌，过多地被监督、被帮助。所有这些需要"正确地做事"的压力恰恰抑制了孩子们自力更生和自我复原的能力。此外，这种压力还会在父母中制造出一种充满焦虑、不安和竞争的氛围，每个父母都在努力培养一个完美的孩子。

现在的父母在培养孩子方面存在非常大的压力和焦虑。反思性的方法为父母提供了很多缓解焦虑的解药。这种方法建议父母接纳2个基本事实：（1）任何问题都没有所谓正确的答案；（2）不存在一种所谓的正确的养育孩子的方式；之所以告诉父母们这些，是为了增加父母和孩子们的自信心，同时提高他们应对压力时刻的能力。另一个建议是父母需要少做事，只做那些与孩子的健康发展息息相关的事情。父母们认为，如果孩子们未来要获得成功，就需要把精力放在学业和课外活动上。然而，父母和孩子之间的亲子关系才是孩子们人生功课的丰富资源，可以帮助孩子们在情绪、社交和学业等多方面获得很好的表现。而这些都是反思性方法的附带收益，不需要你为此花费任何金钱和其他投入。

反思性养育：科学知识的良好应用

现如今，有关儿童发展以及他们如何体验这个世界的科学知识，经常被错误地运用。当前的形势促使我们以亲子关系的代价来利用这些知识，以促进孩子取得更好的成就。当父母们过多地关注孩子没有学得更多、收获更多、在学校表现得更好、参与更多的活动、有更好的成绩、有更多玩耍的聚会，以及如何为上大学做更好的准备等等这些问题时，他们正不经意间做了伤害孩子的事情。诚然，学业成就是非常重要的，但如果孩子们不能感受到自己生活在一种安全的亲子关系中，所有的一切到头来都是竹篮打水一场空。即便是在努力帮助有经济困难或是身处其他逆境中的孩子们，也存在本末倒置的现象。为所有的孩子提供优质学校和老师是一件好事，但这些努力可以产生效用的前提是：我们同样也投入了足够的精力在亲子关系上。我们需要确保孩子们可以感受到自己是

导 言
我为何写这本书？

在一个安全的亲子关系中成长的。

本书将父母养育和儿童的发展放置在神经科学的框架中。神经科学支持将反思性的方法运用于父母的养育中。同时也强调了"关系"对于所有健康的孩子发展的重要性。神经科学还印证了，反思能力对一个人在竞争、学习、取得成就和整体健康方面能否有良好表现发挥着决定性的作用。事实上，反思能力非常重要，以至于人类大脑有专门的区域为它服务。

虽然学会反思是人类的一种再自然、再普通不过的技能，尽管大脑也为反思能力提供了生理基础，但我们还是不能一直正确地理解他人，这是为什么呢？神经科学可以告诉你答案。在我们理解他人的过程中仍然存在着许多的误解和冲突，而这恰恰是反思能力之所以非常重要的原因。反思的方法可以让父母们看到误解孩子的可能性，同时引导父母很好地处理矛盾冲突。反思的方法可以让父母的大脑和心智一起合作，为孩子们充分发挥自己的潜力提供更好的机会。

我如何成为一个善于反思的父母

我的3个孩子如今都已长大。我这一路走来有很多需要学习的东西。我用了很长时间才将想在本书中陈述的理念和方法整理出来。尽管我毕业于医学院，是一名执业的精神科医生，多年来也一直在进行着自我鼓励和支持，但我仍然深刻地体会到养育孩子是一项非常富有挑战性的工作。养育年幼孩子的同时还要平衡自己的工作和职业发展，这往往会让我们深陷混乱之中，仿佛永远有做不完的事情。我丈夫和我有很多不同的观点，在睡眠不足还需要照顾3个孩子的情况下，我们需要化解彼此的分歧来共同完成这项工作。最最重要的是，我的情绪很容易被孩子激发出来，就好像我身上有很多按钮，孩子轻轻一按就会将我置于混乱和烦躁的情绪中。

  我还发现其他的父母们不会非常坦诚开放地分享他们遇到的困难。这会让我感到好像只有自己遇到了这么多的问题，而其他人都没有问题。也许因为我是精神科医生，或者因为我本人的缘故，我开始寻找一种不同的方法来思考这些事情，我将这视为我的使命。我希望这种方法可以让我感到自己更有胜任力，同时让我更加喜欢父母的角色。非常幸运的是，我从这些迷茫的感受和情绪的动荡中寻找到了一种方法。这个方法不仅帮助了我，同时也帮助了很多的父母。所有我了解和学习到的有关养育和具备反思能力的知识都源于我的工作。这个学习的过程用了很长时间，在这个过程中还充满了疑惑和冲突。很多年后，我才对用哪种方法有了一个清晰的认识。在我的职业生涯中，我花了很长时间才发现"反思性养育"这个概念。在反思性社群工作的同事们鼓励我写这本书，在这个过程中我也进一步厘清了自己的想法。

  我想要强调的是，帮助我改变的不只是我经历了什么，而是我如何解释这些经历。最重要的不是发生了什么，而是你如何去理解和看待。为了用不同的方式养育孩子，我学着努力以一种更加积极的角度来解释我所经历的事情。我试着不再把那些难题当作障碍、失败或是麻烦，而是当作一个非常好的学习机会，可以从这些经历中学习到更加开放和健康的态度。

  接下来我会分享一些发生在我和家人之间的故事。这些故事在我学习并发展本书所呈现的理念和方法的过程中起到了非常关键的作用。首先，我不得不学着变得谦卑，我需要承认即便我是一个能干的专业人士，到头来也会感到无所适从。我可能会不知该如何是好，好几个星期都完成不了任务。想做到这点非常困难，而且在这个过程中我犯了非常多的错误。我经历了一个"试错"的学习历程，但我渐渐明白了这些都是我们心智中最天然的特质。

导 言
我为何写这本书？

学会善待自己

我大儿子 20 个月大时被检查出视力问题。医生告诉我孩子丧失的视力只有部分可以恢复，同时他们也告诉我，如果早一点发现的话也许不会那么糟糕。我为自己没能早点发现这些而倍感自责。我感觉自己是个很糟糕的母亲，我哭到不能自已，变得很暴躁。最后丈夫非常生气地对我说："别再自责了，花太多的精力自责只会让你耗竭。儿子需要你投入所有的精力去帮助他。"这句话开启了我"不再自责"之路。

学会更加灵活

我的小儿子性格随和。相比他而言，其他两个孩子会遇到更多困难，也需要更多的关注和帮助。在我们家中有一条规矩：禁止使用玩具枪。虽然大儿子的脾气更差一些，但他从来没有因为这条规矩跟我争论过。所以我很确信"禁止玩枪"的规矩是没有问题的。然而，我的小儿子却不依不饶，他跟我抱怨并且据理力争，明确地表达自己想要一个玩具枪。最终，我决定试着用另一种方法来解决他的问题。看起来他很想拥有自己的玩具手枪，但我很不放心，同时这也有悖于我的规矩。我真的不明白他为什么这么想要一把枪，因为他一直以来都是那么的随和。但是他这种不断地要求有些不寻常，所以我决定给他买一把玩具枪。在一次去迪士尼的旅行中，我给他买了一把玩具枪和一顶浣熊皮帽。我立刻为自己改变了方法而感到开心，因为他自己在房间里玩了好几个小时，自编自导了很多有创意的故事。这件事让我更加坚信：养育孩子并不存在一种绝对正确的方法。

学会允许孩子难过

在我大儿子 7 岁时，有一段时间他很让我难过。他总是在生气，当我让他做一些事情时他会拒绝，而且做事时的态度非常消极。我感觉自己简直要疯了。我坐下来和他谈心，告诉他我有多么爱他，我在试着帮助他。我还告诉他，他总是对我发脾气让我感到很沮丧。然而他跑出房间向我大喊道："妈妈，你知道你的问题是什么吗？你自以为你总能解决所有问题！"

我的天，听到他说这些太令我震惊了。我跟着他走到客厅，打算敲他房间的门，这个时候我意识到他说的没错，我此时此刻的举动就证明了一切，我正要走进他的房间去解决问题，帮助他不再难过。我意识到我总是试图让每一个人都开心。但是，现在儿子从他的角度告诉我，不是所有问题都可以解决。我不得不审视自己，也必须承认自己无法忍受冲突，无法容忍孩子们难过。我认识到，有时候更好的选择是给孩子留出一定的空间。

学会按照孩子本来的样子调整养育方式

我的女儿是个好学生，但是 4 年级的时候她很难从阅读中获得乐趣。她只会完成学校要求的阅读内容，除此之外再无更多兴趣阅读。阅读对于我们夫妇二人来说是一件非常重要的事，家中的其他成员也很喜欢阅读。我们认为这是每个人必须做的一件事。我女儿对阅读如此缺乏兴趣令我非常失望，我甚至不愿意接受她不爱阅读这个事实。我想尽各种办法，包括"贿赂"她希望她可以读更多的书，但最终都无济于事，只会造成更多的压力。事实就是，无论我做什么想让她阅读，她就是不愿意，这就是故事的最终结局。如果我不接受这个事实，我们都会非常不开心。我意识到我最好按照孩子本来的样子来养育她，而不是依照我的期待把她变成一个完全不同的个体。当我这样做了，所有的压力就都消失了。失望的情绪还是很难化解，但我意识到这是我自己的问题，而不是她的问题。这件事让我相信，为了适应孩子的需要而调整我的养育方式，对我的女儿来说是非常重要的，于我而言也是如此。

导 言
我为何写这本书？

学会更加相信自己

当女儿上高中后，她会请求我准许她参加通宵聚会。我有些犹豫，因为对主办派对的同学家长不是很了解，但她所有的朋友都会去参加这个派对。所以，我非常不情愿地批准了。但非常奇怪的是，她仍然会因为此事来烦我，她不停地说她其实知道我不是真的想让她去参加。我终于恍然大悟，可能她不是真的想去参加，所以我凭着直觉跟她说："对不起，我改变主意了，我觉得周末你还是别去参加这个通宵聚会了。"于是我女儿没好气地说道："好吧，如果你这样说的话，我就不去喽。"不过，我们的争论就此结束了。我一直在努力地更加相信自己，听从自己内心的声音。而女儿这件事对我来说是个额外推动力。

学会用另外一种方式看待事物

最终促使"反思性"概念成形并具体化的是一件发生在我和丈夫之间的特殊事件。我的丈夫曾经病了很长一段时间，除了治疗外，我还承担了很多护理的工作，来帮助他康复，比如帮他整理枕头、炖鸡汤、敷冰块。当他身体恢复后，我告诉他我非常伤心，因为他对我所做的这些没有一点感激之情。他对我说："雷吉娜，当你生病的时候，你希望别人可以温柔体贴地照顾你，但我只喜欢一个人呆着，不是所有的人都跟你一样。"如果这还不能促使我开始反思的话，我不知道还有什么可以做了。

本书的框架

在本书中，我将反思性养育的理念和技能与其他一些有关儿童发展、亲子关系以及人类社交关系的神经科学知识结合起来，一起呈现给大家。"大脑基础"放在每章的开头是为了从大脑功能的角度强调书中讨论的内容；每章中的"科学如是说"呈现的一些科学实验，会对文中提到的一些概念进行更细致的解读；每章结尾部分的"亲子故事"是想通过一些亲子互动的例子来帮助读者更好地领会书中的内容。"反思性养育的语言"部分是我给出的一些反思性对话的例子，父母们可以用这样的语言跟孩子沟通；最后的"家庭练习"部分会给家长们一些小贴士和建议。家长可以尝试这些方法来提高自己的反思能力，同时巩固和孩子们的关系。

一本属于你的书

父母养育的作用是把孩子培养成一个有用的人。所以，本书所探讨的反思性养育涵盖了一个孩子从婴儿期到青春期的各个阶段。反思性养育是一种非常灵活的养育方式。无论你的孩子属于哪个年龄阶段，它适用于任何地方、任何情况中所有不同类型的孩子。不管你是遇到了难题，还是只想学习更多的知识来提升你作为父母的效能，这本书都将会对你大有益处。你需要准备接受这种"没有正确答案"的方法，也许这种方式会让你感受到更多的焦虑。因为很多家长坚信他们需要一个正确的答案，也一定存在着一个正确的答案。当读完这本书的时候，我希望你可以释然地接受这一点：永远不会有一个正确的答案。在养育孩子的过程中会有很多可能性，你自己想出来的答案就是最好的答案。

The Reflective Parent

第一章

反思性养育的十大原则

第一章
反思性养育的十大原则

大脑基础

人类的大脑只有在关系的情境中才能得到适当的发展。

建立关系的方式比做任何事都重要

在育儿的百宝箱中,亲子关系是最有价值的工具。当亲子关系足够稳固时,孩子更有可能在家长关注的各个领域中发挥出潜能。这些领域包括社会情绪发展、学业成绩、竞争力、适应力等方面。反思性养育将亲子关系作为养育孩子的重要载体,帮助父母们把一个功能良好的孩子培养成一个功能良好的成年人(见图1.1)。这就像父母买了一辆安全系数更高的汽车来接送孩子,或者妈妈买了健康食品来保证孩子们摄入适量的蛋白质和维生素。之所以把这个方法叫作"反思性"的养育,是因为父母的反思能力最能预测出他们能否跟孩子建立起稳固的亲子关系(Grienenberger, Kelly & Slade, 2005; Slade, Grienenberger, Bernbach, Levy & Locker, 2005)。

在一段稳固的亲子关系中,各种不同的特质需要达到平衡,比如:灵活而不失稳定,涵容控制但仍给予自由,指导但不教条主义,提供安慰而不过度保护。这样的关系就如同橡皮筋一样,可以不断伸展但不会断裂;也像烤面包模具,可以保持面团的形状但顶部仍能自由膨胀凸起;

像一个压力锅的锅盖,既要密封住蒸汽,又需要释放压力以免爆炸;像可以为你提供很多条可能路线的地图,每个方案都能让你到达目的地;像自动恒温器,可以帮你调整到一个适宜的室内温度。想要获得具有这些品质的亲子关系,父母必须以反思的方式与孩子进行互动。

图 1.1　关系是载体

下面通过一个例子让大家了解何谓稳固的亲子关系、何谓善于反思:一个孩子因为没有考好哭着回到了家,妈妈抚摸着孩子的背并用言语来安慰他,同时关切地询问发生了什么。然而,此刻孩子并没有回答妈妈的问题,而是继续抱怨考试。妈妈允许孩子表达自己的痛苦和想法。孩

第一章
反思性养育的十大原则

子这样说道:"我恨死老师了,她把考试弄得太难了。"妈妈可能会对孩子只知道抱怨老师而不自己承担责任感到难过和失望,但是此刻妈妈并没有把自己的感受和想法告诉孩子。因为妈妈知道孩子太心烦意乱了,他无法从目前的状况中学到任何东西。等稍后平静下来一些,妈妈开始跟孩子一起讨论能否找到一些方法来更好地应对考试;她引导孩子让他了解对自己的行为负责的重要性,而不是去抱怨别人。

当父母们不具备反思能力的时候,他们可能只会凭本能反应。例如,父母总是很快地给出结论,或者教导孩子需要为了考试更加努力地学习,这样做反而会破坏关系。如果父母总是太快地站到孩子一边,或者向老师抱怨考试,也同样对亲子关系没有任何好处。

即使你和孩子之间的关系已经很稳固了,反思性方法也可以帮助你变得更为放松,少一些担心,同时也会对孩子和对自己的养育方式有更好的感受。本章会向父母们介绍怎样做可以尽可能地具备反思能力,并会更深入地解释什么是反思能力。

养育不是一项工作,是一种关系

虽然养育孩子需要花费很多精力,但它不是一项工作。养育其实指的是你和孩子之间的关系。反思性养育的各方面都是从如何与孩子建立稳固的关系为中心而展开的。之所以这样说,是因为神经科学家指出,只有当孩子与主要抚养者之间建立了稳固的关系,才有可能很好地学习和发挥功能。大脑具备这样的能力,可以从理解与误解、友好与冲突、关系亲密与分离的的混乱组合中发展出稳固的亲子关系。反思能力恰恰可以避免我们因这些混乱和误解失控,也可以避免伤害孩子。大脑的反思能力就像全球定位系统一样,可以为你导航,帮你穿过包括亲子关系在内的所有关系中的混乱。

反思性养育概述

反思性养育是通用于任何年龄阶段孩子的关系工具。这种方法特别适合应对在养育孩子过程中遇到的压力和困难。由于反思性养育的核心理念是让父母变得灵活,可以理解接纳孩子,同时理解接纳自己作为父母的这一身份,所以无论你是什么类型的父母,有个什么样的孩子,亦或处于何种家庭环境当中,这个方法都将适用。

这种方法之所以被称为"反思性养育",是因为父母需要在亲子关系的所有方面运用反思能力。反思能力被定义为一种心智技能,它可以让你认识到:(1)人类的所有行为都因每个人内在的心智状态而具有某种意义,这些决定行为意义的心智状态包括感受、愿望、意图、动机和信念,这既适用于自己的行为,也适用于他人的行为;(2)每个人的心智都具有主观、独立和个人化的特点;(3)一个人头脑中的东西跟其他人头脑中的东西可能相同,也可能不同。

在日常用语中,反思能力是指你能明白孩子所做的一切都源于他内心经历的某个过程。同样,你给予孩子的回应也源于你心智中的某些东西。此外,由于孩子的心智是看不见摸不着的,你对孩子行为背后原因的推断可能是对的,也可能是错的。所以,尽管父母竭尽全力运用他们的反思能力,对孩子的误解还是必然会存在。

反思性养育聚焦于关系,它鼓励父母:(1)对亲子关系保持基本的关注;(2)理解自己和孩子的心智在亲子关系中所发挥的作用;(3)以多维的视角来看待和孩子之间的关系。有关反思性养育的一条座右铭最能体现以上内涵:"重要的不是你做了什么事,而是你以什么样的姿态来做事。"需要强调的是,无论你是在陪孩子玩,帮孩子辅导功课,给孩子讲人生道理,安慰孩子的痛苦,还是给孩子设定限制和规则,相比于你的行为和语言,与孩子关系的质量将会对以上活动产生更多的影响。

反思性养育的十大原则

反思性养育除了强调父母的反思性思维能力，还汇集了一套父母与孩子互动时可以遵循的指导原则。反思性养育的原则来源于一些可以帮助父母建立反思能力的科学理论，这些理论对孩子健康成长的各个方面都有所帮助。反思性养育的十大原则如下所述：

1. 亲子关系高于一切。父母们请务必让自己慢下来，关注当下，因为所有关系的经营都不能急于求成。当我们心存疑问时，请聚焦于"关系"这一核心议题。无论做什么，关系应该是放在第一位的。亲子关系比任何事情都重要，包括父母们一直看重的学业成绩、课外活动、限制和规则等等。亲子关系是孩子根植其中并能够成长发展、开花结果的肥沃土壤。

2. 没有完美的父母，也不存在"正确"、"最佳"的养育方式。养育孩子的方式多种多样，每一种都有可能帮孩子做得更好。你需要多想一想，更多地找出属于自己的答案。请相信你可以找到一种好的办法来解决问题。你最能判断出孩子需要什么。书籍和专家们提供了食谱，但只有你可以决定哪种营养食物最适合孩子和家庭。

3. 容忍模糊、不确定性和未知的状况。接纳误解和冲突是正常的，也是不可避免的这一事实。容忍并接纳这些状况的存在，可以减少父母们做出僵化、条件反射式的反应。正如书中第二章所述，不存在唯一的真相，可以有多种不同的理解。生活和人类关系在本质上都是一件混乱麻烦的事情，我们必须克制自己想要立即解决这些问题的冲动。

4. 同时从孩子和你自己的角度看世界。不只从你的角度看世界，还可以试着走进孩子的精神世界，透过他们的眼睛来看。你的孩子是一个拥有不同观点和动机的独立个体。同时，儿童心智的运作方式跟成人有很大的不同，而这一点决定了如何回应孩子。从孩子的角度思考，能在很大程度上提升父母的同理心，也可以让孩子觉得被理解。这是孩子发展自己心智能力的基石。

5. **做一个充满好奇、思想开放、灵活自如的家长。**你可能希望知道所有的答案，但没有人可以做到这一点。此外，孩子其实不需要你知道所有的答案。对于正在发生的事情感到好奇和疑惑是正常的。科学家们认为，如果人们可以用不同的方式来看待世界，并且对如何行动有多种选择，就可以在生活中做得更好。因为这是一种更加适应的方式，请为你的孩子树立一个榜样。

6. **调节孩子的状态，涵容孩子的情绪，但同时要把握好边界。**孩子当然需要父母来帮助他们容纳自己的冲动，缓和自己的情绪，但以一种平衡的方式提供帮助才是最好的选择。平衡意味着父母一方面需要对孩子的情绪足够敏感，并与他的情绪调谐，但同时也需要设定明确的、与年龄相符的限制。根据孩子表达情绪的方式建立边界，来平衡父母对孩子情绪的理解和认可。

7. **教会孩子成为有胜任力和复原力的人。**你要知道，孩子最终会越来越独立。如果孩子可以发展出胜任力和复原力，就可以顺利地渡过这个阶段。为了获得这些性格特质，首先需要确保你持有一种所有的困难都能被解决和处理的态度；同时让孩子感觉到，即便是强烈的负面情绪也会随着时间的变化而改变。此外，你还需要帮助孩子制定策略，使他们变得坚韧并且可以应对挑战、挫折、失望和伤害。即使那些痛苦的处境或危机让你的孩子感到挫败失望，但通过这种方式，他们仍可以重新振作起来。

8. **保持更加积极乐观的态度。**孩子们当然有缺点和问题，但是有证据显示，当问题困难的一面被缩小，而积极的一面被放大时，他们会做得更好。所以，需要更多地强调做得好的和优势的部分，还有那些会变得

第一章
反思性养育的十大原则

更好的部分。注意表扬孩子付出的努力,而不只是最终获得的成就。

9. 当关系破裂时,父母需要进行修复。 在所有的关系中,愤怒和冲突都是正常的。虽然面对这些实属不易,但孩子们一般都能处理好。只有当这些愤怒或冲突使得关系破裂,才会让他们难以应付。因为当关系破裂时,孩子会有一种孤独和被抛弃的感觉,而这些都超出了孩子应对的能力,所以,当关系破裂时,父母一定要花时间和精力来进行修复。

10. 所有的孩子都是独一无二的,所以请调整你的养育方式来适应孩子的具体需要。 世界上没有两个完全一样的大脑,同样也没有两个完全相同的人。科学强调人类生活中的多样性和变异性,因此,一种养育策略不可能适用于所有的孩子。请根据孩子具体的情况来提供最适合的养育方式。父母们当然会对孩子抱有各种期望,但最好请记住你需要养育的是所拥有的这个孩子,而不是所期待的那个。

请牢记:原则只是参考指南,不是绝对的规则

当父母们被告知"需要遵照反思性养育的原则,以建立牢固的亲子关系为重点",他们往往会认为这是一种额外的负担。很多时候他们看上去双目无神,因为已经有太多其他的事情需要思考。有些父母说道:"听上去仿佛我又多了一个需要担心的问题,现在还得考虑我是否跟孩子建立了好的关系?"还有些父母会说:"现在我还需要担心是否能记住这些原则。我连钥匙放哪里都记不住,我又该怎么记住这些原则呢?"

为了让读者们安心,我想告诉大家:本书所述的原则都仅仅是一个参考,不是刻板的规则。本书的主旨在于帮助父母在养育孩子时能够更轻松和自由,而不是有更多的压力和束缚。这些原则的目的是减少父母们的担心,而非增添烦恼。之所以说"亲子关系比你做的任何事都重要",是想强调亲子关系的重要性。它比你所关心的很多东西都重要,比如:孩子参加了多少次玩耍聚会,是否参加了音乐课程或运动项目,有什么样的行为举止,或者会使用多少电子设备。毫无疑问,这些都是需要认真考虑的问题。但是，在人生的漫漫长路中，父母做的大多数选择最终都会得到令人满意的结果，也可以说，只要父母尽最大的努力进行反思，与孩子保持良好的关系，一切都会水到渠成。之所以说这些原则可以消除父母们的压力，是因为它提醒大家：牢固的亲子关系不是指完美的关系，也不是指一直充满温暖和情感回应的关系，在这个关系中父母不可能总是能理解孩子的。在牢固的亲子关系中，温暖、回应和理解只需要达到平均水平就可以了，而且在这样的关系中，当父母遇到困难时，他们至少会想要争取做到更好。

　　除此之外，这些参考原则不仅能让你明白"你可以为孩子做什么？"还让你明白"你可以为自己做什么？"拥有牢固的亲子关系意味着你可以安慰、共情、认可、理解、接纳和支持孩子，但这也意味着你需要用同样的方式来对待自己！换言之，为了给孩子所需要的东西，你必须能够给自己同样的东西。事实上，父母难以安慰、共情、认可、理解、接纳、支持孩子的最常见的原因，是他们很难用这样的方式来对待自己。举例来说，如果父母无法对自己有同理心，他们往往也很难共情自己的孩子。如果父母对自己是苛刻和挑剔的，他们也往往难以接纳、认可自己的孩子。一个贴切的座右铭是"善待孩子，善待自己"，这可以作为父母的急救锦囊。当一位家长对孩子的行为和情感需求过于严苛时，首先需要帮助父母对自己的行为和情感需求不那么苛刻。这本书想要大声告诉父母们："对孩子来说你非常重要，如果想照顾好孩子，首先必须照顾好你自己。"

为何需要具备反思能力？

　　如果可以更好地理解具备反思能力的重要性，将有助于更好地理解反思能力的全部内涵。

人际关系源自心智之间的交流

我们人类天生就可以与他人建立联系,就好像正好拥有相同的心智一样。这个心智系统可以自动地为他人的行为赋予心理意义,比如这个行为所表达的感受和意图可能是什么。如果没有反思能力,我们就无法成功驾驭社交世界,甚至包括与孩子的关系。因为我们具备反思能力,当某人朝我们方向挥手时,我们会假设他正在跟我们打招呼,而不是在随意地移动他的手。当一个人微笑时,我们会假设他现在很开心,而不是简单地扯动自己的嘴唇。

反思能力可以赋予行为意义,这样我们就可以理解一个人的行为方式。当对自己的心智进行反思时,我们可以更好地理解自己的行为。当反思他人的心智时,我们不仅能更好地理解他们的行为,还能更好地回应他们。

你2岁大的儿子举起手臂,或者3岁的女儿说:"看那只蝴蝶!"这些都是孩子的行为。反思能力可以把行为的意义和原因与行为本身联系起来。对行为的感知可以确定"是什么"的问题,即那个人做了什么。反思能力更多地是理解行为的内在原因,是有关"为什么"的问题,即那个人为什么要这样做。

行为是具体有形的,而行为的意义则存在于无形、抽象的心智中。行为是特定的,但行为的意义可能是不同的、多样的。儿子的行为可能意味着他累了想让你抱抱,也可能意味着他对你跟朋友说的话很好奇,希望你把他抱起来,这样他就可以加入你们的谈话。这个行为还可能意味着他只是需要一些亲密的感受。女儿的话可能意味着她想表达对蝴蝶的喜爱,或者向你展示她的语言能力,或者只是让你和她一起看蝴蝶。具备反思能力可以让你认识到这些不同意义都是有可能存在的。这一点尤其重要,因为在更多的时候,不是孩子的实际行为,而是反思能力赋予孩子行为的意义指导了你对孩子行为的回应。

反思能力就好像手机一样,不仅可以给别人拍照,也可以给自己自拍。换言之,当把反思能力运用于自己的心智时,我们就可以了解自己行为之下的记忆、动机和情绪。这有助于家长更好地调整自己对孩子的回应。

然而,我们的心智是模糊的,就像浴室窗户上的磨砂玻璃。我们可以清楚地看到行为,但是行为的意义或原因却隐藏在我们的视线之外。所以,反思能力有点像 X 射线,它允许我们"窥探"身体内部。只不过,我们"看到"的是信念、目标和需求,而不是骨骼和器官。由于心智的模糊性,无论我们具备多么强的反思能力,对他人心智的感知也不可能永远是完全准确的。即使我们深信自己绝对正确,但事实可能并非如此。这就像放射科医生看 X 光片时说的那样:"我不认为这是肿瘤,但也可能是肿瘤。"放射科医生当然也可以申请活检以确诊。就心智而言,不论好坏,我们所拥有的只有"X 射线",没有其他物质载体可供活检。

此外,恐怕你可能会认为那些贫穷的、没有受过教育的父母不太可能具备反思能力,但大量事实表明,大学教育和富裕的家境都不能保证一个人具备良好的反思能力。反思能力与教育水平、社会经济地位、民族或文化背景无关。贫穷的没有受过教育的父母,也可能像受过高等教育的在富裕家庭中长大的父母一样具有良好的反思能力。

反思能力是一种思维技能

压力会削弱复杂心智技能的发挥,如数学和阅读能力。考虑到反思能力是一种思维能力,它同样也会因压力而受损。许多反思性养育的原则是专门针对这一问题的,在第八章将对此进行进一步探讨。

事实上,反思能力是一种技能,这也表明它会以有意识和无意识两种形式运作。当第一次在钢琴上弹奏一段乐曲或开始学习如何挥动球棒时，你必须投入全身心的注意。一旦这些技能得到充分地学习和练习，你就可以毫不费力地或下意识地表现得很好。然而，如果需要学习一个新的曲子或提高挥拍技能，你会再一次转变为有意注意和努力的状态。当精通了所学的新技能，你又可以转换到无意识表现的状态。

反思能力需要根据你和孩子的情况在无意识和有意识这两种模式之间来回转换。当跟孩子在一起且事情进展顺利时，反思能力通常会在幕后运行，关系也会在一种无意识的状态中继续进行。然而当事情变得不顺利、令人困惑时，转换成更加有意识的、努力的反思状态将是有益的。特别是当出现问题时，父母需要提醒自己遵循反思性养育的原则，比如容忍模糊性，将消极态度转变成积极的态度，或适应孩子的特殊需求。遵循这些原则需要父母们处于完全的有意注意的状态。

反思能力的 5 个步骤

反思能力的技巧可以分解为 5 个步骤：第 1 步和第 2 步旨在提高有意识的反思能力，而第 3 步到第 5 步可以视情况不同在有意识或无意识的状态下完成。当你正在努力改善关系，或者当你不知所措，倍感困惑时，第 2 步和第 3 步是特别必要的。对于父母来说，非常重要的不仅是需要反思孩子的状况，还需要反思自己的情况。

5 个步骤如下所示：

1. 停下来，慢下来（有意识的技能要比无意识技能花更多的时间）。
2. 专注于当下（意识只发生在当下）。
3. 观察孩子和你自己的行为，并用语言来命名这些行为。
4. 反思行为的意义（包括孩子和你自己的行为）。
5. 利用从之前步骤中所获得的理解来指导你对孩子的回应。

这些步骤发生在有意识还是无意识状态，取决于不同形势的需要。想想在实际生活中,你既有休闲时可以穿的衣服,也有盛装场合时可以穿的衣服,你会根据不同的场合穿不同类型的衣服。让自己慢下来,有意识的反思能力适用于有压力的情况,也适用于反思性养育原则所描述的任何情境。情况越平稳,你在反思能力方面的表现就会越好,就越有可能在不需要意识努力的情况下进行反思。换句话说,当你处于不明朗、紧张或冲突的情况时,我们鼓励父母使用完整的5个步骤。一旦对自己正在做的事情或已经决定的事情更有信心,或者压力已经过去了,再或者事情再次顺利地进行,你就可以让反思性思维回到幕后运行。

反思的方法有助于改进养育方式

即使你没有意识到,但大多数读这本书的人其实已经在与孩子的关系中显现出天生的反思能力。在这里提供的反思性养育原则,将会帮助调整你在养育方面已经知道的事情,同时也会让你对自己的养育方式更有信心,特别是在跌宕起伏的日常生活中自如应对。这些原则还可以被视作一个继续深造的课程,帮助你提高能力,来应对养育过程中更有挑战性的方面。

就吃饭来说,这是人类天生就会的行为,但我们不是总能良好规律地饮食。当感到沮丧或者有压力的时候,我们需要额外提醒甚至是支持系统来保持健康的饮食习惯。同样的道理,在养育孩子的过程中也会遇到这样需要额外提醒的情况,反思性养育的原则恰恰可以给我们提供这样的支持。

一些读者可能还无法自然而然地进入反思的状态,但是请你们一定要振作起来!不论你是谁,无论你的孩子是什么样的,都可以学会反思性养育的方法。任何人只要花些时间和精力将这些原则付诸实践,就可以改变养育方式,还可以改善与孩子的关系。

反思性养育很像是你拥有了一个装备充足的工具箱,或者是一把瑞士军刀，可以在任何情景下提供合适的工具。这些工具包括了反思性的思维技巧，还有以下 10 条指导原则所包含的相关技巧。父母们可以把反思性养育的工具和其他养育策略结合起来一起使用，因为反思性养育与其他养育方法是相辅相成的。事实上，反思性养育可以帮助你更有效地使用其他的养育方法。

最后，人类神经生物学的规律表明，先天基因已经决定了长期的潜能其实是有限的。这就意味着，如果你已经是一个很不错的家长，你就无法通过做得更好来增加孩子超越潜能极限的机会。父母能做的就是通过更善于反思，帮助孩子充分发挥已有的潜能，而非改变他们的潜能。阿瑟·阿什（Arthur Ashe）曾说："始于所立，用其所有，做其所能。"这就是反思性养育的精华所在，对于你和孩子来说都是如此。

反思性的方法鼓励父母们独立思考

一位来自反思性养育训练团体的妈妈表达了对这个团体运作方式的失望。她说她就想找到更多告诉她怎么做的信息。"我希望了解更多有关孩子发展方面的知识，而我们所做的只是谈自己和孩子的感受。我只想知道该怎么做！"这位妈妈并不是个例，有很多家长只想知道事实和答案是什么。这在短期内可能是比较容易的，但从长远来看，父母们最好还是通过自己的思考找出自己认为最好的养育孩子的方法。

俗话说"授人以鱼，不如授人以渔。"反思性养育的方法支持父母们用自己的头脑来思考发生在他们和孩子之间的事情，并且鼓励他们独立思考如何养育孩子。同样，这种方法也鼓励父母结合孩子年龄，帮助孩子利用自己的头脑（心智）去解决问题。

The Reflective Parent
反思的爱

亲子故事

■ 原则1：亲子关系高于一切。

　　约翰是一名自行车骑行发烧友。在儿子飞飞出生之前，他就憧憬着有朝一日可以带儿子骑车穿越群山。飞飞也一直很喜欢骑车，但到10岁时他开始对团队运动更感兴趣。约翰喜欢骑行时那种自由的感觉，他认为这是世界上最好的运动，所以他不断邀请儿子和他一起去骑行。当儿子越来越多地拒绝他，转而去踢足球或打棒球的时候，这位爸爸感到非常的痛苦和失望。然而，约翰还是忍不住给儿子施加压力。最终他的妻子告诉他，飞飞对此心存不满，也为自己让父亲失望而内疚，但同时他也很生气爸爸竟然这么自私。约翰开始关注和留意儿子总跟他生气并且避免跟他交谈的情况，并最终决定不再给孩子施加压力。放弃这个梦想对他来说是如此痛苦！但他知道跟儿子的关系才是更为重要的。当问题来临时，请聚焦于亲子关系。

■ 原则2：没有完美的父母，也不存在"正确"、"最佳"的养育方式。

　　塔米是一位妈妈，她向托儿所的老师请教，"我的女儿们可以有属于自己的玩具吗？还是她们需要彼此分享玩具？"她的两个女儿共用一个卧室，所以她告诉孩子们玩具是大家的共有财产，对塔米来说用这种方式会更加容易一些。事实上，两个孩子根本就没有在意这些。她们就像其他孩子一样会因为想玩某个玩具而打架和争吵，但这些跟这个玩具的所有权无关。不过，塔米的婆婆认为，让孩子们分享她们的玩具是一个糟糕的主意，孩子们没有玩具的所有权是不合适的，而且如果允许她们可以有一些玩具不被别人分享，会减少很多矛盾和冲突。塔米感到很难过，自信心也倍受打击。她说她不想给女儿造成伤害，所以她想知道什么才是正确的方法。好在托儿所的老师们具备良好的反思能力，他们告诉这位妈妈没有正确的答案，而且"你做出的任何选择都有优缺点……你无法回避冲突和问题"。起初，塔米很难相信这一点，但最终她感觉好多了，因为她可以独立思考，并找到了属于自己的答案。当问题来临时，请独立思考！

■ 原则3：容忍模糊、不确定和未知的状况。

谢尔登和安妮10岁的儿子刚刚被诊断患有注意力缺陷障碍。虽然因为终于知道了孩子学习成绩不好和行为很难管束的原因，他们感到如释重负，但也很担心孩子可能永远都无法好好地生活。他们从朋友那里听到很多患有注意力缺陷障碍的孩子的悲惨故事，所以他们扑向孩子，想尽一切办法来帮助他。这一切都源于关心，但连他们都可以看到自己的焦虑让孩子变得更加紧张。他们的举动让孩子觉得自己让父母失望了。他们说："如果我们知道这个问题最终会迎刃而解，我们就可以让自己更加平静，就可以让自己退回来。但我们不能确定会怎样，为了安全起见，我们还是会尽可能多地帮助他完成功课。"毫无疑问，所有这些感受都是非常正常的，但问题是，如果他们不能容忍这种不确定性，他们会过度紧张，而这对儿子是没有益处的。

■ 原则4.1：从宝宝和你的视角看世界。

卡拉的女儿贝儿现在14个月大。她是一个非常友善、外向的小女孩。当其他的妈妈和小孩坐在旁边时，贝儿很容易就跑去跟他们一起玩或引起他们的注意。妈妈总是会制止她，并示意贝儿坐回她的身旁。卡拉说："她很容易就凑到别人跟前，我觉得这有点没礼貌。"在父母课堂上，其他父母都说贝儿是个非常可爱的女孩，没有人觉得被她打扰或因此生气。尽管团体成员试图让妈妈确信贝儿在社交方面有很好的表现，她不用过于担心这个问题，但是卡拉仍然对女儿的行为感到不安。当团体带领者鼓励卡拉进行反思时，她开始审视自己的内心。她意识到是她自己因女儿的行为感到尴尬。她觉得别人也会评判她，认为她是一个让女儿去打扰别人的妈妈，而且别人会因为女儿的淘气而不喜欢她。经过进一步的反思，卡拉说："我一点都不外向，是一个很内向的人。当说话或者提问时我都会觉得很尴尬。如果要我像贝儿那样我会很害怕，我想我正在试着让她变得和我一样。"在对自己进行反思后，她开始从女儿的角度看这件事。"贝儿不像我那么害怕。跟别人在一起她很舒服，也很享受。我很害羞，但她不害羞。我想让她觉得其实这样很好。"当女儿跟别人在一起时，卡拉希望自己可以对此更加安心，不再像以前那样尴尬。当问题来临时，请反思！

■ 原则4.2：从青少年和你的视角看世界。

妮可和她17岁的儿子艾瑞争论了很久，因为儿子觉得她发太多短信给他。妮可为自己辩解，说这个世界并不安全，她只是想通过短信跟他保持联系，并确保他是安全的。而艾瑞也为自己辩解，他说自己已经长大了，母亲应该更加信任他。他用一种略带嘲笑和轻蔑的语调说："我不介意你给我发这么多短信，但你总是问'你在哪里？''跟谁在一起？'你对待我就像对待3岁小孩一样。请相信我，别问我那么多好不好！"妮可被他的语气和态度激怒了。她又试着解释道："我当然相信你，只是担心你，关心你怎么样了。"最终妮可意识到他们已经陷入了僵局，她需要一种不同的沟通方式。当记起自己还是一个十几岁的少女时，也同样想要这样的自由和独立感，她便能从儿子的角度来理解这件事了。她制定了一个计划，可以减轻对儿子安全问题的担忧，同时也可以让儿子有一个独立成长的空间。她称该计划为"只报到，不检查"。当下次给儿子发短信时，她只问："一切还好吗？"儿子回答："是的！"接下来不会有更多追问，

第一章
反思性养育的十大原则

这个冲突就这样解决了。当问题来临时,要从双方的角度看问题!

■ 原则5:做一个充满好奇、思想开放、灵活自如的家长。

乔伊规定女儿必须把玩具都整理好才可以听睡前故事。娜娜是个很随和的5岁小女孩,通常情况下她会按照妈妈的要求做。然而一天晚上,娜娜推诿说:"我不想收拾玩具了!"乔伊始终认为孩子需要学会负责,并且要学会遵守规则,于是她对女儿说:"除非你把玩具都放回篮子里,我才会讲睡前故事。"娜娜希望妈妈可以帮她一起整理玩具,乔伊也试着变通一些,她答应女儿的要求,帮她一起整理。然而,她发现女儿几乎什么都没做,反而是自己整理了大部分的玩具。乔伊是一个善良慈爱的母亲,但她相信父母要很坚定地执行规则。她把女儿放回床上时并没有给她讲故事。最开始的几分钟一切都正常,但过了一会儿女儿开始嚎啕大哭,并央求妈妈给她讲故事。现在该怎么办呢?乔伊友善但坚定地对女儿说:"今天没有睡前故事,因为你没有整理玩具。"女儿继续哭着。乔伊担心如果她让步了,女儿就会知道她可以得到想要的东西而不必为此承担该有的责任。但她也看到现在女儿非常伤心,会因此而不能按时睡觉,明天也会受到影响,变得一团糟。所以她最终同意给女儿讲一个故事,女儿立刻就平静了下来,而且只讲了一个故事她就睡着了。乔伊对自己很失望,她认为应该更加坚定自己的立场,不应该这么懦弱。然而,事实是人们无法始终如一地保持某种立场。就像随风摇曳的树枝一样,如果它不随风而动,就会被风吹断。父母们也同样需要具备这样的灵活性。

■ 原则6:有节制地共情。

6岁的小诺正在游乐场的攀登架上玩,她朝妈妈金女士大声喊道:"那些男孩对我说脏话了,你去让他们停下来!"妈妈没有按照她说的做,并对她说:"你可以自己来处理这个问题。"小诺从架子上下来,一再坚持让妈妈去制止那些小男孩。金女士有些生气地说:"我是不会去跟他们说的,你需要学会忽略这样的事情。"这时小诺开始抽泣起来。最后,金女士还是蹲下来抱着女儿温柔地对她说:"好吧,我知道他们说这样的话让你很难过,这些话伤害了你。但我之所以不想去制止他们,是因为如果他们知道你为此难过,他们反而会很得意。忽视是制止他们最好的办法。"

■ 原则7:提升适应能力。

为了庆祝小书的5岁生日,爸爸、妈妈、奶奶还有2岁的弟弟都一起来逛动物园。当他们正准备去看小书最喜欢的大猩猩时,奶奶说自己有些头晕。她坐下来后情况仍然没有好转,并且想要回家。当小书因为没有看到大猩猩而大哭时,小书的父母对此表示理解,也能温柔地共情他的感受。在回家的路上,他还一直在哭,最后妈妈对他说:"小书,你知道吗,我们都明白没看成大猩猩你有多失望。但即使有非常充足的理由感到伤心难过,我们每个人还是需要学会让自己停止哭泣。你的弟弟需要学会,爸爸和我也都需要学会。你现在已经长大了,是时候学习如何处理这个问题了。我觉得现在做5个深呼吸可能会让你好受些,你觉得怎么样?"小书开始克制,他说:"你可以陪我一起做5个深呼吸吗?"

■ 原则8:保持更加积极乐观的态度。

达女士说她11岁的儿子小布是个十足的讨厌鬼。"所有的事情都被他搞得乱七八糟,他从来不听也不遵守规则,当想要某样东西时他还会所求无度。我觉得他真的有问题,就算我对他大吼大叫,惩罚他的不良行为,他还是表现得很糟糕。我知道我没有做好,但是他真的让我很紧张,和他在一起时我都快疯了。"当我问她:"小布有什么优点吗?"她回答说:"他朋友的父母说,他在朋友家时非常有礼貌也很会合作。他是一名

第一章
反思性养育的十大原则

非常优秀的运动员,而且在运动项目中他非常有耐心地帮助年纪小的孩子。"我说:"他是个不太好管的孩子。听起来他的脾气不是很好,需要你来帮助他控制好自己的情绪和冲动。我猜你之所以要严厉地惩罚他,是因为你担心他。所以如果更多地关注他的优点,比如他的运动能力,对小孩子的耐心等等,会不会对你们更有帮助呢?"听了这些话,达女士感觉好一些,也冷静了一点,她笑着说:"你肯定不会惊讶,我妈妈说我小时候也是一个非常执拗难管教的小孩。他可能遗传了一些我的特质。他确实有好的一面,他比其他人更充满生机和活力。我相信如果我时常告诉他这些,他肯定会喜欢的。"

■ 原则 9:修复破裂的关系。

达女士的丈夫亚先生抱怨小布总是大喊大叫。"当我对他说不,他冲我叫嚷时,尤其让我生气。就像有一天,他想让我们带他去玩滑板,我说我们没有时间陪他玩,结果他就在餐桌上大发雷霆。他毁了我们大家的晚餐。当他大喊大叫时,我不得不起身离开房间,我告诉他我已经受够他了。那一天以后我就没有再跟他说过话。"我问亚先生他是否知道儿子为何要这样大发雷霆,他说:"小布处理不了任何失望的情绪,他有些崩溃。我不喜欢他这种软弱的样子。"我又问:"当你走开不理他时,你想过他会怎么样吗?"爸爸边回忆边说:"当我做错事时,我妈妈会好多天都不理我,我会为此感到非常的痛苦和恐惧。他应该也跟我一样不喜欢被这样对待吧。啊!我想这正是我对他所做的。好吧,看来即使他做错了事情,我也应该在这些事情发生之后重新跟他建立联结。我这么粗暴地离开,对他来说是不公平的。"

■ 原则 10:适应孩子的需要。

阿比帮她 9 岁的女儿朵拉一起完成一个数学大作业。朵拉最近一段日子都在很努力地完成这个大作业。阿比的信条是"做正确的事",所以发现作业中任何错误,她都会指出来。阿比补充道:"我不喜欢粉饰太平,所以我也不会对她做这样的事情。"阿比是一个完美主义者,但女儿却跟她不一样。这样的不同让她们因为作业争吵了几次。朵拉经常不让步,并拒绝改正妈妈指出的错误。最近阿比从反思性养育中学到了很多,所以这次她忍住了去指出那些因粗心大意而造成的错误的冲动。她提醒自己,女儿并不像她一样注重细节。阿比更加了解女儿是怎样的一个人,她调整了自己的方式。她对女儿说:"我知道你为这个作业付出了很多,你做得很好。"她看到女儿是多么的开心,但她也想找到一种方法可以教女儿如何做得更好。阿比的新方法就是对孩子的需求更加敏感,她又对女儿说:"你知道我是什么样的人,也了解我挑剔的习惯,如果你愿意的话,我可以告诉你能继续完善的地方。"出乎意料的是,女儿没有像之前那样抵触和生气,反而说:"好呀,你快点告诉我吧,然后我可以看看是否想做调整。"

反思性养育的语言

父母们可以借鉴以下方法来跟孩子们交流沟通亲子关系的重要性:

- **爸爸**:"我意识到为了让你踢足球,我给你施加了太多的压力。但现在我明白这不是你想做的事情,很抱歉花了这么长时间才意识到这一点。我现在真的觉得,最重要的是你来决定你感兴趣的事,而我会尽我所能地支持你的选择。"
- **妈妈**:"每天早上上学前我们都会为了给你梳头发这事争吵。我不喜欢跟你吵架,我想你也不喜欢这样。我们试着找到另外一种方式来解决有关头发的问题，会不会更好一些呢？你有什么主意吗？"
- **妈妈和爸爸**："我们知道你非常想和朋友们去乔伊家参加通宵派对，但我们爱你，想要确保你是安全的。现在我们还不能确定乔伊家的情况是否足够安全。我们需要获得更多的信息，在决定之前还需要就此事进行更多的讨论。"

家庭练习

■ 练习慢下来和关注当下
- 使用正念练习。花些时间独处，找一个舒适的坐姿，然后闭上你的眼睛，试着去观察那些在头脑里来回出现的想法和感觉。如果你发现自己陷入了某种想法或感觉中，试试看能否慢慢回到一个更加观察性的状态。注意观察这些起起伏伏的想法和感觉。持续练习2~3分钟。
- 用肢体语言提醒自己。把手放在胸口，就好像你在按一个想象中的停止按钮，让自己不会太快跳入某种场景中。用你紧闭的双唇"咬住你的舌头"，让自己不要太快去说什么。这些肢体动作放慢了互动的节奏，可以给你一点时间冷静下来，让你做出回应之前可以充分地考虑目前的状况。
- 留出一段时间，关注当下。至少留出15分钟的时间，关掉所有的电子产品，什么也不做，这一刻只有你和你的孩子在一起。你可以告诉孩子："我现在没有别的任何事情，可以完全跟你在一起。"当然，你还要确保孩子现在也是有空的。然后请跟随着孩子的引导，看看接下来会发生什么。无论发生什么都没问题，重要的是，无论在你们之间发生什么你都参与其中，并且可以开放地接纳这一切。

- **练习容忍不确定性和模糊性**
  - 留意你完全不知道如何处理一个情境的时候。请描述一下自己不知道该怎么做时的感受。例如，你感觉到某种情绪了吗？你觉得你身体里有什么感觉吗？看看你在决定做什么之前，能在这种感觉中待多久。
  - 留意孩子行为意义模糊不清的时候。这可能是孩子用一种含糊的方式在向你解释某事，或者是你无法理解他们的行为。请关注自己对于感到困惑会有什么感受。留意自己是如何应对这些困惑的感觉的。想想是否有其他的办法来处理。

在接下来的章节中，我将进一步结合脑科学的相关内容来介绍有关亲子关系、儿童发展、反思能力和反思性养育原则的内容。

The Reflective Parent

第二章

孩子独一无二的心智

第二章
孩子独一无二的心智

> **大脑基础**
>
> 人类大脑的组织结构使人们能够进行心理层面的交流，也让人与人之间的理解和误解成为可能。

心智——大脑的艺术品

在所有健康的人际关系以及儿童的健康发展中，人类的心智功能发挥着非常重要的作用。心智是我们的一部分，通过心智活动我们得以觉察和理解自己、他人以及周围的环境。心智是对"我"的感知所在；心智包括了所有的想法、感觉、意愿和信念；心智还是理解所有行为意义的来源。尽管人类心智活动的很多方面仍是未解之谜，但人们普遍认为心智是大脑的产物，而且心智的特点是由大脑的功能所决定的。你理解孩子心智的能力，以及理解自己心智的能力，是孩子心智发展的重要基础。如果你可以理解心智是如何运作的，将改善你和孩子的关系，也将提高你更加有效地回应孩子的能力。

智人这一物种的成功是其特殊的社会属性的产物（Wilson, 2012）。从理论上讲，心智的进化增进了人类社会关系，同时也使得人类能够发展自己的语言、文化、社群和文明（Dunbar & Shultz, 2007; Tomasello, 1999）。反思能力是人们感知自己和他人心智的一种方式。养育孩子的一个重要部分就是运用心智活动教会孩子如何成为一个具有良好心智功能以及反思能力的成功社会人。

心智是大脑的艺术品，意思是说大脑是心智活动的物质基础。虽然心智是从大脑中创造出来的，但心智本身是无形的。我们的5种感官可以对生活中的有形事物进行处理加工。心智活动则处理加工生活中那些抽象无形的东西，如想法、感觉、意愿、信念、目标以及诸如自由、美丽和忠诚等概念。大脑对心智的创造堪比艺术家的创作过程。艺术家使用物质的东西，例如，颜料、木材和金属，但是使作品成为"艺术"的并不是那些物质元素，而是艺术家把那些元素组合起来表达或激发他人心理体验的过程。

反思能力：大脑感知心智的方式

心智是一个隐秘的无法被我们看到的东西。心智活动中到底发生了什么，通常可以用心理状态这一术语来描述。反思能力有点像X光透视或读心术，可以让我们进入他人的内心世界。反思能力使我们可以自动地进行心理上的沟通。例如，即使一个婴儿并不是生来就有成熟的心智，父母也会和新生儿交谈，就好像孩子的心智已经发育成熟了。他们可能会说："我知道你这么大声叫是嫌我喂得太慢了，想催我快点。"我们需要把孩子当作一个拥有独特心智的人来对待，这是孩子心智发展的第一步。

心智也是主观的。每个人都以自己的方式看待这个世界。由于心智是隐秘的、主观的，所以即使具备反思的能力也不能确保自己总是能完全理解孩子。当在反思时，我们所能做的就是对另一个人的心中可能发生的事情进行猜测或推断。我们可能猜得对，但并不总是对的。正因为这个原因，反思性养育一直强调父母对孩子的误解是可能发生并普遍存在的，但是通过反思，父母更有可能在发生误解时及时发现并澄清。

"你—我—我们"的亲子关系

每对亲子关系中都包含了一个三角关系，就是"你—我—我们"这样的关系。"你"是指孩子的视角。"我"是指父母的视角。"我们"是父母与孩子相互影响的视角。下面通过一个例子来说明。

你（孩子的观点）："你真的很生气，因为我现在不能和你说话。"

我（父母的观点）："我赶时间，所以我现在不能和你说话。"

我们（父母与孩子的相互影响）："当我匆忙赶时间不能和你说话时，你生气了并冲着我大喊大叫。然后我也生气了，也冲着你大喊大叫。这让你感觉很糟糕，所以你哭了。"

这种"你—我—我们"的观点是另一种有关反思式育儿理念的方法（见图 2.1）。通过使用"你—我—我们"的视角，具有反思能力的父母们力图从孩子的角度理解孩子（"你"），从自己的角度来理解自己（"我"），同时要重点理解父母和孩子之间是如何相互影响对方的（"我们"）。有关"你"和"我"的视角充分体现了反思性养育中采取双向视角的方法。"我们"则充分体现了反思性养育中对亲子关系的关注。在养育孩子这一充满动荡的过程中，父母们需要始终密切关注亲子关系，因为这样更能促进孩子在父母关心的所有领域中健康发展，这些领域包括：社交和情绪健康，行为和冲动控制、认知发展、学术成就等（Beebe, 2006; Fonagy, Gergely, Jurist & Target, 2004; Lyons Ruth & Jacobvitz, 1999）。

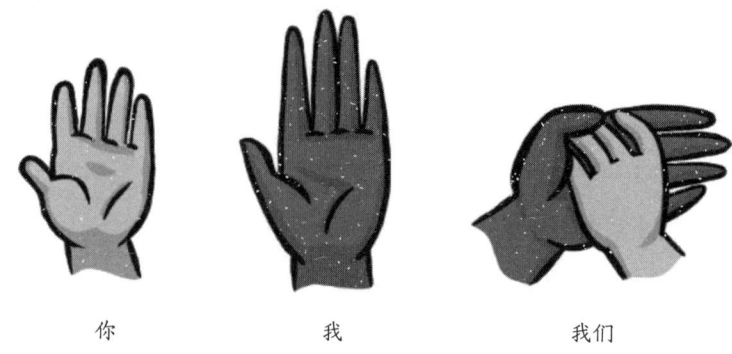

你　　　　我　　　　我们

图2.1　你，我，我们

心智在亲子关系中的作用

善于反思的父母使用的语言体现了心智在亲子关系中所起的作用。父母使用"我"的视角，将外在行为与内在心智联系起来，体现了他们对心智作用的认识。在前面的例子中，这些外在的行为包括说话、大喊大叫还有哭。与之相关联的心理状态包括赶时间、无法做到、恼怒、感觉很糟糕以及生气等。在"我们"的视角下父母使用语言构建了一个小故事，或者说是故事情节，这些故事和情节描述了父母和孩子对彼此思想和行为的相互影响。心智总是在试图搞清楚发生了什么。小故事为我们提供了一种最为清晰的方式来理解生活中所发生的事情。

不需要特别的指导，父母通过这种反思性的方式与孩子交流沟通，就可以将他们的反思能力传递给孩子。孩子将这一过程内化到自己的心智中，就变成了孩子自己的反思能力。

养育孩子：从"婴儿室"到"会议室"

虽然养育孩子和公司事务看上去相去甚远，但是企业管理顾问们经常推荐一种类似于"你—我—我们"的方法（Goldsmith，2007）。他们向高管和员工讲授如何进行反思。他们鼓励业务团队中所有持有"你的"和

"我的"视角的人们理解他人的观点源自何处,以及团队中的成员是如何相互影响的。他们强调每个人都会给团队带来不同的视角和技能,而且是彼此的互动决定了能否有好的表现。一本讲述不被看好的华盛顿大学赛艇队赢得1936年奥运冠军的书也传达了同样的主旨(Brown, 2014)。

做一个善于反思的父母就像是在运营一个团队。这个团队的共同目标是帮助孩子以更加适应的方式发展。这就要求你认识并且尊重这样一个事实,即孩子对这个世界拥有自己的观点和看法,即使你可能不赞同他的这些观点。父母需要首先觉察自己所持有的观点,然后和孩子一起努力理解彼此之间是如何相互影响的。

大脑构建了所有的感知

心智的主观性是大脑建构所有感知这一事实的自然延伸。在我们看来,感知的世界就是它本来的样子,然而事实并非如此。每时每刻,大脑都在积极地构建我们的感知。我们将这些感知体验为一股现实之流,就像在脑海中播放视频一样。我们将这些体验为事实而不是虚拟。正如视频可以被剪辑一样,大脑构建的感知也一样会被我们的情感、信念和假设编辑。

研究表明,当孩子们感受到的亲子关系是安全的、连接的、相互理解的、支持和接纳的,他们会做得更好。当父母们以一种更积极乐观的态度来认识自己的孩子,他们同样也会有更好的表现。大脑构建了你所有的经验,孩子的大脑也构建了孩子所有的经验,了解这一点可以帮助你认识到所有的感知都是具有可塑性的,而且可以在需要时被重新编辑。

大脑像一个巨大的乐高积木

人类的大脑由数十亿个神经元细胞相互连接组成。在整个大脑中,神经元聚集形成不同的脑区,并专门服务于不同的大脑程序。例如:在大脑表层或皮质区有专门主管视觉、触觉和听觉的区域。在大脑较深部分的皮质下区,有主管包括情绪、记忆、习惯养成等其他功能在内的区域。大脑皮质和皮质下区彼此之间有着高度的互联互通(图2.2和图2.3)。

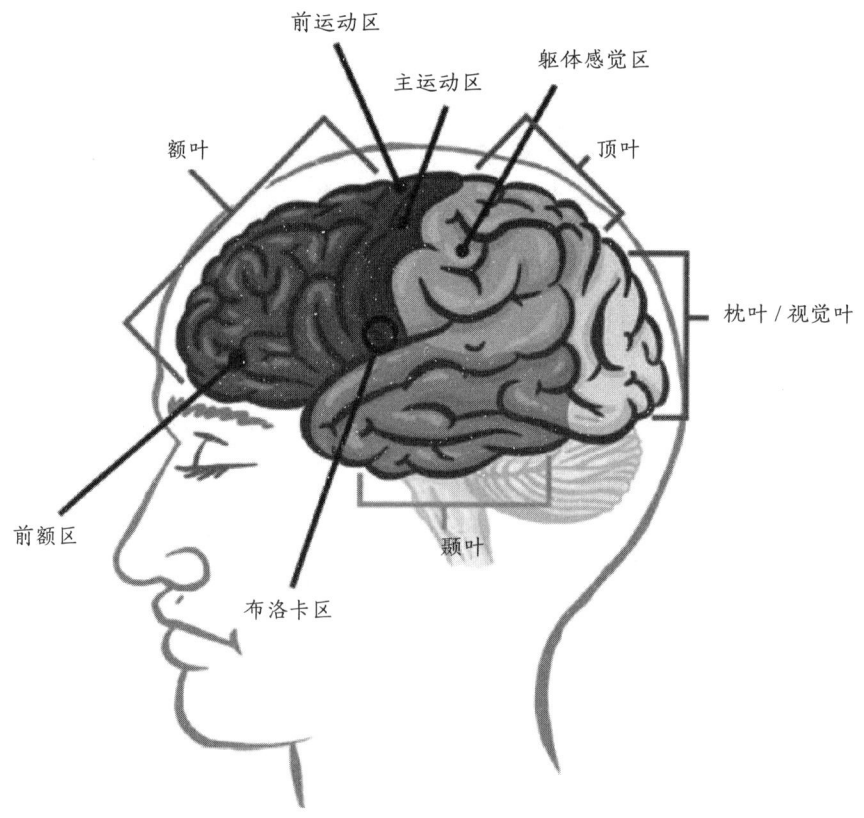

图 2.2 脑叶和大脑皮层分区

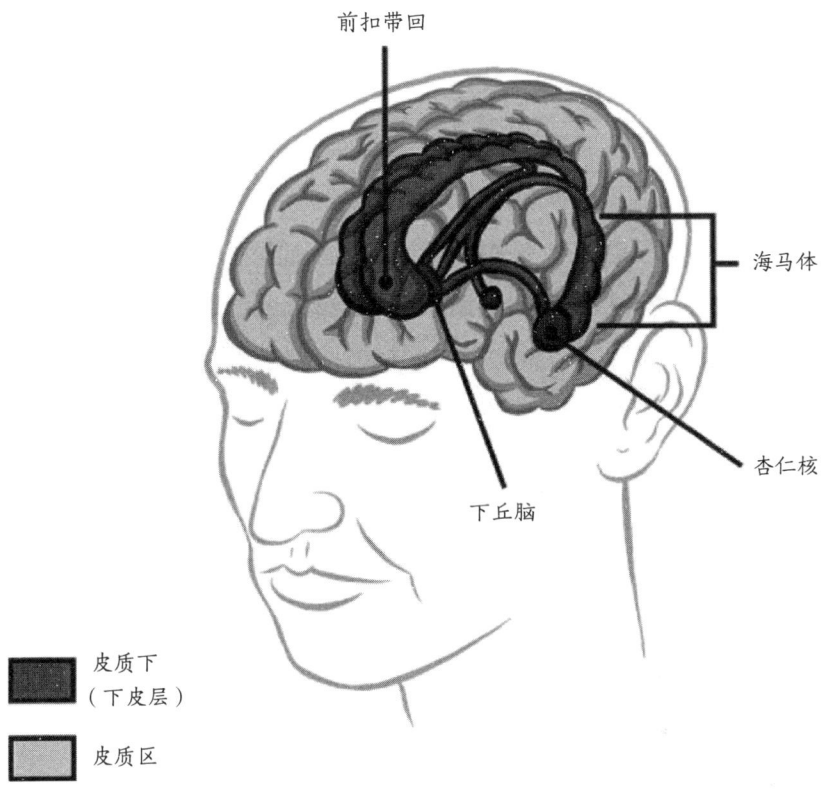

图 2.3 大脑皮质区和皮质下区域

神经元及其连接

神经元是可以传输脑电信号的细胞。每个神经元又通过称为树突和轴突的神经纤维与其他神经元连接（见图 2.4）。树突把信号传入细胞体，轴突则把信号传导出细胞。在树突和轴突上有许多称为突触的接触点。一个神经元的纤维与另一个神经元的纤维通过突触彼此相连，同时信号也就通过突触从一个神经元传导到下一个神经元。

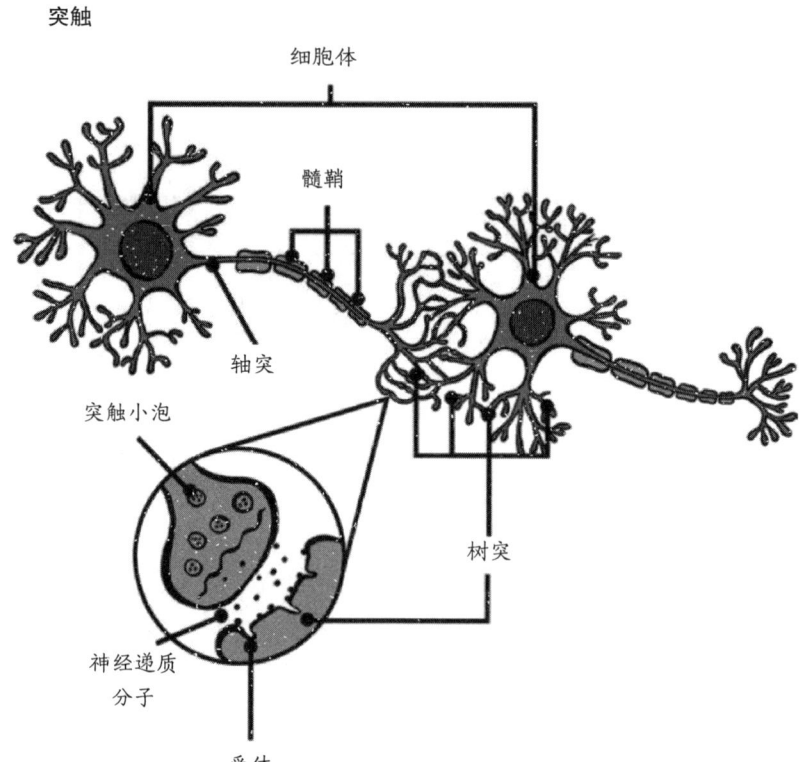

图 2.4　神经元和突触

当一个脑电冲动传导至突触时，突触会释放出化学神经递质，这些神经递质就像渡船穿过一条小河一样穿过突触间隙。当神经递质到达突触间隙的另一面时，它又可以激活脑电冲动，并使得这一信息通过神经元传导下去。一个信号越多通过一个突触传导，这两个神经元之间的连接就会越强。最终，大量神经元通过这种方式连接起来形成了大脑回路。你和孩子之间的关系就是孩子大脑回路的缔造者。

感知由推断而来

大脑大约由 860 亿到 2000 亿个神经元组成。每个神经元大概有 5000

到60000个突触。大脑总突触连接数量大约有10的27次方之多。在所有这些连接中，神经元相互连接方式的真正数量可能在10的百万次方这一范围。想象一下，乐高积木的小部件可以以很多不同的方式组合，从而创造出不同类型的结构。

在这里为大家简单地描述一下大脑如何创造出我们所有的感知（Llinas，2001；Pally，2001）。大脑位于颅内，与外界没有直接的联系。唯一可以到达大脑的外界信息以感觉器官探查到的零散信息的形式出现。例如，眼睛、耳朵和皮肤这些感觉器官。这些零散的信息包括诸如颜色和轮廓、声音的频率和音量，还有触觉的压力等要素。这些信息的输入激活了大脑不同感觉区域的神经元，如视觉、听觉和触觉中枢。大脑把这些零散的感觉信息整合在一起，通过神经元各种不同的连接方式创造出完整的物体、人物和情景。然后，大脑通过神经元相互连接的方式对感觉信息输入的来源做出推断——换句话说，就是这些输入信息来自什么样的物体、人物或者情景。虽然获得了新的信息后，大脑还可以改变之前的假设和推测，但每一种感知都是那一刻最好的推测。一旦大脑得出一个结论，我们就会将这个结论体验为感知。

不能一直相信你的大脑

世界就在那儿实实在在地存在着。然而，我们感知到的一切只是大脑对外在世界的解释。每个人对现实的认识都不是事实或真相，而是由大脑创造出来的带有个人特点的观点。他人创造了属于他们自己的现实和观点，这些现实和观点在他们看来就是事实和真相。就比如一个人在美国可以在月亮上看到男人的脸，而虽然在墨西哥的人们看到的是同样的月亮，但是感知却不同，他们"看到"的是一只兔子（Drake，2014）。

人类遗传密码中包括了很多大脑图谱或规则。这些基因图谱或规则将特定的感觉组织成知觉。正因为如此，我们大多数人才会有类似的知觉。当草地上有一棵树时，我们通常都会将它感知为一棵树。这也是为什么婴儿从一出生就会更多地看向人脸而不是其他的事物（Frank, Vul & Johnson, 2000）。婴儿天生就拥有这样的基因图谱，可以让他们把点和曲线组合起来并将其感知为人脸。

但大脑的图谱并不完整，这些规则也没有涵盖所有情况，这就使得大脑很容易发生感知错误。想一想有关视觉幻觉的例子，比如在炎热的沙漠公路上看到的海市蜃楼，或者当开车时会以为路前方有动物的尸体，只有当路过它时，你才发现那其实只是一堆破布。此时大脑接收到了视觉的感觉信息，但是却做出了错误的推测，进而形成了一个错误的知觉。

涉及对人际关系情景中心智的感知，我们更容易做出错误的推测。我们不仅要感知别人外在的有形的行为和语言，还需要感知对方心智中内在的无形的部分。有人提出，在人类进化过程中，心智化系统是大脑专门为感知人类的心智而设的功能区（见第四章）。像所有的感知过程一样，我们的反思能力也有推测过程的参与。结果就是，即使在和孩子最珍贵的关系中，我们也会不时地产生心理错觉或知觉错觉。

还有一些其他情况可以说明是大脑创造了感知，我们感知到的并不是世界真实的存在。例如，大脑的某个部分可以在脑外科手术中被直接激活，也可以通过向颅骨传导电信号或磁信号间接地被激活。虽然这些脑部的激活是人为制造的，但是人们却会有非常真实的感知体验。可能会看到一个物体，或者感觉到身体在移动，又或者会非常生动地回忆几周前发生的某件事。

幻肢是另外一个例子。截肢患者可能仍然能够感觉到已经失去的肢体，因为与那个肢体相连接的大脑区域并没有受损。另一个例子是，我们会用大脑的同一个部位来感知由"波浪线"组成的形状，比如我们在云彩或者在月亮上看到的那些形状。当感知一些类似形状的物体时，我们相同的大脑区域会被激活（Voss, Federmeier & Paller, 2011）。

第二章
孩子独一无二的心智

影响大脑感知过程的因素

许多因素会影响大脑的感知。作为一位善于反思的父母，你需要常常评估哪些因素有可能会影响你对孩子的感知。

情绪和身体驱力塑造感知经验

大脑的情绪中枢（如杏仁核和下丘脑）输入的信息，会与感觉系统输入的神经模式信息结合在一起。通过这种方式，情绪最终会影响人们的感知结果。例如，当我们害怕的时候，我们更容易将事件感知为危险的，将人们的面孔感知为凶恶的。恐惧的情绪会使我们对危险状况的感知产生偏差，这是为了激活"战斗—逃跑"系统，以便我们能更好地保护自己不受伤害。同样的，需要也会塑造我们的感知经验。比如，当人们处于饥饿状态时，会觉得食物变得更加美味了。

记忆塑造当前的感知经验

作者威廉·福克纳（William Faulkner）如神经科学家一样，在书中写道："过去从未逝去，甚至从未过去。"（Faulkner, 1951; Act 1, sc.3）每当某种情况发生时，对此情境形成感知的神经元模式，也会作为这个经验的记忆被大脑存储下来。被原始经验激活的某种模式，同样也会在回忆这些经验时被激活。某种经验发生地越频繁，意义越是重大，神经元模式的连接就会越强，记忆中这些模式的连接也会越强，这些记忆也越容易被回忆起来。为了加快感知过程的速度，大脑会利用存储在记忆中的模式更加快捷地感知这个世界。大脑不会等待漫长而缓慢的输入过程，也不会等待整个神经元模式被某种特定的经验所激活。相反，大脑会从记忆中获得线索。当某种模式形成后，大脑会把输入的模式与记忆中的模式进行匹配。当大脑发现了一个足够相似的匹配时，它会"宣告"当前的情况与记忆中的某种情况相同，这就形成了我们的感知。以阅读为例，当我们阅读时，大脑会扫描开头和结尾的单词，并与存储在记忆中的相应的神经模式相匹配，以获得相似的情景。当它找到一个足够相似的匹配时，大脑就会填补其余的单词。

你应该听说过独立战争时的一句格言："直到敌人非常靠近时再开枪！"而大脑的运作却使用了相反的哲学观点："一听到草地的沙沙声就要快跑。"大脑把草地的沙沙声理解成蛇来了，然后做出相应的反应。

期望和假设塑造感知经验

大脑热衷于使用快捷方式，它会预测未来，并利用这些预期塑造当前的经验（Fuster, 1998; Llinas, 2001; Pally, 2007）。这就是为什么我们的头脑永远都在补充别人要说的话。人们的期望和假设与记忆紧密相连。我们的记忆库中包含了许多别人可能会说的话，别人刚说了几个词语，我们就可以预测出他接下来要说的话。大脑把预期当作感知，并且用这个预期来判断该如何回应，而不是等着听到、感知到对方实际所说的内容。因此，我们更有可能看到期望看到的，听到期望听到的东西。而且，当在跟他人交流时，甚至在别人还没有说完之前，我们通常已经准备好了自己的回应。如果他们说的话和预期的不一样，他们很有可能无法理解我们的回应。

科学如是说

安慰剂效应及预期对感知的影响

在扫描一组受试者时，他们被告知皮肤上涂抹的药膏是一种麻醉剂，所以当接受轻微针刺时不会感到疼痛。他们并不知道这些药膏只是

> 普通的面霜，但是大多数受试报告说没有感到疼痛。我们知道疼痛会激活大脑的疼痛中枢，即前扣带回皮层。没有疼痛体验的受试者其前扣带回皮层的活动要少于有疼痛体验的受试者。药膏可以预防疼痛的这一预期造成了安慰剂效应。这种预期通过抑制前扣带回皮层的活动形成一种"不疼"的感知体验（Wager et al., 2004）。

问题的关键：是有意识地感知，还是无意识地感知

当同事问："你喜欢我的新眼镜吗？"你是否会回答"我都没发现你竟然戴眼镜"？将近99%的大脑活动是在无意识中进行的。某些过程如对血压和消化系统的调节，只会在无意识中进行。其他过程如感知、情绪和记忆既可以在无意识中进行，也可以在有意识中进行。相对于无意识的处理过程，有意识的处理过程要慢得多，也需要更多的资源。因此，对于所有熟悉的情况以及熟知的任务，大脑会尽可能多地选择无意识的处理过程。这是我们无意识地进行所有机械重复性质的行为和习惯的基础。想想散步或开车时，你可能有意识地专注于听手机上的电台节目，而不会意识到自己的动作或者周围的世界。

尽管有意识的处理过程可以有更高的准确性和灵活性，但它只会在需要的时候发挥作用。像所有的感知过程一样，反思能力既可以在无意识的状态下运行，也可以在有意识的状态下运行。通常情况下，我们甚至意识不到自己对他人心智状态的推测。如果在养育孩子的过程中发生了冲突或误解，我鼓励父母们切换到有意识的反思状态。当父母进行有意识的反思时，他们可以积极地思考最初的结论是否正确，也可以考虑他们感受到的某种情绪或者过去的经验是否正在塑造或歪曲着对孩子的理解。

对反思性养育的启示

神经科学解释说，所有对外界和他人心智的感知，仅仅是大脑对所发生事情的主观看法。当我们自动化地发挥某种功能时，大脑完全可以在无意识的状态中创造出感知。坏消息是，这会让我们和他人之间产生许多误解和冲突；好消息是，感知是可塑的，如果把注意力放在感知过程中，大脑完全有能力改变我们的感知。反思性养育鼓励父母审视自己的内在——他们自己的情绪、身体的需要、期望，还有他们童年的记忆。这样做的目的是让父母们有能力认识到这些因素可能会影响他们对孩子的感知。

误解是正常现象

许多误解仅仅是因大脑感知系统的局限性而造成的。生活中发生的很多事情就像电话游戏，你悄悄对坐在身旁的人说一些内容，他们的大脑简化并传递了错误的感知信息给下一个人，直到传到最后一个人那里，而这时的信息已经完全被篡改了。我们经常会认为误解是一些个人化的或让人烦恼的事情。其实通常情况下，最好接受误解就这样发生了，并且需要去澄清它。例如，你会对孩子说："去喂一下狗。"孩子说："我保证一会儿就喂。"但你可能会听成"我已经喂了"。当看到碗是空的时，你会以为孩子在撒谎，接着你会朝他大喊："你过来！"孩子会对你大叫道："你为什么这么生气？我说过我一会儿就去喂！"道歉总是很好的，同时也可以将这样的事件作为反思性教学的时刻，你可以这样说："这种事情是会发生的，人们经常会误解对方。"

第二章
孩子独一无二的心智

善于反思的父母必然走慢车道

为了修正因大脑使用简化方式而导致的误解，我们需要放慢速度，保持好奇心，并对最初的感知保持怀疑。例如，你可能对孩子感到失望，在你看来，正因为他不用功，所以才会考试不及格。这也会让你不能很好地同理他那些难过的感受。但是，如果你想确定你对情况最初的感知是正确的，就需要放慢速度，让自己退后一些，并且试着弄明白自己体验到的是否正确。这需要你考虑一些其他的细节，这些细节可能会改变你对目前状况的感知和理解——比如回忆起他之前问过你一些关于功课的问题。也许他不像你所希望的那么热心学习，但当你意识到相比你之前认为他的用功程度，他确实付出了更多的努力，这些新的理解和认识将会对你有所帮助。

父母不幸的童年记忆会带来误解

如果父母在童年时有情绪或身体上的创伤，误解就会经常发生。这些记忆会对大脑塑造当前的感知经验产生强大的影响，而当事人可能意识不到这一点。例如，一位爸爸曾经被自己的父亲虐待过，当宝宝经常拽他的胡子时，他可能会说："我有个爱欺负人的小家伙儿。"有一位妈妈，在她小时候她的父亲抛弃了家庭，她会抱怨说："我女儿不太关心我。放学后我去接她，在开车回家的路上她甚至不愿意和我说话。"

造成这种困难的原因是，一旦大脑形成了某种感知，我们会认为这种感知是对这个情境正确无误的描述。这就意味着，如果父母们感知到孩子是有攻击性的或漠不关心的，他们会认为这就是孩子的真实状态。但如果这些不是真的呢？父母又该如何发现呢？他们需要有勇气审视自己，并且需要思考自己的过去是否会影响对孩子的感知。对父母们来说，他们同样也需要有勇气承认自己的一些痛苦可能会对自己如何养育孩子产生负面影响，成为勇敢的父母的第一步就是要学会不自责。

这就是为什么反思性养育的一个核心特征是不评判自己和他人。大脑不同功能间有着紧密的联系，所以强大的童年记忆会给父母理解孩子带来长久的影响。例如，对于那位爸爸来说，他需要一段时间才能相信，自己不会因为他对女儿的这些想法而受到团体带领者的指责或评判。在他感到足够安全的情况下，他最终可以开始谈父亲带给他的创伤。进而也开始看到自己的经历如何扭曲了看待女儿的方式。同样，由于那位妈妈也获得了不带指责的支持，所以她能够开始谈父亲对家庭的抛弃让她很容易把女儿的举动感知为是对自己漠不关心。

有意识地觉察需要付出努力

反思能力既可以在无意识状态下运行，也可以在有意识状态下运行。例如，一位妈妈有意识地觉察到自己认为儿子是不成熟的，因为儿子7岁了还不会自己挑衣服。然而，她并没有觉察到自己无意识的感知过程。我们鼓励她进行有意识的反思，试着发现是否有一些她还没有意识到的东西。最开始的时候她很抵触这样做，说这给她带来太多额外的工作，而她已经有足够多的事情需要处理了。但最后，她努力深入自己的内心。她发现自己对儿子慢吞吞的状态很急躁，很没有耐心。她可以看到，儿子之所以没有学会如何挑选自己的衣服，是因为她不够冷静，也没有足够的耐心让儿子自己去选衣服。她意识到，对她来说在早上赶着出门的时候，自己给孩子挑衣服会更简单一些。

父母的另一个挑战是要认识到有意识地觉察需要集中精力关注某个情境。比如，你告诉孩子准备睡觉了，但他没有动。你以为他不理你，所以很生气。而这里的难题是，大脑有意识地听人说话需要集中注意力。即使孩子坐在你旁边，他们也可能根本没听到你说的话，因为此时他们正盯着电脑屏幕。没错，某种程度上他们确实忽视了你，但是当我们正在积极地参与某个任务时，我们自然会忽视其他的事情。认识到这一点

第二章
孩子独一无二的心智

可以帮助父母们减少对被忽视的愤怒。

做一个真实的人

关于"父母应该怎样"的文化观念和刻板印象有很多,比如:"当父母处理孩子的行为时,需要一直有耐心并保持冷静的状态。""妈妈应该总是喜欢和孩子玩的。""父母们应该对孩子说的任何话都感兴趣。"然而,科学主张每个人的大脑都是不同的,正因如此每个人会有不同的喜好、天赋和兴趣。所以,我们不可避免地会与他人有所不同。事实上,真实的父母并不符合这些文化观念和刻板印象的描述。真实的父母会不耐烦,也会发脾气。有时孩子们的游戏会让父母们无聊。有时父母们会发现孩子说的内容真的很无趣。父母都是普通人,人的大脑并不总是以最适应的方式运行的。因此,所有的人,包括最有反思能力的父母,都会有强烈的情绪。他们并不总是能控制自己,不总是对自己的孩子有兴趣,也不总是喜欢他们的孩子。

幸运的是,孩子需要的是和一个真实的人建立关系,而不是与某个具有刻板形象的人。孩子想要也需要一个真实的你。请停止追求完美,向孩子传递这样一种观念并不好,因为没有人是完美的。善于反思的父母的座右铭是:"养育所拥有的孩子,而不是希望中的孩子。""做你自己,而不是做认为应该成为的自己。"当父母能够以坦诚而不防御的态度面对自己的缺点时,他们会给孩子树立一个非常好的榜样。

"真实"并不等同于可以为所欲为,也不意味着可以伤害或侮辱孩子。"真实"不意味着你要跟孩子分享所有的个人经历,或者告诉他们所有的缺点和脆弱,也不意味着你总是需要诚实地表达自己的观点。我们必须保护孩子不受伤害,也必须尊重什么是他们可以处理的,什么是他们应付不来的。只要我们避免走极端,适当地给自己设定限制,并根据孩子的年龄灵活处理,我们就可以放心地也应该尽力地做真实的自己。

每个父母都会用各自不同的方式成为一个真实的人。有的父母可能会跟孩子分享冰激凌，有的父母则不会；有的父母会喜欢送给孩子昂贵的礼物，但另外一些父母可能会选择更经济实惠的礼物；有的父母讨厌电视，他们认为孩子不可以看电视，但有的父母很喜欢看电视，如果孩子也喜欢的话，他们不会很介意；有的父母喜欢早起，而有的父母喜欢晚起；有的父母喜欢庆祝节日，而另一些父母会喜欢更安静和更低调的方式。请记住，不存在某种正确的方式，孩子只需要知道你是哪种方式就可以了。让孩子知道你是谁，可以帮助他们更好地理解你的行为。同时，这也有助于他们诚实地对待自己的感受和意见，甚至是自己的缺点。

亲子故事

- 妮娜抱怨她9岁的女儿姗姗很邋遢，把衣服和毛巾扔得到处都是，而且有时还不梳头发。妮娜说："我真觉得她就是个懒虫，教好她是我的责任，所以我一直不停要求她保持整洁。她很讨厌我这样做。我真的希望自己可以不再觉得她懒。"这位妈妈被鼓励去思考，她何以如此消极地理解女儿的行为。她说："我想另一种解释的方式是她在许多方面比我更随性。我是个非常爱整洁的人。我能看出她对邋遢的状态感到很舒服，有时这样其实也挺好的。她可以去远足，去探索大自然，即使这个过程满是泥泞，但她很享受这些东西。我不喜欢把自己搞得脏兮兮的。我想她应该会比我更有冒险精神，这是个好事情。"
- 金先生是一位离异的爸爸，他的儿子今年12岁，名叫小轩。他讲述了一个自己误解儿子问题的故事：小轩告诉我他妈妈在约会，然后问难道我不觉得这很糟糕。我把这个问题理解为他问我是否

第二章
孩子独一无二的心智

介意他妈妈约会这件事，所以我说我可以接受，而且我认为她和其他人约会是很正常的。但他还是不停地问我是否觉得这很糟糕。后来我意识到自己不得要领，理解有误。他并不是要我向他保证我没事，而是希望我可以允许他为此感到难过。

- 依兰的女儿小舒今年19岁，目前正在外地上大学。这位妈妈给了我们一个很好的例证来说明误解的力量到底有多强大。"小舒要是一个多星期没有给我打电话，我会在头脑中编造出一个完整的故事——我得罪了她，她很生气，现在正跟我冷战。这个虚构的故事很真实，而且我也有着非常真实的感受。我为自己得罪了她而感到内疚，同时，也会对她的误解生气。有很强烈的冲动想打电话问她是否生气，并请求她原谅。也有很强烈的冲动想责备她不该这么误解我。我的反思性思维很努力地提醒我并且向我保证，她很可能没有生气。并且让我记住如果真的生气了，她也会原谅我，她可以理解我之所以那样做是出于母亲的角色。这样想可以让我平静下来，也消除了我打电话的冲动。我很高兴没有因为自己不必要的担心给她造成负担，因为我知道她会在某天兴高采烈地给我打电话来。"

- 一对父母发现他们14岁的女儿小利在网上说自己打算打扮得很性感地去参加一个聚会。他们被吓着了，以为甜美可爱的女儿变成了一个性感挑逗的不良少年。妈妈立刻走进女儿的房间，责骂教训了她一番："我看到你发的东西了，你傻吗？你不知道这听起来有多么轻浮吗？"小利尖叫道："闭嘴！从我的房间出去！你根本什么都不知道。"尽管妈妈很难过，但她开始反思。她意识到也许因为恐惧和保护欲让自己没有厘清状况。这使她能够更冷静地与女儿交谈，并且弄明白了女儿为什么要发这样的帖子。小利解释说，她只是在跟女性朋友们开玩笑，她并没有想要去挑逗男孩子。

她向妈妈保证，她知道表现出轻浮是很愚蠢的。妈妈冷静下来后，她们俩好好地讨论了有关在网上发帖的问题。

反思性养育的语言

- "我猜我听错了，你告诉我你没有家庭作业，我以为你说你有家庭作业。"
- "我预感你会在干家务活这件事情上跟我过不去，所以我已经做好跟你吵架的准备，但事实上你是非常合作的。我想这就是我用力敲你门的原因，对不起！"
- "我不知道我的表情看起来像在生气，我不是在生你的气，但我想由于我对工作中发生的事情仍然很恼火，所以可能我的表情仍显得很生气似的。"

家庭练习

学着发现误解，发现你和孩子对同一种情况所拥有的不同视角。记住，没有一种所谓正确的做这些练习的方式，也没有正确的答案。你只需要按照自己的方式做就可以。

- 留意你对孩子所说或所做的事情得出错误结论的时候。让自己成为一名侦探，将所有可能导致错误地理解孩子状况的影响因素拼凑起来。这里没有正确的答案，也没有指责，只是去留意并保持好奇。会不会只是因为太赶时间了？是受你自己情绪的影响吗？

第二章
孩子独一无二的心智

是你对孩子的期望吗?或者是那些发生在你童年的事情吗?

- 请在你和孩子共同参与的 2~3 个具体活动中关注和孩子的关系。比如,准备上学、吃晚饭或睡觉。想想你会用什么词来描述你们的关系,比如,有联结的、充满爱的、充满伤害的、冲突的、温和的、粗暴的、愉快的或不愉快的。你用什么词来描述都没关系,重点是留意你们的关系,并意识到这个关系是可以被描述的,而且这个关系的特征可以随着活动和时间的不同而改变。

- 和孩子一起完成一个日常工作,比如送他们上学,辅导家庭作业,或者让他们做家务。然后从"你—我—我们"的视角来看这些与日常工作有关的感知、感受、目标和意图。例如,如果这个日常工作是让孩子起床,你可能会很焦虑和很着急,孩子可能会很生气或者无动于衷。目标可能是尽快让孩子起床,你可能会认为孩子懒惰不听话,而孩子的目的可能是尽可能在床上多赖些,他感知到的是你对他漠不关心。想一想你和孩子之间是如何相互影响的。

The Reflective Parent

第三章

大脑的镜像系统

共情能力的基础

第三章
大脑的镜像系统

> **大脑基础**
>
> 社交关系对于人类来说至关重要，以至于大脑贡献了整整三分之一的区域为这一目的服务。被称为"社交大脑"的大脑区域，使人类可以具备建立依恋关系、共情、合作、与他人协作的能力。

一切都与社交有关

你可曾好奇过，为何孩子喜欢看着你？或者孩子是怎么学会说话的，即使你从来没有向他解释过人是如何开口说话的？你有没有想过为什么小孩会模仿你做的每一件事？两三岁的小孩子是怎么知道如何使用你的手机和平板电脑的？为什么小学生会花很多时间讨论游戏规则，有时甚至比玩游戏的时间还要多？你可曾想过为什么十几岁的孩子会对他的朋友非常着迷？"社交大脑"作为大脑中专门负责社交关系的部分，它的组织和功能可以告诉你所有这些问题的答案。

生物学家们认为，人类是地球上最具社会属性的生物（Wilson, 2012）。儿童发展专家们已经认识到："养育性的、稳定而持久的关系对于孩子健康地成长、发展和学习至关重要"（Shonkoff & Phillips, 2000）。因此，作为父母的一个非常重要的任务，就是帮助孩子成为一个可以建立社交关系的人。而只有你和孩子建立起这种关系，才能帮助孩子做到这点。

为什么婴儿是不成熟的

在所有物种中,人类的认知能力最先进、行为最灵活。不像其他动物,生来只具备数量有限的行为能力,只能在有限的环境中生存,人类生来就非常善于学习多种行为,并且可以适应他们出生时的任何环境(Meltzoff, 1999)。从北极到赤道,从海平面到海拔10000米的地方,从沙漠到热带,你都可以发现人类的存在。你会发现他们有的吃虫子,有的吃汉堡;有的人会捕鱼,有的人则在超市购物;有的人穿皮毛做的衣服,有的人则穿布做的衣服;有的人说匈牙利语,有的人说英语。进化通过让人类婴儿出生时处于完全不成熟和无能力的状态,来获得这种不同寻常的适应各种变化的能力(Bruner, 1972; Meltzoff, 1999)。虽然其他动物可以相对较快地自力更生,但是人类出生时不成熟和无能力的好处,就是婴儿和儿童可以从周围的人那里学会如何生存。无论你生在何处,无论你是谁的后代,都可以通过这种方式获得生存所需的特定技能。

"社交大脑"可以让父母们以一种在情感上足够敏感的方式来养育他们还不成熟的、依赖的孩子。这种方式可以促进下一代大脑的发展、学习和健康。同样,婴儿和儿童发展中的社交大脑也使得他们感到安全、被关心、被支持,并学会如何在所属的群体中建立社交关系。

亲子关系和社交大脑

通过社交关系进行学习(social learning,社会学习)是婴儿的第一种学习形式,也是贯穿其发展的一种极其重要的学习形式(National Scientific Council on the Developing Child, 2004; Olson, 2012; Shonkoff &

Phillips，2000）。即使是学习如何吃饭、穿衣、阅读和课业学习这类非社交的行为，也都是在社交情景中进行的。这就是为什么孩子的学业成绩会受到亲子关系的影响。这一观点得到了人类学家的支持，人类学家们认为，在所有的社会中，亲子关系是教会孩子如何社交的最基本的系统（Quinn，2005）。孩子们为了能够在家庭以及所处的更广阔的文化环境中建立社交关系，需要学习很多具体的东西，即家庭和文化中的社会规则、习俗和信仰体系。这种社会学习一般会经过父母的过滤，在这一过程中，父母会把他们认为重要的东西教给孩子。父母的头脑是所学知识的仓库，他们通过亲子关系来运输这些"货物"，让孩子们可以获取他们需要了解的东西。

文化日新月异，社交行为随之改变

在现代，文化变迁的速度是如此之快。往往是父母们在一种文化中成长，而他们的孩子则在另一种文化中长大。似乎每个父母都是新生代文化中的外来者，通常情况下你比孩子早生20到30年，有的甚至是40年，所以你正在一个不太熟悉的文化中养育孩子。而且你还会对这个文化的很多方面感到不舒服。在你这一代所了解的东西，对于下一代来说仍然是可以延续的，但并不是所有的东西都能延续。养育孩子的目的不是为了让他们适应我们成长的那个社会，而是为了帮助他们适应他们成长的这个社会。这也是为什么养育孩子的方法会随着时间的推移而有所改变。我们正在努力赶上时代的变化，但却永远不可能完全追赶上。一个非常突出的例子就是不断革新的电子通信技术正充斥我们生活的方方面面，而父母们也在争相学习如何应对这些挑战。当父母们可以保持一种开放的态度，在珍视和保持旧有东西的同时，为新的东西留出空间，那么亲子关系就可以为应对这种代际之间的变化提供可能。

会社交与你有多少朋友无关

人类善于社交的特质并不一定意味着你需要外向合群。善于社交意味着你可以跟他人建立并维系友好的关系。社交并不是指你有多少个朋友，而是指你如何与他人建立关系，是否可以理解他人，与他人合作，从他人的角度考虑问题。即便是一个害羞、慢热、内向的孩子，尽管只有几个好朋友，但他也可以是有社交能力的人，而一个非常健谈的孩子也可能是缺乏社交技能的。

社交技能可以促进成就

一个孩子长期的成就和成功在很大程度上取决于他的自我管理功能——一系列使我们可以抑制冲动、控制行为、集中注意力、确定轻重缓急、提前计划、解决问题的心理技能（Diamond, 2013）。亲子关系中包含了孩子学习这些技能所需的全部要素，父母们重视与孩子建立社交关系，是帮助孩子们发展自我管理功能的最佳途径（Shonkoff & Phillips, 2000）。在父母跟孩子的每一次对话中，孩子都在发展他们的自我管理与执行功能："你现在不能玩了，需要准备上床睡觉了。""你现在不能再吃饼干了，因为马上就要吃饭了。""你是跟我一起去超市，还是在家陪奶奶？""早上按时到校对你来说好像有点难，你能想出什么办法解决这个问题吗？"孩子在跟你的关系中习得的自我控制、合作、确定轻重缓急的能力，恰恰就是他们在学校、集体和社会中所需要的可以安静专注、遵守纪律、完成工作的能力。通过在亲子关系中学习这些自我管理的技能，孩子们可以为学校学习做更好的准备。如果在习得这些技能之前就开始学校学习，孩子们往往不会在学业上有很好的表现。

成就与健康平衡发展

父母们需要平衡自己对孩子的期望，而要达到这种平衡，需要父母们认识到健康地发展不是指取得了怎样的成就,拥有什么样的教育水平,或者可以挣多少钱。一个人的成功包括:能够发挥自己的潜能,同时有胜任的社交能力,可以对自己和他人负责,对自己的生活感到满意,在自己的优缺点、资源和需求的约束下,能够跟社会保持连接(O'Connor et al., 2011)。

学习发生在内化关系的过程中

孩子们学习的内容不是父母告诉他们的东西,而是父母如何跟他们相处。"关系"才是要学习的内容!例如,婴儿通过一种如同打网球一样"发球—回球"的方式,了解到社交关系运作的范式。妈妈先有一个行为,然后婴儿会回应妈妈。妈妈对孩子的回应做出反应后,孩子也会继续回应妈妈,就这样一遍遍地来回往复。孩子对于这样的往复回应如此习惯与期待,以至于如果有人不给他们"回球",比如,当妈妈不用微笑来回应孩子的微笑时,孩子会感到很痛苦(Beebe, 2006)。

在婴儿出生时社交大脑的一些元素就可以发挥作用,所以婴儿可以向外传达他们的痛苦,还可以觉察到外界环境中社交信息的线索。不过,社交大脑绝大部分的发展都是在孩子成长的过程中完成的。

社交大脑如何工作

社交大脑由一系列与社交有关的大脑回路相互连接集合而成。社交大脑的活动让我们能够成功地驾驭社交关系,这涉及以下几种能力:建立亲密关系,富有同理心,分享,轮流做事,与人交谈,玩耍,与他人合作等。

自己和他人：一枚硬币的两面

社交大脑将我们和他人视为一枚硬币的正反面。我们的大脑通过所谓的"共享回路"来再现他人的体验，也就是说，利用可以激发类似体验的大脑回路来完成这一过程。本章将为大家介绍与触觉、痛觉、情绪和行为有关的大脑回路。在第四章的内容中我们将继续讨论有关心智的大脑回路。

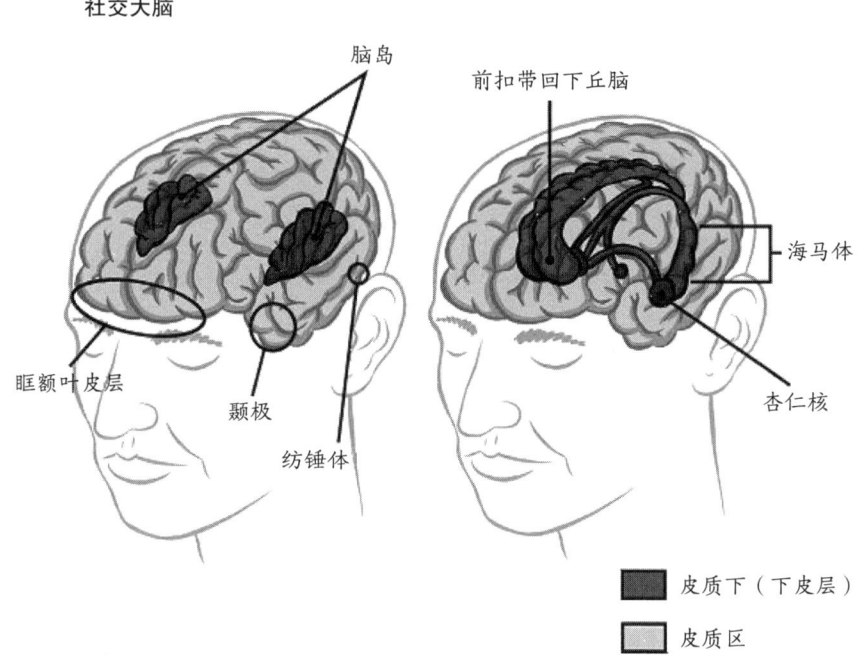

图 3.1　社交大脑

我将通过一个例子来说明什么是共享回路。在电影《007：诺博士》中，詹姆斯·邦德的肩膀上爬着一只毒蜘蛛。当你看到这个画面时，同一大脑回路会被激活，会觉得好像有一只毒蜘蛛正在你的肩膀上爬来爬去，你会感到很疼，并且会很害怕。

即使这是别人的体验，不是我们自己的，大脑的共享回路也会激活我们类似的体验。我们就是通过这种方式与他人产生联结的。在亲子关系中，共享回路使得父母们可以理解、共情他们的孩子。同时，共享回路也解释了为什么孩子们喜欢模仿父母，以及为什么孩子们可以体会父母的感受。

那些由我们自己的体验而激活的大脑回路，与那些由他人体验而激活的大脑回路并不完全相同，所以我们可以保持一种独立感。也正因为如此，在了解他人体验的同时，还可以知道自己和他人的不同。孩子们需要父母帮助，在增进亲密的同时鼓励孩子保持独立感。大脑的共享回路可以让父母认识到他们自己既与他人相像，但又不同于他人，而这一点可以帮助父母保持上述这种平衡。

触觉的共享回路

当我们被触摸的时候会激活大脑的躯体感觉区（见图 2.2）。看着别人被触摸也会激活我们的躯体感觉皮层，只是感受的程度比自己被触摸时要小一些（Keysers et al., 2004）。这就是当抚摸着孩子的头时，自己也感觉很舒服的原因。

疼痛的共享回路

共享回路同样会发生在疼痛的现象中。大脑的前扣带回是我们体验痛苦的区域。当看到别人经历痛苦时，尽管我们体验到的痛苦程度会比较小，但大脑相同的痛觉区域也会被激活。我们可以通过痛觉的共享回路来共情他人的痛苦（Keysers, 2011）（见图 3.1）。

道德行为和痛觉的共享回路

人们会进入发生火灾的大楼实施救援，不那么英勇的道德行为每天也会发生，比如避免伤害他人或他人的感情。道德和道德决策需要一定程度的理性思考，但最重要的部分是有能力感同身受他人的情绪和痛苦（Keyser，2011）。许多道德行为都与防止他人遭受痛苦有关，而这一能力需要依靠大脑中与痛苦、情绪压力有关的共享回路。当人们做出艰难的道德抉择时，如果扫描他们的大脑，可以看到他们体验痛苦的区域——前扣带回皮质区被激活了。这意味着，当我们教育孩子讲道德并且控制自己伤害他人或自私的冲动时，需要帮助他们意识到、感受到自己的行为会给他人带来的伤害。这也是为什么很多家长常常会对孩子说："我希望你想想，豆豆来咱们家你却不想跟他玩，他会有多伤心。"与本书中的其他内容一样，我依然建议大家要保持平衡。可以通过激活孩子有关痛苦的共享回路来提升共情他人的能力，但不用太多。如果孩子感受到太多的痛苦，会影响他对这一能力的学习。

请记住，每个孩子都是不同的。有些孩子在理解和共情他人方面需要额外的帮助，而有的孩子能强烈地感受到别人的痛苦，这反而会妨碍他的社交功能。例如，孩子让朋友伤害自己，是因为她可能害怕因为自己对别人生气，或者不想跟别人玩而伤害了朋友的感情。在努力帮助孩子更好地共情他人时，我们也必须帮助他们减少过多地共情，只有这样他们才能更好地照顾自己。

行为的共享回路：镜像系统

镜像系统是行为的共享回路（Iacoboni，2008; Keysers，2011）。当观察他人行为时，我们会在大脑中重现他人的行为。我们的大脑会跟他人的行为相匹配，就好像我们与他人正在做着相同的行为一样。我们以此为基础，才能够识别他人正在做什么，以及部分地猜到他们为什么这么做，他们这么做时有何感受。这种能力是我们实现这种行为匹配的基础。镜像系统可以让我们与他人之间建立起身体感觉的连接。我们可以感受到自己正在做别人做的事情。由于镜像系统与我们的痛苦和情绪中枢有着非常密切的联系，所以我们也可以感受到他人的行为所表达的痛苦或情绪。

镜像系统可以识别他人的行为

当看到孩子外倒牛奶时，你大脑的"倒牛奶回路"也会被激活。你知道他或她正在做什么，是因为你知道你有类似动作时是在干什么。镜像系统还可以在我们看不到的情况下，匹配听到的他人的行为。这就是为什么当你听到隔壁房间球弹跳的声音时，知道孩子正在干什么。

此刻你可能在想，这有什么可大惊小怪的！当我看到孩子在做什么时，我当然知道他在干什么，这些就发生在我的眼前。但事实是，尽管这些行为发生在你的面前，除非你大脑的镜像系统告诉你，否则你也不会知道孩子在做什么。

镜像系统可以识别行为发生的原因

不管什么时候，个体的行为背后总有一个原因，行为总是基于某种意图或目的。知道一个人在做什么非常重要，但更重要的是要知道这个行为的意图和目的。想想看，当你的朋友手里拿着苹果并向你伸出手时，你可以识别出他的行为，"他的手里拿了个苹果"。你还需要知道他的手里为什么拿了个苹果，因为你的回应取决于对他的意图的评估。对于同样的行为，你会有不同的回应。你的朋友是想跟你一起分享这个苹果，还是想让你看看这个苹果有多红多好看？或者是在逗你，让你以为他要跟你分享？你的回应会基于上述不同的意图而有所变化。

反思性养育强调，我们在不断地对孩子行为、言语的意图和目的做出解释，我们的反应更多是基于这个解释，而更少地对行为和语言本身。这正是导致亲子关系一团糟的原因。请记住，我们可以看到行为，但看不到意图或目的，后者需要我们去猜。比如说，你2岁的孩子在拉扯你的头发。如果你认为这是孩子冲动控制不良的正常表现，而不是要伤害你，你的反应就会因此有所不同。

只有答案显而易见时，镜像系统才够聪明

只有可以很容易地从观察到的行为中判断一些行为的意图时，镜像系统才可以推断出其目的。比如，一个人拿起水杯，很明显是要喝水。然而，如果目的不是那么明显，比如，一个人把杯子举到鼻子边，镜像系统可能就不会被这个行为激活。如果行为的目的是模糊的，例如一个人想通过扮傻来逗人开心，对这一行为的解释还需要心智的共享回路参与进来，也就是我们将在第四章中讨论的心智化系统。

幸运的是，你不需要每次都努力思考行为背后的原因，因为镜像系统会毫不费力地自动运行，所以对于孩子的一些常规行为，你不需要思考就可以很好地理解这些行为背后的意图（Cattaneo & Rizzolatti, 2009; Iacoboni et al., 2005）。

孩子以为你了解他的意图

父母和孩子之间的连接方式就像锁和钥匙的组合一样，当孩子做出一个行为时，他（她）希望父母可以理解他们的行为所传达的信息。因为小孩子还没有能力意识到父母其实没有"读心术"，所以当父母不能理解时，小孩子会非常失望和生气。即便是非常慈爱的父母，他们的镜像系统也未必总是精确的。这是因为当对他人的行为进行匹配来了解他们的目的时，我们同时也依赖自己意图的指导，这无疑会导致父母和孩子之间的误解。

第三章
大脑的镜像系统

当你不能很好地理解孩子时,对孩子来说是非常困难的。为了更充分地体会这点,你可以试着想想你自己被误解时的感受。例如,当你想要帮助别人时,对方没有明白你的意图,并对你的干涉感到恼怒,你会有什么感受?即使对于成年人来说,这种情况都会让人很伤心难过。想象一下,如果发生在孩子身上又会怎样呢?

一位父亲讲述了自己给 2 岁的女儿喂药的经历。当他给女儿喂一种很难吃的药时,女儿一直在哭闹,他不得不按住她。这时他 8 岁的儿子用力把他推开,并告诉他说他这么做是错的。爸爸因为儿子的干扰而朝他大声喊道:"你没看见我给你妹妹喂药已经够辛苦了吗?你就不要再来捣乱了!"哥哥大哭起来。妈妈过来安慰哥哥,过了一会儿妈妈向爸爸解释说,哥哥之所以这样做,是因为他看妹妹很难过,他也想帮助爸爸。爸爸后来给孩子道歉并感谢他的帮助,同时爸爸也告诉哥哥,他能理解哥哥看着妹妹这么哭是件很难过的事情。

镜像系统有助于预测人们的行为

大脑就像一个预测机器一样,它会尽其所能地预见并且提前知道哪些人有可能在不久的将来做什么(Pally, 2007)。这使得大脑能在人们做了它所预期的事情时做出最适合的反应。我们通过预测他人即将采取的行动来更好地对待彼此,这就是为什么恰当地感知人们当下的意图是如此的重要。它不仅仅有助于我们了解他人的行为,让我们可以做出更为恰当的反应,还能帮助我们预测在不久的将来这个人可能会做什么。例如,当你看到孩子跑向梯子时,你会自动地意识到他们可能是要爬梯子。这可以让你有所准备,当需要的时候就可以采取行动。虽然你允许孩子自由探索并可以接近梯子,但同时也有充分的准备,当她真要爬梯子时,你可以去阻止她。

> **科学如是说**
>
> 镜像系统会受到场景的影响。例如，实验表明镜像系统在摆餐桌和收拾餐桌这两种不同的场景下，对一个人拿杯子的行为会有不同的反应。

镜像系统对场景的回应会对养育产生影响

镜像系统对场景的敏感，对反思性养育有很好的启示作用。例如，假设在幼儿园你的孩子从另一个孩子手里拿了一个玩具。拿玩具的目的可能是自私的，或者是伤害、报复他人，也可能是试图尽可能多地抓住资源，孩子行为背后的原因可能是上述的任何一种，这取决于发生在怎样的场景下。可以试着猜猜这一行为发生的背景是什么，以及它是如何影响你猜测孩子的意图的。一个孩子刚刚经历了小弟弟或小妹妹的出生，或者刚刚失去了一个亲人。这个孩子可能会尽可能抓住一切事物，因为他感觉自己无法掌控所在的环境。虽然他们做的事情看起来有些自私，会伤害他人，但这可能不是他们做出这种行为的目的。

镜像系统与孩子的模仿行为

关于镜像系统最惊人的发现之一，是孩子们主要通过模仿来完成行为的学习。孩子们从模仿他人的社交、非社交行为中学到的东西，远比从别人的教导和告知中学到的多。孩子会观察并模仿你的所有社交和非社交行为。这是孩子们学习非社交行为的主要方式，比如如何打开电冰箱把牛奶拿出来，如何穿袜子，如何使用智能手机和电视遥控器。孩子们也通过模仿学习社交行为，从挥手、鼓掌、播放童谣、分享、排队，到

第三章
大脑的镜像系统

身边成人所拥有的一系列礼仪、手势、面部表情和文化习惯。如果你见到人时会拥抱、握手或者亲吻，这样的过程进行 1~3 次，孩子就会自动学习你所遵循的习惯。如果在宗教仪式中，你点上蜡烛，跪下祈祷，或者低头祷告，孩子就会通过模仿来学习这些宗教仪式。

孩子们是如此强大的模仿者，他们的镜像系统将观察到的动作转化为自己做的动作。镜像系统在大脑中重现了他人的行为。然后，他们的前额叶皮层会自动向初级运动皮层发出信号，从而激活肌肉组织运动。这就是为什么孩子们会如此盲目模仿的原因。当你拍手的时候，14 个月大的孩子也会拍手。一个孩子拿着杯子玩，另一个孩子也会拿着杯子玩。两个 4 岁的孩子在模仿对方傻乎乎的声音和面部表情时会把父母逼疯。当一个 6 岁的孩子模仿她 4 岁的妹妹在餐桌上说的每一句话时，即使你是个很善于反思的父母，也足以考验你的耐心。就连青少年也会模仿同龄人的手势、说话走路的方式，这会让他们的父母感到非常烦恼。

儿童比成年人更容易模仿（孩子越小就越容易模仿），因为他们的前额叶皮层还不太成熟，对镜像系统的活动缺乏足够的抑制控制。当成年人在内部复制他人的行为时，他们前额叶皮层的抑制区域阻断了信号的发送，这样信号就不会被发送到运动皮层而激活行为。但是当你有意识地进行模仿时，你的前额叶皮层并不会发出抑制性的信号。然而，孩子们则是无意识地模仿，他们的前额叶皮层还不够成熟，无法抑制这种模仿行为。

儿童对镜像系统缺乏抑制性控制的好处是，他们可以不需要有意识的努力或指导，而以一种更加高效的方式模仿其他人正在做的任何事情。他们会自动地学会如何在他们的文化中说话和行事。虽然作为一个成年人模仿客人说话是不合适的，但对于年幼的孩子来说却无伤大雅。通过模仿，孩子学会如何吃饭，如何在餐桌上举止得当，如何开门关门，如何开洗碗机，如何收拾他们的玩具，甚至如何使用咖啡机等等。在以捕鱼为生的文化中，很小的孩子就会自动地学会如何撒网。这就是为什么即使从来没教过 1 岁的孩子，他也知道怎么打开电视遥控器，拨通你的手机。随着前额叶皮层的发育，孩子们越来越有能力抑制自己照搬模仿他人的行为。

当孩子已经完全知道该如何系鞋带，如何做早餐，甚至如何分享和排队，但并不总是这样做时，家长们往往会感到困惑和恼怒。孩子们之所以如此反复无常，是因为他们的前额叶皮层仍然太不成熟，尤其是当感到疲劳、有压力、沮丧或者冲动真的很强烈的时候。他们知道自己应该如何表现，但由于前额叶皮层还不成熟，他们无法抑制自己的冲动，也无法总是让自己的行为与预期和能力相符。请记住，孩子们可能不是故意不听话。这样你就可以用更加平静的方式介入，通过手势表情或语言的指导来帮助他们。

孩子会模仿同龄人

一个未得到充分重视的事实是，孩子们不仅从父母和其他成年人那里学习，他们还会从其他孩子身上学很多东西。例如，在托儿所里，小孩子可以通过观察其他小朋友学到很多新技能。孩子们在学校的表现，往往比在家更好一些，原因之一是他们会和其他孩子的行为保持一致。模仿其他孩子的行为是学习如何成为群体一员的重要功课之一。所以，当你的孩子模仿愚蠢甚至"坏"的行为时，如果你能记得并且理解他在学习融入团体的话，也许可以帮助你保持淡定。请父母们再多一点耐心，孩子的前额叶皮层控制中心需要一些时间才能发挥作用。这个控制中心可以让他们更好地抑制不良行为，但与此同时孩子仍需要你的温柔提醒。

孩子不仅模仿行为，还模仿意图

镜像系统不仅可以让孩子们模仿他们所看到的行为，还可以模仿这些行为背后的意图。例如，向孩子演示几个行为，这些行为的目的都是一样的。演示过后让孩子来模仿这些行为时，孩子可能只会完成一个行为。这是因为发展中的大脑会优先学习行为背后的意图，而不是简单地模仿（Cattaneo & Rizzolatti, 2009）。孩子优先学习意图的能力对于他们的创造性和创新能力的发展有很大贡献。由于镜像系统使他们知道你的行为的目的或意图，他们也可以创造性地修改所模仿的行为，比如保持相同的意图，但以更有利的方式进行调整，或者将之运用到他们以前从未遇到过的情况中。这意味着父母必须留出足够的空间，让孩子找到她（他）自己做事的方式。

模仿是建立连接的形式，也是发展自主性的方式

当别人模仿自己时，孩子们是可以意识到的（Meltzoff & Decety, 2003）。婴儿喜欢被模仿，这不仅是为了好玩，也是为了学习。当父母模仿小婴儿的一个行为时，孩子们会通过增加这个行为的出现概率来表达他们喜欢被模仿。年龄稍大的婴儿对模仿的反应会略有不同，他们通常会切换到一个新的行为，就好像他们在"检查"父母，以确保父母在"跟随"他们。当年龄较大的婴儿可以驱动父母模仿他们的新行为时，他们会体验到对环境的一些掌控感，从而发展一种重要的感觉——自主性（agency）。虽然这些模仿游戏对孩子有好处，但如果孩子不感兴趣，也不应该强加给孩子。

模仿可以促进理解和联结

随着孩子的不断发展，明显的模仿行为会随着时间的推移而减少。然而，即使是在成年人中，在你没有意识到的情况下，有时候前额叶控制中心会允许表达一些少量的镜像匹配行为。尤其是当我们在情绪上比较卷入时，我们更有可能明显地模仿他人的行为。这就是为什么当你看到

孩子在点头时，你意识不到自己也可能在点头。或者想象一下你 8 岁的儿子（女儿）在踢足球，当看着他（她）在踢球时，如果你留意一下，你会注意到自己的腿实际上也动了一点。你甚至没有想要这么做，但你的镜像系统就会自动地与孩子的动作进行匹配模仿。这就解释了为什么当蹒跚学步的孩子在玩一个新的拼图，并且无法把拼图放到对的地方时，你可能会感觉到自己的手"想要"将拼图移动到适当的位置，或者你的手正在向正确的方向上移动。

> **科学如是说**
>
> 成年人之间行为的匹配可以增进社交的融洽程度。实验表明，两个陌生人行为上越多明显的匹配模仿，即使他们没有意识到自己在这样做，也会报告对彼此感受到更多的联结感，并且对对方有更多的同理心（Hove & Risen, 2009）。

镜像系统和共情

人们的情绪一般会通过外显的行为表达出来，比如我们的面部表情、手势、体态和眼睛注视的方向。当我们观察到别人的情绪行为时，我们不只是在自己的镜像神经系统里重现这些行为，还会在重现他人整个的情绪体验，比如悲伤和喜悦的情绪，还有伴随痛苦和快乐的感觉一起发生的身体变化，比如心率加快或胃痉挛等等。镜像系统通过与大脑的情绪中枢和痛苦中枢连接，使得共情成为可能。

有更多共情能力的人，由于他们更有可能去匹配和模仿他人的行为，所以更容易感受到他人的感受（Chartrand & Bargh，1999）。对于自己更了解和关心的人，我们会更多地开启镜像系统的共情回路，而对于不了解或不关心的人，我们会关闭或抑制共情回路的使用（Keysers，2011）。

镜映可以提高孩子的共情和社交能力

10岁的孩子已经拥有与成人相同的镜像神经元活动能力（Iacoboni & Dapretto，2006）。跟成人在一起时，当孩子观察别人的面部表情，他们的镜像系统对面部动作的匹配会与面部表情的情绪体验相连接。这类反应发生的频率越高，他们的共情和社交能力就越强。

共情表达需要适度

当父母运用共情来安抚孩子的苦恼时，镜像系统会参与到这个过程中。如下描述：孩子先表达自己情绪的苦恼。父母的镜像系统重现了孩子表达苦恼的行为，继而会激活父母的情绪中枢，所以父母可以感受到孩子的一些痛苦的感受，但这种感受会把孩子的情绪痛苦以缩减的方式表达出来。这样一来，孩子又会镜映父母缩减后的情绪痛苦，继而孩子内在的情绪痛苦就会减少。

在所谓的"金发姑娘效应"*中，过少或者过多的共情都是不好的（Decety & Ickes，2011; Decety & Jackson，2006）。还记得在《金发姑娘和三只熊》的童话故事中，金发女孩是如何挨个品尝桌上的粥吗？"这碗粥太烫了，这碗粥又太冷了，不过这一碗刚刚好。"过少的共情会让孩子觉得他们不被关心，没有得到足够的安抚和慰藉，而过多的共情又会加

---

* "金发姑娘原则"源自童话《金发姑娘和三只熊》的故事：迷路了的金发姑娘未经允许就进入了熊的房子，她尝了三只碗里的粥，试坐了三把椅子，又在三张床上躺了躺，最后认为小碗里的粥最可口，小椅子坐着最舒服，小床上躺着最惬意，因为那是最适合她的，不大不小刚刚好。金发姑娘选择事物的原则即被称作金发姑娘原则。——译者注

剧孩子的情绪痛苦。当父母不能充分地匹配孩子的痛苦时，他们的表情、声音和身体就不能表达他们对孩子体验的共情，孩子也就不能感受到被理解，所以痛苦也不会被减轻。如果是另一种情况，父母过多地匹配了孩子的痛苦，他们的表情、声音和身体就会表达出更高水平的痛苦。孩子的镜像系统会匹配这种高水平的痛苦，所以尽管他们可能感到被理解，但同样也会感受到更多的痛苦，而不是感受到被安抚。

最关键的是，父母对孩子的共情需要以孩子的需要和利益为准。有些孩子可能会比别人需要更明确的共情，而对有的孩子来说，简单低调的共情也许更受用。因此，你如何共情会因不同的孩子而有所不同。

为什么有的父母会共情过度或者共情不足

有时候，共情过度与一个人的气质有关。他们把情绪系统的音量调得很大，所以他们感受到的别人的感觉也更强烈。如果你的共情对孩子来说太过了，你可能需要找到一种方法来缓和这种自然的倾向。共情过度的另一个原因是，有时父母在自己的童年经历了很多痛苦，当他们与孩子的痛苦进行连接时，就会激活他们过去的深深的痛苦。在这种情况下，父母必须注意他们共情过度的感受来自哪里。父母无法消除他们痛苦的感觉，但是他们可以通过把自己和孩子分离开一些来减少痛苦。同时父母还需要认识到，他们感受到的痛苦其实比孩子实际感受到的痛苦要更多。

共情不足同样也可能是天生的气质问题。具有这种气质的父母可能需要找到一种方法来提高他们共情回路的音量。童年的痛苦同样会导致共情缺乏。当父母带着他们过去的痛苦去共情孩子的痛苦时，这可能会超出了他们的承受能力。这种状况可能会使得父母为了减少自己的痛苦而从孩子的痛苦中抽离出来，或者对孩子的痛苦置若罔闻。这些父母看起来好像是不敏感、不在乎的。然而，在内心深处，孩子的痛苦在他们身上引发的痛苦是他们无法忍受的。当孩子难过的时候，这对他们来说是非常困难的，所以他们需要额外的支持和共情。在许多方面，他们对孩子的痛苦有一种创伤后的反应。这些家长可以考虑寻求专业帮助。

当孩子感到痛苦时，共情不总是必要的

在有些情况下，共情并不总是被需要的，有时候共情甚至会妨碍复原力的发挥。通常情况下，慢一点儿，采取一种等待和观望的方法是比较适宜的。假如孩子在玩耍或跑步时摔倒了，你不必总是说："哦，那一定很疼！"在某些时候，你这样说可能是为了共情和确认孩子的体验。不过你也可以说："哦，茜茜摔倒了！不过你会没事儿的！"善于反思意味着要灵活变通。父母要试着了解孩子有多沮丧，他们真正需要的是什么。这两种信息都很有价值，但是要根据情况所需来使用。想让孩子被理解、被安慰，与你有联结，你可以更多地使用共情的方式。想要支持孩子发展复原力，可以用"你会没事的"类似的话来回应他。说"没事"并不意味着你对孩子的痛苦不敏感。这样的回应就如同安慰剂效应，实际上可以真的减轻孩子的痛苦。当然，如果一个孩子真的很沮丧，那你当然要接纳、安慰和共情他。但如果他们可以立刻振作起来，看起来还可以，你甚至什么都不需要说。这样，孩子就可以学会从容不迫地对待事物，而不会总是需要支持。请记住，所有的这些都取决于你是否可以读懂孩子给出的线索，并在当下给予你认为他们所需要的回应。

反思性养育：在联结之间建立联结

我们所知道的是，成熟的大脑是高度整合的（Tononi & Edelman, 1998）。这意味着大脑的不同区域之间有着高度的关联性。反思性养育一

个非常重要的方面，就是父母需要在孩子经验中不同的简单要素之间建立起联结，并且在此基础上将这些要素联系起来，与更为复杂的经验要素联结起来。

比如，在父母和孩子之间具有反思性的沟通中，父母通常对孩子说的话会涉及：孩子正在做什么？孩子为什么这么做？以及当孩子这样做时可能的感受是什么样的？可以将孩子的这些经验元素整合起来的能力，都源于父母从镜像系统的活动中所获取的知识。比如，一个家长可能会说："跟妈妈分享你的面包，是在让妈妈知道你很爱她。"当父母可以通过语言把孩子的行为与他们相对应的意义、意图、目标、情绪以及沟通的要素建立起关联时，就会联通大脑的相关区域，最终还可以增强孩子的自我调节能力。虽然建立语言上的联结是非常有帮助的，但不需要一直这样做。太多的语言联结或者共情会让关系变得很不自然，适度就好。

亲子故事

- **一个对孩子行为过度匹配的例子**。妈妈雪晶和她 12 个月大的儿子小布一起坐在地板上。孩子正在玩一个"形状分类"的玩具。小布试着把一只红色的圆形小猪放进一个三角形的洞里。他没有成功，但还是继续想把小猪放进去。雪晶为儿子感到难过，所以她把红色小猪拿过来，并给儿子演示如何把小猪放进圆形的洞里。但是小布却开始大声抗议，他转过脸去，然后拿了一个方形的小猪并试图把它放进圆形的洞里。雪晶又给他演示了正确的方法，而小布再一次的大声抗议，又转过脸去寻找另一种形状继续他的尝试。我们向雪晶指出，其实儿子在自己尝试这些的过程中，感觉是很好的。当她试图帮助他的时候，他会生气并且转过脸去。

第三章
大脑的镜像系统

雪晶不好意思地说:"哦,我想是我太难面对他的挣扎了。我看到现在没有我的帮助他可以做得很好。他是一个很执着的小家伙,他想靠自己的能力来获得成功。"

- **一个误解孩子意图的例子**。在一个父母小组中,柯林抱怨他14岁的女儿海莉对自己的态度很不好,并且还会故意无视他对她说的话。他解释说:"对我提出的任何问题或给予的评论,她全都会报以一个讨厌的表情,或者只用一个词来回应。她甚至有可能在我说话的时候就离开房间。"他说女儿这种粗鲁的行为让他非常生气,他觉得自己有责任教导女儿不可以这样做。"我的意思是,难道我不可以问问题吗?我只是试着跟她保持一个良好的关系。教导他们如何举止得体,这难道不是我们作为父母应该做的事情吗?"柯林被问道,除了生气,他还有没有其他的感受,他立刻想到当女儿无视他的时候,他感到被拒绝和不受尊重。小组中的其他父母们对柯林的处境感同身受,他们也觉得如果有人忽视自己提出的问题,这确实会让人很受伤。接着他又被问道,他是否可以想象一下海莉的感受。柯林沉思了一会儿,他恍然大悟,他和自己的朋友也曾对父母有这样的感受。"我希望我的孩子们也许会不一样。我比我的父母更能理解和共情自己的孩子,难道这些没有任何价值吗?"他被告知,这些当然很有价值,而且他的女儿可能也非常感激他可以如此。但是,海莉是个正值青春期的少女,而这意味着她正处于需要打破跟父母亲密的人生阶段,这对于她自己的发展非常重要。柯林保证自己会试着努力理解这点,他又说道:"在内心深处,我很高兴她能和我分离,而不用总是回答我的愚蠢问题。"

- **一个过度共情的例子**。妈妈丽达和她6岁的女儿小西坐在一个化验室的候诊室里。小西正要去那里做血液化验,她很焦虑,而且还哭了。当叫到她名字时，小西跑出了房间，她说："我讨厌打针。"她妈妈把她拉回来，但无论是丽达还是工作人员都没办法安慰或哄好小西。工作人员让妈妈离开房间，并对她说："她会没事的"。这时丽达感到心烦意乱，她再也无法忍受女儿的哭声了。令工作人员震惊的是，妈妈抱着小西走了。这位母亲是不是不负责任？不！她是不是宠坏了女儿，太容易屈服了？不！她只是个过度共情的妈妈，她和女儿一样痛苦。当你了解到这位母亲小时候曾多次住院，也讨厌验血时，那么发生这些也就不足为奇了。作为一个负责任的母亲，她在一周后让爸爸和女儿一起来，爸爸对这些过程的感受不是特别强烈。

反思性养育的语言

下面的一些例子可以用来说明，善于反思的父母如何表达他们对孩子的理解，还有他们如何教会孩子建立社交关系所需要的自我情绪调节，以及对冲动和行为的控制等。这些只是给大家的例子，你们可以试着使用自己的语言。

- "我知道你很想跟我谈谈。我看得出来你很沮丧，我马上就过来了。现在我正在打电话，你需要等我一会儿。你会没事的。我相信你能冷静下来，也能等我。"
- "我知道你现在很饿，但晚餐还没有准备好。你需要等一会儿。我听到你在尖叫，也知道你有多饿，晚饭马上就准备好了，但是你的尖叫不会让我做得更快。"
- "晚饭准备好了，该坐下来吃饭了。我知道你在玩，但是你现在必

第三章
大脑的镜像系统

须停下来，去洗手，然后来吃晚饭。"

家庭练习

- 花一些时间仔细观察孩子的行为，比如可以观察他（她）穿衣服、吃饭，跟朋友玩耍，学习或者运动时的状态。试着注意一下你身体的感受，你可能会注意到不同身体器官的感觉，比如胃在蠕动，肺可能在深呼吸，肌肉也会有感觉，甚至会有一些小动作。请留意孩子的行为是否与你的动作有相似之处。也许孩子正在使用跟你一样的手势，同样的语调，说同样的话。

- 留意你的镜像系统和情绪系统之间的联系。当观察孩子的每一个行为时，你自己会有什么样的感受呢？想一想，你所感受到的情绪是否正是你对孩子当时感受的共情？想一想你所感受到的情绪是否有其他的来源？例如，当看到孩子在棒球场上哭时，你没有共情孩子的感受，而是感到生气、愤怒或尴尬。你可以想一想这些感受都来自哪里。

- 培养孩子的创造力和创新能力。例如，当教孩子如何系鞋带、玩拼图、做数学题、整理床铺，或者问候祖父母时，观察他们是如何做到这些的。他们是在精确地复制你的过程吗？还是会跟你有所不同？请给这些不同留一些空间。

- "西蒙说"*的游戏可以同时强化镜像系统以及对镜像系统的抑制控制。然而，请记住，尽管训练和练习自我控制的方法会有所帮助，

---

* "西蒙说"是一种儿童游戏，游戏时由一个孩子或老师向其他孩子发出指令，让他们坐下、站立或者做其他动作。只有在发出指令时说"西蒙说"，大家才能跟着做。如果不说"西蒙说"则不能动作，否则就算做错，会被淘汰。——译者注

但有时候你所能做的就是耐心等待大脑前额叶皮层的成熟。
- 你希望孩子怎样行事，你自己就尽可能这样做。想想孩子有什么让你烦恼的行为。现在再想想孩子是否只是在模仿你做的事情。当然，有些行为可能适合成年人，但不适合儿童，需要为孩子的这些行为设定限制。但是，如果你在餐桌上接电话，不打扫卫生，或者大喊大叫，那该怎么办呢？你可以做出选择，要么接受孩子的行为，要么就请调整你自己的行为。

The Reflective Parent

第四章

大脑的心智化系统

反思的基础

第四章
大脑的心智化系统

大脑基础

人类的心智不只是单个大脑的产物，而是人与人之间心智、身体和大脑相互作用的产物。在大脑中有一个特殊的回路可以用来感知自己和他人的心智。这一感知能力被称为反思能力。

反思能力：我们如何感知心智

你正在努力成为一个敏感并积极回应的父母。尽管你想尽可能地理解孩子，但这也可能是一个让人经常感到困惑的过程，而且有时候是一个不太可能的过程。这是因为你所需要的绝大部分信息都隐藏在孩子的头脑中。还有一个原因是，孩子的心智还处于一个未充分发展的阶段，他们很多时候会用不同于成人的方式来看待事物。你确实可以通过镜像系统自动获取对他们内在的洞悉，但是当事情很复杂时，镜像系统是远远不够的，而"心智化系统"作为社交大脑的另一个共享回路，就会发挥作用。

心智化系统是心智的共享回路，它使用相同的大脑区域来理解自己和他人的心智。正是这个系统构成了人类反思能力*的基础，通过理解并且

---

* 很多儿童发展专家们会交替使用"心智化"和"反思能力"这两个术语。

积极关注我们自己和孩子的内心，可以帮助我们建立起深层的情感联结。这个系统还可以让我们足够聪明，意识到自己不可能无所不知，同时虚心承认自己有时会被欺骗（Fonagy & Target, 2006）。神经科学家们创造了"心智化系统"这一概念，因为这个系统所说的一切都是关于人类的心理世界。它将人们的外在行为翻译为潜在的心理过程：意图、目标、信念、意义和情感等等。

严格来讲，镜像系统是"前反思性"的，因为镜像系统只能理解一些行为潜在的、比较明显的心理过程。反思能力则能够"看到"一些情景中不那么明显的东西。它可以让我们获得更为细微和抽象的理解。由于大脑是一个整合的系统，镜像系统和心智化系统通常一起工作，从而维持一个人的适应功能。

解析心智化系统

心智化系统包括三大区域，每个区域都在我们理解心智、自我感知与调节情绪和冲动的整体能力中扮演着不同的角色。这三个区域分别为：腹内侧前额叶皮层、后扣带回皮层、楔前叶（见图4.1）（Lieberman, 2013; Takahashia, 2015; Buckner, Andrews-Hanna & Schacter, 2008）。心智化系统对社交关系的重要性，可以通过这三个区域所扮演的角色来说明。腹内侧前额叶皮层会参与到社会情感决策的过程中。例如：道德决策，对某个决定未来结果的预测，评估抽象的意图（如慷慨、自私），以及在内疚或嫉妒的情绪基础上做决定。在养育孩子的过程中，抽象的意图发挥着非常重要的作用。比如当孩子跟朋友一起玩时，你说"要分享玩具"或者"记住公平和轮流玩"。对于"分享"和"公平"这些抽象的意图，只有通过心智化系统的反思能力才可以理解。后扣带回皮层和楔前叶对有意识的自我反思也是非常重要的。

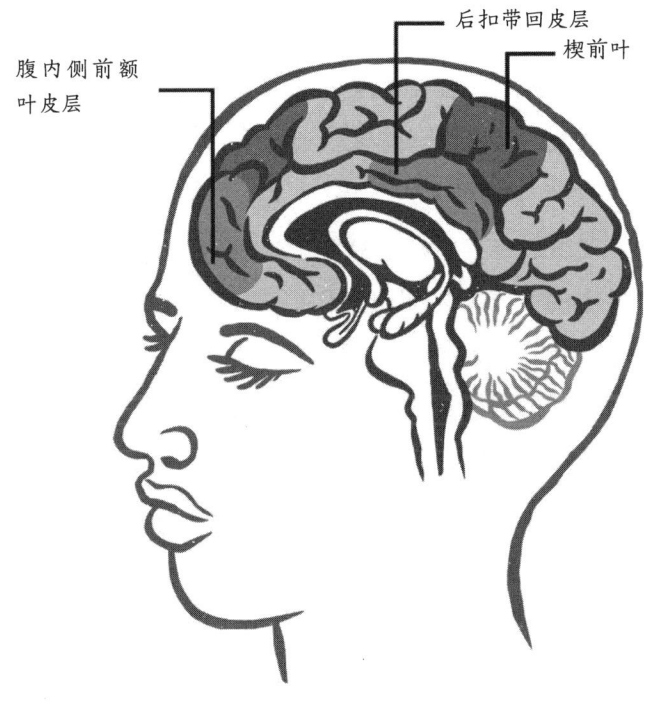

图 4.1　心智化系统

什么样的进化可以让我们学会养育

我们与灵长类近亲黑猩猩有着共同的镜像系统共享回路。镜像系统对我们的人际关系非常重要,但只能让我们了解到他人此时此刻明显的行为和体验。当关系变得复杂时,它并不能很好地帮助我们理解自己,或者弄清楚正在发生的事情。

科学家们提出,在 20 万年前智人出现时,基因突变让大脑发展出了新的回路,这些新的能力永久地改变了人类乃至整个世界(Klein, 2002)。

这些变化让前额叶皮层变得更为复杂，科学家们认为，正是这些变化让人类在大约 10 到 5 万年前开始表现出具有抽象、象征性思维和创造力。大约在这时起人类的心智可以表征一些无形的、抽象的想法，这一点很难证实，你可以在化石中找到人类的头骨或者上肢骨，但是你无法在那里找到抽象的思维。因此，科学家们通过一些间接的证据来支持他们的理论，在这一时期考古记录的文物中，如装饰的石头、珠子、洞穴画、宗教仪式，呈现出了人类的抽象思维。另一个证据就是人类喉部（也就是声带）在喉咙的下方，这使得人们能够更好地发出一些特定的声音，并通过言语进行交流。大概这就是为了交流他们新的抽象、象征性的想法（Hauser, Chomsky & Fitch, 2002）。

当一些事物既是物质存在本身，又同时代表其他事物时，它就是抽象或象征性的。根据定义，抽象的事物是无形的，而且在此时此刻并没有物质的存在。苹果就是苹果，但苹果也可以是一个具有多重含义的抽象符号，比如"每天吃苹果"或者"大苹果"（纽约的别称）。词汇其实就是抽象的符号，它们不仅指词的发音，也指这个词的含义。词语的发音是物理性的，而含义则是抽象的。例如，"大脑"这个词与某个发音相关联，而且还有几种不同的含义，它可以指大脑的物质存在，也可以指智力，就像"他真的很有头脑"。它也可以表达一些常识性的含义，就像"他确实在用脑子"。从定义上来说，概念都是抽象的。

一种真正成功的社交关系策略

抽象思维能力是指个体能够思考一些象征的、无形的概念。就像跟他人进行心智与心智的交流（mind to mind）时做的那样，成功的关系需要我们能够与他人进行抽象思维的交流（Baron-Cohen, Tager-Flusberg & Cohen, 2007）。如果想要孩子成功地成为社会的一员，你的职责就是要确保他们能够掌握这种心智与心智交流的关系。

第四章
大脑的心智化系统

反思性养育：我们是象征性的生物体

当通过行为进行交流时，行为就是孩子内在的象征性表达。当父母看到孩子的行为时，他们意识到这个行为可能会有很多含义。但这并不意味着你总是能够用正确的方式做出回应。而最为关键的是，你"明白"无论发生什么事情，背后都可能会有多种含义。

例如，你 12 岁的儿子放学回家，把书扔在了地上。他在干什么？如果你这时压力很大，或者不太善于反思，你可能会反射性地责怪儿子糟蹋他的书。但是假设你的心智处于反思的框架中，你会更清楚现在自己在干什么。行为是行为，但它也表达了一种情感和交流，也许每次不只是一种交流。假设在这种情况下，他对书的攻击性同时是他在表达愤怒、沮丧和挫败感的方式："我想让你知道我有多生气和沮丧！"还有"离我远点，也不要问我任何事情！"心智化系统在这种抽象思维和社交情景中就发挥着非常重要的作用。

科学如是说

当我们使用抽象的符号作为心理状态的指标时，人们的心智化系统就会被激活。当被试看到一张面无表情的脸上有一些象征眼泪的小圆圈从脸颊上掉落时，这会激活被试的心智化大脑回路，他们会更有可能将这个表情解读为悲伤（Takahashi et al., 2015）。那些圆圈是眼泪的象征物。

抽象符号：心智的载体

心智是以一种抽象和象征的方式运作的。这也是在育儿书中有如此多的对抽象符号和想法的讨论的原因。因为这些抽象的符号和想法在头脑中，孩子行为的意义不是一个有形的事实，它可以有不止一种含义。如果你能接受不管给孩子的行为赋予了什么意义，都不一定是绝对的真相，还可能有其他可能的思考方式这一观念，那么你就可以成为具有极高反思能力的父母。

每当参与到有关抽象概念的谈话时，你都在锻炼孩子那正处于发展中的心智肌肉。我们要清楚，抽象的思想和心智分享不需要高水平或复杂的思维参与。可以是讨论一些非常普通的类似"昨天""今天"的概念，或者是讨论超级英雄和他们的超能力。这些概念是抽象和象征性的，因为它们并不存在于此时此刻。谈话的关键不是太过沉浸于关注真相和事实，而是分享那些无形的、抽象的想法。

心智化系统必然具有社交属性

科学家们已经证实，社会认知是人类思维运作的既定模式（Mars et al., 2012）。社交关系对人类的幸福至关重要，以至于心智化系统无时不刻不在关注它们（M. D. Lieberman, 2013）。当和别人在一起时，我们会谈很多关于孩子、朋友以及其他所有跟我们有关的人。即使我们一个人时，看上去什么都没有做，但我们的头脑通常会陷入一种活跃的心理遐想中，会对我们和其他人之间发生的事情进行思考和评估。这种对于社交关系的遐想就是心智化系统的活动。

想象你正无所事事地在超市排队等候，你的大脑会不自觉地以一种自由漂浮的状态开始神游。你想到了昨晚参加的聚会，会后悔没能和更多人交谈。你的思绪又很快转到了最近有关新上司的绯闻上。最后你又会想女儿在学校过得怎么样，因为她今天正好有个考试。当收银员说"总共是 45 美元*"时，你很快就从白日梦中清醒过来。

当我们无所事事、处于休息状态时，心智就会陷入一种在过去、现在和未来穿梭的内在遐想中，并会从不同角度思考社交关系。在休息的状态中，心智化系统会处于比较活跃的活动状态，而那些与任务相关的区域则不太活跃（M. D. Lieberman, 2007, 2013）。当我们忙于外在的任务时，比如前面提到在超市结账，心智化系统的活动会立刻降低，而与任务相关的大脑区域则会显示出较高的活跃度。我们进行反思性思考时，即针对自己和他人心智（心理）的思考，心智化系统的活动就会比休息时更加活跃。

任务模式与反思模式

参与外部导向的任务会降低心智化系统的活动，太过忙于外在的活动会影响你理解孩子的能力。另一方面，心智化系统过多地活动，又会降低大脑参与外部任务的活动。这就是为什么当我们致力于外部任务时，大脑倾向于降低心智化系统活动，同时减少社会化加工的原因，这具有心理适应价值。一项具有目的性的活动，比如在健身房锻炼，可以让我们的注意力从担心人际关系中解脱出来。对于一些过于焦虑的人群来说，自助手册通常会建议他们出去多做一些运动，这样会感觉好一些（Korb, 2015）。这不仅是因为锻炼本身能缓解焦虑、改善情绪，还因为专注于一些外部任务——哪怕是园艺、烹饪或打扫，都可以把你的注意力从担忧的事情中转移开。

反思能力：连接心智和身体

反思可以发生在多个层面。这不仅意味着你认识到孩子的行为和他们

---

* 外汇行情时时变化，若以汇率 1 美元兑 7 元人民币，45 美元为 315 元人民币。——译者注

的内心感受、意图之间有联系，而且还可以让你在自己的行为与心理状态，孩子的心理状态和你的心理状态，以及不同心理状态之间建立起多重的联系。父母在跟孩子互动时所建立的类似这样的联系越多，父母就越善于反思。

举例来说，当某位父母接 10 岁的女儿放学回家时，女儿并不想说话。一位不太善于反思的家长可能会这样说："当她上车不说话的时候，我只会说'你怎么不说话？'"这位父母意识到了孩子的行为，但并没有把这个行为跟孩子可能的内在状态建立起联系。一位稍好一些但仍不具备较高反思能力的父母可能会说："当她不高兴也不想说话的时候，我也不理她，她就知道这是种什么感觉了。"这位父母只在情感和行为之间建立起一点点的联系，但并不是促进共情和理解的方式。一位具有一定反思能力的家长可能会这样说："我从她的表情上可以看出来她很生气，所以我猜这可能就是她不想说话的原因。我觉得有点被她拒绝了，所以我也保持沉默。"这位家长建立起了更多的联系——可以把孩子的行为和心理状态、父母自己的行为和心理状态都联系起来。一位具有很高反思能力的家长会建立起更多的联系，例如，他可能会说："我觉得被拒绝了，但我也知道这不是她的本意，这个想法可以减少我自己被拒绝的感受。我也能感觉到她很乐意我让她一个人静一静，直到她准备好开口说话。"在这里，这位家长可以在自己的两种心理状态之间建立起联系，同时还可以在孩子和父母的心理状态之间建立联系。

这个例子也说明了反思就是指思考正在发生的事情。反思并不总是需要跟孩子分享你的想法。在上面提到的情景中，假设他们回到家后，女儿就会告诉父母当天早上发生的事情。"麦斯真的让我很生气，今天考试的时候他想偷看我的考卷。老师注意到了这些，而且她肯定认为我想帮他作弊。"有的父母可能会说："是啊，我也感觉到你可能正因为某些事而难过。我觉得当你准备好了你会告诉我的。"有的父母可能不会跟孩子

第四章
大脑的心智化系统

分享这些。这里的关键是，父母不需要分享他们所想到的每一个具有反[思]…的是支持牢固的亲子关系，而且父母可以决[定]…需要做到10分的完美的反思，事实上只需…

[有意]识的反思需视情况而定

[当父母第]一次了解到反思性养育时，他们会认为这需[要他们每时每]刻每次都停下来思考发生了什么。在工作和[生活中…没有精力]去运动，真没有精力一直去反思。"如果你[这样想…]思维跟大部分大脑功能一样是在意识之外运[作的（…]，2010）。无意识可以很好地处理一些训练[有素的]情景。比如，当接女儿从通宵聚会回来时，[无意识]可以让你自动地想到，女儿在离开之前需…

 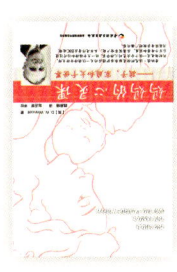

[无意识无]须付出努力或注意就可以工作，而且速度[快。它的缺]点是不够灵活，有惯性，而且对于细节不…一旦学会了骑车就不会忘，但这也是为什么…、表现、感受。

[什么是有意识]的反思？

[相对的，]有意识的加工过程，包括有意识的反思能力…[灵活]，可以对细节掌握得更加准确，同时提升…[。然]而，由于有意识的加工过程相对较慢，也…[为了提]高效率，大脑会尽可能多地选择依靠无意…

识的加工过程，大脑只会在有需要的时候才使用有意识的加工。作为父母，只有在不熟悉、模糊或不确定的情景中，或者当感到有冲突和误解的时候，才需要努力进行有意识地反思。如果反思能力是在无意识层面运作的，从而产生错误的回应，可以切换为有意识地反思，来修复这种情况。慢慢留意当下发生的细节，然后修正任何需要修正的事情。

我们在无意识和有意识的反思之间来回切换

例如，假设马丁8岁大的女儿菲菲在睡觉前想多看会儿电视，马丁同意了，因为在给女儿读睡前故事之前，他正好还需要几分钟时间发个电子邮件。这时他不需要有意识地反思这个要求的含义。他下意识地认为这是一个非常正常的要求。如果一切顺利的话，马丁根本不需要进行任何有意识地反思。但几分钟后当他跟女儿说该睡觉了，菲菲却继续跟爸爸唠叨想再多看会儿电视。马丁很生气地说："已经很晚了，我不想和你争论这个问题。"菲菲一直逼他，这真的让他很生气，然后女儿哭了。但这时他并没有进行有意识地反思，只是对女儿的要求感到更加生气。在某个时刻马丁意识到，自己需要切换到有意识的反思状态，这帮助他意识到，他为自己最开始答应女儿多看会儿电视的要求感到生气。他也意识到，女儿在睡觉前可能只是需要更多的过渡时间。他设定限制时生气的状态又惹恼了女儿。这样的反思让马丁很快平息了怒火，他说："嘿，宝贝，咱们不看电视了，等你上床睡觉的时候，我给你讲一个更长的故事，好不好。"

有意识的反思支持自我调节

当父母心烦意乱并对孩子反应过度时，有意识的反思可以帮助父母获得掌控感。相应地，父母们也可以教会孩子们进行有意识地反思，以此作为一种自我安抚的方式。例如，11岁的女儿要去参加一个生日聚会，她正在为此担心，这时父母可以对她说："如果你在聚会上觉得不自在，记住，这只说明一开始不认识别人的时候，你会感到焦虑，但很快你就会平静下来。你要提醒自己这都是正常的，大部分人在聚会上都会因此感到焦虑。"这样有意识的反思，能给大脑的记忆系统带来更多可以支持情绪调控的知识。此外，仅仅通过用语言表达情感，就已经能够让人们的感受得以平静。

有意识的反思可以帮助你认识到孩子的行为对你的影响

正如前面所说，很多时候我们对孩子的回应，更多的是他们行为对于我们的意义，而不是行为和意图本身。假设一个孩子对另外一个孩子说了很伤人的话，这种行为对不同父母的影响会有所不同。这种不同取决于父母是认为这样的行为意味着孩子是一个冷漠的人，还是认为这只是孩子不够成熟，无法理解他们的话会伤害到别人。在第一种情况下，父母可能会很愤怒，并会严厉地回应他们的孩子。在第二种情况中，父母可能会感到尴尬，但他们会以更中立的方式回应，并教会孩子如何举止得当。只有通过有意识地思考孩子的行为带给我们的感受、对我们的意义，才能更好地把握对孩子的回应。

科学如是说

神经影像科学的研究表明，人们对感受进行反思以及将感受用语言表达出来，是一种有效的调节负面情绪反应的策略（M. D. Liebermann, 2013）。强烈的情绪感受，或者看到可以唤起情绪的图像，会增加大脑杏仁核的活动；对感受的反思或者用语言描述富有情绪的图像，可以降低杏仁核的活动。

安娜是一位参加反思性养育团体的妈妈，她抱怨说当她和14个月大的女儿朱莉一起玩时，她很不开心。安娜解释道，当女儿因为一个玩具而倍受挫折时，她会哭起来；但是当安娜试着帮女儿时，她还会继续哭。"这太让人恼火了。她哭着让我帮她，但她却又拒绝我的帮助。"安娜最初的非反思性假设是：朱莉哭是因为想让妈妈来帮助她。这是一个合情合理再自然不过的假设，但却行不通。团体中的另一位妈妈提出，也许朱莉是在哭，但她并没有寻求帮助。安娜有意识地反思道："我认为她需要帮助，但又拒绝我，所以这让我觉得很受伤。"有意识地反思开启了换位思考的能力，她发现女儿的行为不是针对她，女儿不是在拒绝她。女儿哭是因为她自己很难过，而她想自己解决这个问题。当安娜不再认为女儿的挫折感是针对自己时，她就可以更加享受跟女儿一起玩耍的时光。

有意识的反思可以帮助你认识到你的行为对孩子的影响

当然，你也必须认识到你的行为会影响你的孩子。例如，安德是一位参与反思性养育团体的父亲。他觉得自己和12岁的儿子杰森相处得不太好。他抱怨儿子总是自己待着，不怎么说话。他双眼含泪地继续解释道："杰森好像不喜欢和我在一起。"他很嫉妒他的妻子，因为儿子跟妈妈在一起时更健谈，也更活泼。当邀请安德描述他和儿子在一起做了什么时，他解释道："我努力做一个好父亲，我在教导儿子如何成为一个负责任的人，如何把功课做好，如何提高他的篮球水平，如何确保他说话得当，对他人有礼貌。"显然，安德是一位比他自己的父亲更好的父亲，他回忆自己的父亲是个冷漠、袖手旁观的人。那到底发生了什么呢？当安德被问道："你认为你的行为对儿子会有什么影响？"犹如灵光乍现，答案已了然，他说道："你的爸爸总是在纠正你的错误，还总教你如何提高自己，这肯定会令人不快。"安德决定停止所有的教导，他开始跟儿子一起出去闲逛，而且更多地谈论儿子自己想要谈论的事情。情况很快就有了很大改善。

第四章
大脑的心智化系统

反思性地叙述经历就是一种安抚

由于反思能力可以整合过去、现在和未来,所以反思可以让我们把这些事件放入故事情节中。对于年幼的孩子来说,反思性地叙述孩子的经历,通常包含了父母对孩子行为过程中内在心理状态的假设。对于年龄稍大的孩子来说,这可能会涉及回顾之前具有挑战的场景。叙事对孩子大有裨益,它可以帮助孩子在行为和思想之间建立联系;叙事还可以传达父母对孩子的理解,可以让孩子感觉到他们的经历是可理解的,而且他们的父母就在这里跟他们一同经历;叙事也是一种建立孩子反思能力的手段,因为这个过程可以塑造孩子的反思能力,并让孩子参与到这个反思过程中。事实上,能够对自己的生活进行连贯的叙述,是具有良好反思功能的标志(Slade, 2006)。如果你和孩子一起练习反思性的叙述,那么当他(她)长大成人后,会更易于反思自己的生活。

当孩子害怕时,只要说些令人放心的话就足够了。比如"一切都很好",或者"你会没事的,不用担心"。但有时候这还不够,叙述可以作为一个附加的工具来安抚和安慰你的孩子。假设你7岁儿子在学校摔倒割伤了膝盖。学校的护士在照看他,他没什么大碍。但是当你上完一天班去接他的时候,他突然哭了起来,对自己膝盖受的伤感到痛苦万分。这时你就可以反思性地叙述他的经历,你可以说"你和朋友在校园里玩耍的时候摔倒了,而且还伤得很重。流那么多血,你肯定被吓到了,你不得不去找护士。你没能完成和朋友们一起玩的游戏,所以感到很沮丧。然后你还得等上好几个小时,妈妈才能来接你。这样的一天真的很难,是不是?"你没有直接说"你会没事的",或者"别哭了,有妈妈在这陪着你呢"。但是你的叙述可以让孩子不再哭泣,也做好准备回家了。叙述向孩子传达着这样的意思:"你所经历的我都可以理解。"这就是安抚。

叙述孩子的经历也可以让你平静下来

反思性养育对于父母和孩子是同样重要的。对父母来说，他们能感受到自己可以理解孩子，跟孩子感受到被父母理解是同样重要的。有时候爸爸或妈妈甚至不需要大声说出来，只需要在脑海里默默地叙述故事情节就可以。让我们设想一下，在睡觉前，一位称职的父亲正在给他3岁的女儿念书。小女孩有些烦躁，揉了揉眼睛，对这本简短的书失去了兴趣。现在这位爸爸该做什么呢？他很专心，也知道给女儿读书是件非常重要的事情，而且他还没有读很久，所以他决定要读完这本书。在他读书的过程中，他开始自己默默地叙述："我们今天度过了漫长的一天……有很多活动……她今晚太累了，想睡觉了。"这样的叙述是为了爸爸而不是女儿。事实上，当他大声地说"宝贝儿，我们度过了漫长的一天，你累了想睡觉了"，女儿肯定会直起身子说："我不累！我不想睡觉！"在这种情况下，爸爸对自己默默地叙述效果会更好。这样的叙述可以帮助爸爸摆脱那种固定的心态——他必须给女儿读完一本书，可以帮助爸爸进入一种更加灵活的心态，他只需要跟随女儿的非言语信息就好。当女儿又揉了一次眼睛时，爸爸没有说任何话，只是把她抱起来，轻轻地放在床上。女儿没有偷看就闭上了眼睛，爸爸甚至抑制了自己想要说"我知道你累了"的冲动。

叙述可以让孩子积极地应对困境

在一些情况下叙事可以是交互式的。假设一位爸爸正试图哄6岁的儿子上床睡觉，但他意识到，他为安抚儿子对黑暗的恐惧所付出的一切努力都没有用。儿子小杰不让爸爸离开房间。花了这么长时间，爸爸开始觉得不耐烦。一开始，爸爸考虑用一种严厉地表达爱的方式，他坚持，即便儿子怕黑也需要呆在他自己的房间里。但转念一想，他选择尝试叙述的方法："儿子一直都怕黑，他求爸爸今晚不要离开房间。即使爸爸告诉他房间里没有怪物是安全的，他仍然不喜欢黑夜，他也不会去睡觉。

第四章
大脑的心智化系统

哦，天哪！他爸爸很困惑，通常他很擅长安抚小杰，但今晚完全不奏效。这让他不耐烦了。他不喜欢自己这样，而且小杰也不喜欢这样！爸爸想知道下一步该做什么。"

这样的叙述有很多高水平的反思性联结在发生！让爸爸松口气的是，小杰大声说："你可以揉揉他的肚子。也许他一个人待在黑暗中时，他的肚子会疼。"交互性的叙述帮助爸爸意识到真正的问题不是黑暗，而是分离焦虑。对于一个6岁的孩子，在睡觉时有这样的感受，是完全正常的。交互式的叙事帮助爸爸更好地理解当时的状况，并帮助小杰表达了他对于联结的需要。爸爸说："好，我给你揉揉肚子，再亲你3下怎么样？"然后，小杰说他自己已经准备好睡觉了。

重要的是，叙述是反思过程的一部分。就像在这种情况下，即使每个人都搞不清楚实际发生了什么，叙述也可以发挥作用。这就是叙述的价值——它们既在具体层面也在抽象层面发挥作用，具体层面是揉肚子，抽象层面是分离。

反思性的视角：两个头脑，两种视角

如果有一个概念最能概括反思性养育的内涵，那就是双向视角。视角与每个人的大脑从某个情景中推测出的含义和解释有关（Buckner, Andrews-Hanna & Schacter, 2008; Liebermann, 2003）。如果你拍拍儿子的头，他会对此有不同的反应。这个不同取决于他是把拍头当作鼓励，还是认为你在鄙视他。或者假设正在下雨，你提醒十几岁的女儿带上她的伞，她说："随便！"你对她的回应将完全取决于你如何理解她的意思。她是在开玩笑，还是真的有恶意？还是她只是想表明自己的独立？双向的视角使你能够认识到，你和孩子可能会用不同的方式解释或理解特定的情境

（见图 4.2）。这也意味着你和你的配偶对孩子会有不同的看法（见图 4.3）。

图 4.2　双向的视角

图 4.3　每个父母对孩子的行为会有不同的解释

第四章
大脑的心智化系统

教会孩子成为一个善于反思的思考者

我们都知道因为孩子的心智化系统不够成熟，所以他们并非与生俱来就拥有反思能力。虽然他们生来就有学习如何进行反思的能力，但只有在与具有反思能力的思考者建立的关系中，才能学到如何成为一个善于反思的思考者。成为一个善于反思的父母，最重要的部分是建设孩子的心智化系统。这意味着父母把善于反思的接力棒传给孩子。当父母用反思的思维方式来安抚自己时，他们可以成为孩子内化的榜样，因此孩子可以获得调节自己痛苦的能力。当父母跟孩子交谈时使用了反思性的语言，或者鼓励孩子提出自己的反思性想法，就教会了孩子如何成为一个善于反思的思考者。

> **科学如是说**
>
> 心智化系统可以建立双向的视角
>
> 在扫描设备中向被试者展示人的表情，并要求他们思考对方的感受，思考自己看到这些表情时自己的感受。同时判断他人的个性特点。这些换位思考的任务激活了他们的心智化系统（Gusnard, Akbudak, Shulman & Raichle 2001; Ochsner et al., 2004）。

孩子进行反思性思维的学习轨迹

由于大脑前额叶皮层心智化系统的成熟需要时间，所以变得善于反思是一个缓慢的过程。早在生命的第一年就可以看到一些基本的反思能力（Kovács, Téglás & Endress, 2010）。最开始，婴儿只对动作感兴趣。当爸爸或妈妈指着一个物体时，一个七八个月大的婴儿会看爸爸妈妈的手指，而不是看他们指的物体。通常在 12 个月到 18 个月大时，我们可以看到意识觉醒的第一道曙光，那就是婴儿现在看的不再是父母的手指，而是看他们所指的东西，这被称之为"联合注意"。父母指着他们想让孩子看的东西，婴儿可以推断出父母的意图，看看他们正在看什么。从这一点开始，孩子可以从父母所指推断出越来越多的含义（Tomasello et al., 2007）。父母可能是在指出玩具藏在哪里，或者指出孩子需要把东西放在什么地方，孩子会按照这些非言语信息去做。大约在这个年龄，孩子也会指东西了。他们指东西也可能有很多不同的心理含义。孩子可能想让父母看他们指的东西，或者让父母给他们拿他们指的东西，又或者让父母告诉他们自己所指的东西是什么。

真是个伟大的发现！孩子了解到"妈妈有一个想和我分享的想法""我也有一个想法想和她分享"。孩子可以认识到人们有自己的想法，这些想法是可以分享的，而这又让孩子最终发展出其他社交能力（共情、分享、合作）成为可能。

真正的善于反思，需要人们认识到大家的想法是独立的，并且会彼此不同。孩子们直到四五岁时才能了解到每个人的想法都会有所不同，这意味着不是每个人都能以孩子的方式看待这个世界。随着心智的成长和成熟，孩子们对不同想法的认知能力可以不断提高。

电脑真的有自己的思想吗？

反思对于社交功能非常重要，以至于大脑会过于热心地投入，尤其是在年幼的孩子身上，这点会特别突出。他们会把所有事物当作有思想的东西来对待（Epley, Waytz & Cacioppo, 2007）。这就是为什么孩子们会认为所有的玩具、书、电影角色、家中的宠物都会有自己的意愿。一个孩子会很开心地跟毛绒玩具甚至袜子说话，就好像这些东西也有自己的思想一样。

作为成年人,我们也会认为我们的汽车和工具都有自己的意愿。"我的电脑今天就是跟我过不去,它不想让我完成今天的工作。""我的车今天很开心,因为我今天去洗车打蜡了。"孩子和成人的不同之处在于,成人至少明白这些东西是没有思想的。孩子的心智没有那么发达,他们不会做出这样的区分也是有好处的,孩子们可以通过谈论玩具的思想或者书中人物的思想,来学习有关心智运作的知识。这些都可以锻炼与反思有关的大脑回路。

无为的价值

心智化系统对于白日梦和神游(走神)的热爱并没有得到应有的充分尊重。无论我们是在工作,在学校,还是在参加课外活动,现代社会都过于地以任务为中心。

孩子需要闲暇时间去做白日梦

保持清醒,偶尔做做白日梦! 那些与高水平的心智化系统活动相关的、有些漫无目的的心理遐想有许多好处。它可以为大脑提供需要的社交"记账"的时间。白日梦和神游可以在不同话题之间自由流淌,思考其他可能的结果、视角或者可能性。"要是当初老板约我出去吃午饭的时候,我答应就好了。也许他会答应我加薪的要求。""我想知道诺林怎么看我的演讲,我想她应该会习惯,但她可能会觉得太偏技术性了。""如果今天早上我意识到孩子特别需要帮助,并且我没有因为帮他穿衣服而生气,也许情况会更好。我是去道歉好呢,还是让这件事就这么过去好呢?"

作为父母,你需要确保在孩子们清醒的时候有足够的闲暇时间去做白日梦,让他们的思绪去神游。这可以强化他们的心智化系统,因为这给他们一个机会看到、等待其他的可能性。

调节情绪的反思性策略

孩子会在父母身上激发出强烈的情绪体验,父母们需要通过这些情绪来回应孩子的需要和行为。然而,过于强烈的感受或者不够强烈的感受都可能会有问题。

调节共情的策略

调节共情,涉及镜像系统和心智化系统之间的协同工作(Herbet et al., 2014; Sperduti et al., 2014)。当父母使用不同的策略来调节共情水平时——降低或提高共情水平,大脑会在两个系统之间来回切换。镜像系统更多地从一个更远的距离,更为外在的表现来理解他人。镜像系统并没有跟他人的自我或者试图理解他人的自我有太多的关联。从另一方面看,心智化系统是最初拥有自我意识的基础。心智化系统利用一个人的自我意识来理解他人的自我体验。这就是我们可以强烈地体验到情绪共鸣的原因。

疏远策略降低共情水平

如果父母太过强烈地感受到孩子的痛苦,他们会反应过度。如果你觉得孩子难过时你自己太痛苦了,你可以利用你的镜像系统,通过聚焦外在发生的事情来跟情绪保持距离。"我只关注孩子来回跺脚的行为,这样我就可以了解她的感受,但自己不会有太多的感受。"你还可以从关注自我切换到关注其他。想象一下如果是别人家的孩子难过,你会有什么样

第四章
大脑的心智化系统

的感受呢？

整合策略可以降低共情水平

想象一下，当你把女儿送到幼儿园时看到她哭了。也许你会感到很难过，即使上班要迟到了，你也无法离开。可以试着利用心智化系统把过去、未来和现在的情景整合起来。也许当你反思过去时，你意识到这跟小时候父母不关心你的儿时经历有关。这会导致你过度认同女儿的痛苦感受。但你是一个关心孩子的父母，所以女儿并没有你那样的经历。你反思未来，你想起来老师告诉你，每次你一离开女儿就不哭了，并可以开心地和其他小朋友一起玩耍。这些整合的反思让你平静下来，可以跟女儿说一些安慰和建立信心的话。"我知道你现在很难过，但你一会儿就会没事的。你还记得昨天你也哭了，但我一走你就没事了吗？你还跟其他小朋友玩得很开心。今天也会是这样的。我爱你宝贝，我下午来接你。"你的女儿也许还会泪眼婆娑，但你们俩都会对分离感到更有信心。

想象策略可以提升共情水平

当孩子们表达强烈的情绪时，大多数父母至少可以给这些情绪命名或贴标签。这种了解他人感受的行为是镜像系统的一项功能。了解往往并不足以帮助父母调节孩子的情绪。有时候，当父母们不能充分地共情，即不能真的感受到孩子的情绪时，会增加孩子的情绪强度。因为孩子会试图通过更加强烈的情绪表达来让父母"理解"他们的感受。为了提升共情能力，可以尝试使用想象策略。想象一个场景，在这个场景中你可以感受到你觉得孩子拥有的感受。这将会激活你的心智化系统，提升你自己感受孩子的内在感受的能力。

调节愤怒和敌意的策略

所有父母时不时都会生气，甚至会对孩子怀有敌意。作为一个善于反思的父母，你需要尽最大的努力战胜自己的情绪，但不需要彻底消除这些感受，因为我们需要这些感受。感受是重要的信号，它可以让我们了解自己的内心发生了什么、别人是如何影响我们的。但父母往往会忽视他们的愤怒和敌意，因为他们认为自己不应该有这种感受。但这会阻止他们设定适当的限制。如果父母忽视愤怒情绪太久，愤怒的情绪会在某个时候激烈地爆发出来。这会吓到孩子，也会阻碍父母发挥调节孩子情绪的作用。

把愤怒当作"自我提醒"，而不是对付孩子的武器

愤怒可以提醒你事情已经有些过分了——你的边界已经被突破。作为父母，这个小小的提示让你知道，孩子已经突破了你的限制或者触到了你的痛处。例如，一个蹒跚学步的孩子总是把食物扔在地板上。妈妈知道这对孩子来说是个有趣的游戏。但是，即便她通过告诉孩子停止扔东西并拿走食物的方式妥善地应对这种情形，她势必还是会感到一丝愤怒。

然而，要想使愤怒成为父母的有效信号，就必须对愤怒加以调控。如果没有足够多的愤怒，父母会回避设定限制。因为如果表达得太严厉，会让情况变得更糟。为了控制愤怒，善于反思的父母会利用自己的视角（"我不喜欢这种行为！"），但也会考虑孩子内心的视角（"我正在探索如何维护我的自主权！我只是个孩子，我还不知道有什么样的限制！"）。这种双向的视角观激活了心智化系统，其中包含了自我调节中心。这个中心可以帮助父母调节他们的愤怒，从而使他们能够以一种更加中立、更加有效的方式来设定限制。

把"外归因"作为管理愤怒的策略：这不是我的问题！

当孩子对你不满时，把它太过个人化会让你对孩子过于生气。例如，如果你把他们的痛苦解释为他们不喜欢你，或者你做错什么了，就会感到敌对和防御。可以尝试进行外归因，利用你的心智化系统，将更多的东西切换到他们的内在世界，而非你的内在世界。进而利用你的镜像系统认识到，这些更多的是与他们有关，而不是你自己。

正念觉察不同于反思能力

当前正念（亦称正念觉察）非常流行。通常，人们会混淆正念和反思能力（亦称心智化）。二者对父母来说都是很有用的工具，因为可以减轻压力，提高共情能力，增加怜悯之心，还可以提升幸福感（Grossman，2004）。然而，正念和反思能力是不同的，它们依赖于不同的大脑回路。正念用一种提升当下意识的觉知，它包括以一种非批判、冷静的方式，有意识地观察和关注当下头脑中正在发生的事情（Kabat-Zinn，1994）。相比之下，反思能力可以在有意识的情况下运作，也可以在无意识的情况下运作。它会关注人们自己还有他人的心智，并会在当下进进出出。

正念可以减轻那些当下对父母的反思能力造成干扰的压力和情绪反应，但并没有替换它！反思能力以心智化系统为基础，可以用来理解事物，理解随时间而来回变化的人际互动。反思能力有非常活跃的好奇心，乐于接受多种可能性，可以在自己的视角和孩子的视角之间切换，也可以在更深切的感受和超然之间切换。反思能力对于厘清误解和修复破裂的亲子关系尤为有用，因为父母能够在冲突发生的过程中谈论或讲述正在发生的事情。

记住，你是为人父母者！

在很长一段时间里，父母的反思能力要高于孩子的。因此，维系牢固的关系更多是父母的责任，而不是孩子的责任。如果你总是比孩子付出更多努力来维系牢固的关系，尤其是当你的孩子是青少年或年轻的成年人时，你可能会觉得不公平。然而这不是公平的问题，而是大脑运作方式的问题。孩子的反思能力在 20 多岁时才能完全成熟。

亲子故事

■ 当有冲突时，请运用反思能力。

每天早上米兰总是急急忙忙，对女儿芬妮非常严厉，而且还会被女儿惹恼。她没有意识到女儿的目的就是想继续玩她的乐高玩具。要解决这一冲突，米兰首先必须能够有意识地识别，并将这种情况列入正常利益冲突的范畴。这能让她停止一遍又一遍地大喊"快点！快点！"，可以帮助她放慢速度，并表现出她明白女儿的目的是什么。"我知道你想做完你正在做的事情，但我们得去上学。""我保证，你回家后会有时间继续完成你正在做的事情。"

■ 运用反思能力来调控情绪压力。

丽娜是反思性养育团体中的一位妈妈。她通常会淡化自己和 3 岁女儿小米拉的情绪困扰。一位妈妈鼓励她注意到淡化情绪并不能安抚她的孩子，而会导致更大的痛苦。小组带领者鼓励丽娜思考她的感受以及对这些感受的想法。她说如果女儿不高兴，她自己会非常焦虑。"我就会觉得必须马上解决这个问题。"她认为这是一个好妈妈应该做的。团体中的其他父母想尽量让她安心，他们认为当孩子不高兴的时候，他们不可能总是能解决这个问题，没有父母可以做到！一旦丽娜不再指望自己总是可以让女儿保持平静，她就可以更轻松地承认女儿的感受，并容忍女儿的痛苦，实际上这可以让她更成功地使小米拉平静下来。

第四章
大脑的心智化系统

■ 运用反思能力使养育适应孩子的需要。

汉娜担心她10岁害羞内向的儿子小卡不具备所需要的社交技能。她总是催促他多说话，多彰显自我。这不仅行不通，而且她开始觉得，对儿子而言自己并不是个好妈妈。当她花时间思考小卡到底是怎样的一个人时，她意识到他有几个为数不多的真正喜欢他的朋友，但他不会成为一个很受欢迎的孩子，而这种受欢迎程度的价值实际上被高估了。她提醒自己，儿子与生俱来的特质是他的一部分，那些吸引他的事情就很好，比如在家做工程项目。这减少了对儿子的担忧，使她可以专注于自己。"现在需要我下决心不再给他施加压力。"

反思性养育的语言

■ 一种简单的叙述。

一位爸爸正在给14个月大的儿子喂苹果酱："你真的饿了。等待的时间很难熬，所以你大喊大叫。但是现在爸爸在喂你了，你很高兴。"

■ 一种较为复杂的叙述。

一位妈妈正在教她3岁的大儿子不要野蛮地对待弟弟小迪。她反复告诉他："住手！你伤到小迪了，你太咄咄逼人了。"但这并不管用。所以她创造出一种更为反思性的叙述："我想你很喜欢跟弟弟摔跤。你想当一个好哥哥，你在跟他玩大男孩的游戏，但结果他哭了。这可能是因为他只是个小家伙，他比你更容易受伤。我想知道，作为他的哥哥，你能不能想出一种更为温和的方式和他一起玩，等到他长大了才可以应对更激烈的行为。

■ 与孩子分享反思性的想法。

一位爸爸说:"你和我的争吵让我不知所措,无法思考。我爱你,但现在我太难过了,无法做出恰当的回应。我需要花点时间整理一下我的想法,等冷静下来,我再和你说。"

家庭练习

- 如果你发现自己因为压力太大或太沮丧而无法思考,那么可以花一点时间做一次正念练习。例如,试着只注意你的呼吸。试着不加评判地注意自己思绪的流动。正念将帮助你重新建立情绪平衡,这样你才能再次具备反思能力。当你觉得餐桌太乱,或者辅导孩子作业时,你都可以安静地进行正念。

- 练习持有好奇心。当孩子了解到一些新的信息时,鼓励他或她给你解释这些新东西。要好奇,问问他们对所学到的东西有什么看法。当公众事件发生时——也许是他们在新闻或学校里听到的事情——了解一下孩子对这一事件的看法,好奇他们觉得发生了什么以及为什么发生这样的事情。记住,当孩子锻炼他们的"反思肌肉"时,没有错误的答案!无论何时当他们表达自己的意见或观点时,都是在巩固自己的心智化系统。

- 当设定限制时,要练习留意你的感受。留意你是否倾向于感到内疚,或者是否过于认同孩子的感受。这些感觉可能会让你对如何设定限制更加犹豫。留意你是否觉得自己是个坏家长。你可能会希望让孩子觉得你并不坏,以此来让自己安心,比如,坚持要求他们同意或理解你设定限制的理由。当孩子遵守你的限制时,你不允许他们生气或暴躁，这会让孩子充满怨恨，因为你不允许他们有足够独立的思想。

- **练习修复**。留意某个发生很多冲突的场景。也许你和孩子大吵了一架，使得关系产生了裂痕。等到激烈程度减弱时，请反思并弄清楚是什么导致了这场争吵。想想你孩子的内在发生了什么，想想在你身上触发的是什么，想想你们对彼此的影响。然后去找你的孩子，告诉他或她，你想重新跟他们建立亲密的关系。如果你太过生气，需要为自己的过度反应道歉。如果这只是个误会，那就把误会说明白。你可以分享一些你反思的事情，还可以让孩子分享他们认为可能发生的事情。关键是要跨越裂痕，再次亲密起来。现在不是怪罪或指责的时候，此时正好可以向孩子们解释："大家可能会对彼此非常生气，但仍然爱着对方，然后又重新在一起。"孩子们真的很需要这样的东西。事实上，父母也同样需要。

The Reflective Parent

第五章

大脑和母性照料

成为母亲的基础

第五章
大脑和母性照料

> **大脑基础**
>
> 人类的大脑具有很高的可塑性,这意味着大脑的连接通路是根据个人的环境经验,特别是与他人的社交互动而产生的。

女人到母亲的转变

成为父母会给一个人的生活带来巨大的变化。这种变化就像你长出了一只新的手臂,你需要时间学习如何处理并照顾它,以及如何将它融入你的自我意识当中。当然,作为父母,你正在成长为一个全新的人,而不仅仅是一只手臂。

新手父母就像被给了一个黑匣子,告诉你必须弄清楚里面是什么东西。如果是一个真正的黑匣子,你可以打开它,看看里面的东西。然而作为父母,你所能做的就是,好好猜一猜,在孩子头脑中的黑匣子里到底有什么。

作为一个新手父母也很像为参加奥运会进行训练。这个过程充满压力,并且需要额外的资源来照顾孩子,同时还需要将注意力优先放在孩子身上。

"婴儿没有自带说明书"这句话只有部分是正确的。在母亲的大脑中有一系列基因设定来激活母性照料,这会指引她度过孩子刚出生的几个月,直到获得更多的经验。本章内容主要聚焦于出生后头几个月的母性照料，这是一个独特但相当短暂的阶段，它是成为父母的起点，并可以为以后的发展奠定基础。尽管时代在变化，但大多数关于养育婴幼儿的研究仍然主要集中在母亲身上。在可能的情况下还包括了对父亲的研究，但这些研究仍处于"婴儿期"。

什么是母性照料？

母性照料是指母亲采取的一系列特有的行为和心理状态。这些行为和心理状态可以保证婴儿的安全，促进母亲与婴儿建立亲密关系，给予孩子关注，提高对孩子的同理心，养育孩子，并为自己胜任母亲的角色提供足够的动力（Leckman et al., 2004; Swain, 2011a; Swain, Lorberbaum, Kose & Strathearn, 2007）。

母性照料从孕期最后 3 个月，妈妈为婴儿的出生做家庭清洁和准备工作时就开始了。孩子一出生，妈妈就会对他的一切表现出高度的关切。她反复检查、打理孩子的身体；让孩子以及孩子待的地方保持特别干净的状态，并通过喂养、换尿布、穿衣和玩耍来跟孩子保持亲密的状态。

新手妈妈的心理状态被称为原初母性贯注，在这种状态中妈妈对新生婴儿的福祉表现出高度的焦虑（leckman et al., 2004；Swain，2011a）。与孩子有关的想法、担心和忧虑会在一整天中不断侵扰妈妈的思绪。妈妈会非常敏感地监测婴儿发出的任何声音或动作。大部分的妈妈会意识到，这种对孩子的过度关注是有些极端的，但至少她们是迫不得已的。这不仅仅是爱，也是由妈妈的大脑所驱使的强烈冲动。新生婴儿的妈妈有时会因为过于情绪化和过于担心孩子而受到指责。大自然为人类物种的存活设计了这种方法。无助的婴儿需要至少有一个人特别了解她（他），而且大自然选择了孩子的妈妈来承担此任，至少在孩子刚刚出生时是这样的。

这一情绪敏感度提高并且关注强度达到峰值的阶段会发生在孩子 3 个月大时，在孩子 6 个月左右时会减弱。这个阶段的母性照料也提高了母亲的反思能力。因为母亲对来自婴儿的提示和需要的高度敏感，可以让她更多地了解孩子的观点。妈妈情绪状态的提高，会成为她更多地共情孩子心智状态的资源。

然而，对于母亲来说，这也是一个情绪风险很高的时期，并且容易出现"产后抑郁"和更严重的产后抑郁症等疾病（Wisner, Parry, & Piontek, 2002）。在此期间，妈妈们需要很多的支持，因为压力的增加会提高发展成产后抑郁症的可能性，特别是那些有抑郁症病史或产后抑郁症家族史的女性。随着对婴儿需求的额外关注，"妈妈"的需求常常会被遗忘。在西方工业化国家，产后抑郁症的发病率增高，可能是因为这些国家没有优先考虑母性照料和母亲的需要。在非西方的、非工业化的文化中，会让母亲在孩子出生后有一段休息的时间。母亲的主要责任是照顾孩子，同时其他女性成员也在帮助她做家务和照顾孩子。这不是一个文化差异的小问题，产后抑郁症对婴儿的健康和幸福会造成严重的后果，我们的文化需要在这方面有所改进。

母亲大脑的变化

人们普遍认为，母性是女人的天性。母亲们总是会全身心地投入到自己孩子身上。事实证明母性并不是天性，因为照顾一个孩子需要大量的身心投注，一般人往往无法胜任这项工作，所以大自然会出面解决这个问题。一位母亲必须发展出一种全新的观察、倾听和回应的方式，通过这种方式与成长中的婴儿建立起他（她）所需要的那种关系。研究表明，这正是新手妈妈的大脑会进行重新连接的原因。

大脑的重新连接在一定程度上受遗传基因作用的驱动

母亲必须做好充分的准备,并且在孩子一出生时就准备妥当。因此,这些所需要的准备,都被构建在人类的遗传基因密码中。在怀孕后期,母亲的大脑会自动启动重新连接的程序,这一重新连接的过程会在生产、分娩和养育期间一直持续。大脑的这些预备性变化使妈妈可以更好地留意孩子的外在表现,孩子发出的声音以及动作,并更好地回应孩子。这就是为什么当孩子半夜哭泣时,你会立即起床去看个究竟,而在生孩子之前,发生什么也无法把你从沉睡中唤醒。这些基因决定的大脑变化具有短期和长期的功能。这些变化可以保障新生婴儿在当下存活下来。另外,由于这些改变调高了妈妈感知和情绪系统的音量,所以她在未来几年里会对孩子更加敏感。

大脑的重新连接也受经验的影响

母亲的大脑也会以一种经验式的新方式进行连接。一些真正重要的经验会被写入大脑的连接中,这是神经生物学的一条"规则"。因此,照顾孩子、感受孩子的目光和声音,这些行为本身就会引起母亲大脑中神经元的增加。每个母亲大脑的再次生长,都是专门为了跟自己的孩子进行互动。

科学如是说

每个妈妈只会适应自己的孩子

- 当婴儿的母亲接受脑部扫描时,可以看到她的大脑对自己孩子哭声的反应要多于对其他婴儿哭声的反应(Swain, 2011b)。
- 暴露在婴儿的气味中会激活奖励系统中多巴胺神经元的生长(Lundström et al., 2013)。

脑回路的增加量具有预测价值

母亲大脑中新增加的脑回路数量可以预测母亲养育的品质。表现出较高水平的母性照料行为并对孩子抱有积极视角的母亲,她们脑回路增加的数量也最多(P.Kim et al., 2010; Swain, 2011a)。母亲大脑中脑回路数量增加得越多,预示着从长远来看她的孩子会成长得更好。

与母性照料有关的化学物质

催产素:"安抚、关怀、联结"的激素

在怀孕末期以及生产、分娩和哺乳期间,下丘脑释放的催产素激素量会增加。催产素的生殖作用是刺激子宫收缩和泌乳。在养育方面,催产素可以帮助培养母性行为,使母亲把照顾孩子置于所有其他兴趣之上,可以增加她对孩子信号的理解,减轻压力,促进依恋关系的建立,并培养她的共情能力(Domes, Heinrichs, Glascher, et al., 2007; Domes, Heinrichs, Michel, et al., 2007; Ebstein et al., 2009; Leckman et al., 2004; Macdonald & Macdonald, 2010; Swain et al., 2007)。

母性照料、母婴接触以及婴儿社交联结的感官信号都会刺激催产素的释放(Leckman et al., 2004; Swain et al., 2007)。当把新生儿放在妈妈的胸前时,婴儿的手部动作和吮吸会刺激催产素的释放。婴儿出生后立即进行母婴之间的皮肤接触会提高母亲的催产素水平,在吸奶和母乳喂养时也同样会提高催产素水平。婴儿分离时的哭声会引发母亲大脑中催产素受体的增加,这可以促使母亲去减轻孩子的痛苦(P.Kim et al., 2010)。另一方面,与婴儿长时间的分离会抑制母亲大脑中催产素的活性(Swain et al., 2007)。

催产素通过增进安抚,减少焦虑、压力、攻击性、痛苦甚至抑郁,来

改善母性照料（Domes, Heinrichs, Glascher, et al., 2007; Domes, Heinrichs, Michel, et al., 2007）。

父亲也会产生催产素，但是比母亲要少。需要注意的是，同样的激素会导致父母在养育上的不同。母亲的催产素会使她们在情绪回应上更敏感。而在父亲身上，催产素会让他们更强壮，更粗犷，更加鼓励他们的孩子探索周遭的世界。这些差别有时会造成父母之间的冲突，然而，科学表明这两者孩子们都需要。

那些在孩子出生前跟自己的母亲有良好依恋关系的妈妈（像大多数母亲一样），在有孩子时催产素的激素水平会更高，在需要反思能力的任务上会有更好的表现。当看到自己的孩子很难过时，她们会比具有不安全依恋的母亲们更有动力去减轻孩子的痛苦（见第六章）（Fonagy, Bateman & Bateman, 2011; P. Kim et al., 2010）。

对于大多数母亲来说，催产素的激素水平越高，她们的动机和敏感度也会越高，在母性角色中情绪痛苦的程度也就越低。对于催产素水平较低的母亲，如果能获得不带评价且富有同情心的帮助，这对她们来说是件好事，因为这可以帮助她们提高母性照料和反思能力。

多巴胺：与奖励和动机相关的神经递质

多巴胺系统，由在大脑特定区域释放多巴胺神经递质的神经元组成。多巴胺在所有形式的快乐、兴奋和奖励中发挥着重要作用，它在养育子女方面也发挥着诸多作用。多巴胺构成了照顾孩子的积极经验，以及想要这样做的愿望的基础。它会促使母亲的大脑进行重组，以回应婴儿的外在表现。它提供给母亲在投注很多时间和精力照顾孩子时所需要的使命感和专注感。多巴胺可以给母亲带来愉悦的感受，也对她的努力付出给予奖励。它为母亲提供了动力，也提供了不计代价安慰照顾孩子的决心。它强化了母亲所有照顾孩子的行为。这就是为什么母亲越多地去照料孩子，照料就会变得越容易的原因。

多巴胺在降低照料的压力方面也发挥着作用。由于多巴胺的作用，婴儿的哭泣本来可能会给母亲带来压力，现在反而激活了奖励系统。这就可以减轻母亲的压力，更能够让母亲持续地安抚她的孩子。孩子不会说"谢谢你的照顾，妈妈"，因此，人的天性可以确保，当你的孩子看着你，对你微笑甚至哭时，你的大脑会沐浴在多巴胺给予的奖励和坚持中。

当一个母亲让她的孩子感到快乐时，她的奖励脑回路中的活动就会增加。如果一个母亲让她的孩子感到不开心，这会刺激她的压力系统（Mayes et al., 2012）。反思性养育使父母相信，母亲有时会让孩子心烦是正常也是很自然的事情。这对妈妈来说真的很重要，如果一个妈妈因为让孩子烦恼而压力太大，这会影响她的反思能力、共情能力，以及对她作为母亲这一角色的信心。

在与婴儿互动时，情绪敏感的母亲的多巴胺奖励系统会更活跃。而对情绪冷漠（漠视情绪）的母亲而言，她们大脑中与痛苦有关的区域更容易被激活（Strathearn, 2011）。换言之，情绪敏感的母亲会得到更多的奖励而不是痛苦，而对于那些常常漠视孩子情绪困扰的母亲来说则恰恰相反。科学家们认为，这些母亲之所以漠视的原因之一，是她们试图摆脱让她们痛苦的事情。这些母亲可以得到那些理解并能共情她们的人的帮助。

不同婴儿在激活母亲的奖励系统方面存在差异

多巴胺是婴儿为了感谢妈妈的辛苦付出而送给她的礼物。当婴儿用微笑、柔声细语或者大笑来回应妈妈对自己的照料时，妈妈的大脑中会释放出额外的多巴胺来让自己感觉良好。这会让妈妈可以在既辛苦又充满压力的情况下，仍能保持继续照顾孩子的动力（Strathearn et al., 2008; Swain et al., 2007）。不幸的是，有些婴儿不能给妈妈带来良好的感受。早产婴儿、生病的婴儿或着难养型婴儿，都不能给妈妈提供所需要的刺激多巴胺中枢的积极信号。这些婴儿可能无法用很多微笑或者易于安抚来回应妈妈为了让他们感到快乐而付出的努力。在短期内，妈妈缺乏奖励系统的刺激会剥夺她的良好感受（好心情）。从长远来看，这种缺乏甚至可能会降低妈妈的动机以及照顾孩子的行为。因此，养育这类孩子的妈妈更容易感到痛苦、生气，甚至疏远她的孩子。她也是一位需要同情、需要不带批判的支持和帮助的妈妈。

科学如是说

让妈妈感觉良好

当妈妈看到婴儿的笑容，听到婴儿的哭声，或者跟婴儿玩耍并让他们开心时，她的多巴胺系统就会被激活。当妈妈具有极高的母性特质并对孩子抱以积极的感知时，多巴胺系统就会在最大程度上被激活（P. Kim et al., 2010; Mayes et al., 2012; Strathearn, Fonagy & Montague, 2008; Swain, 2011a）。

请不要指责妈妈！

需要重申的是，一些妈妈在安抚一个很痛苦的孩子时，会很自然地感受到快乐，这使她们能够具有同理心并保持情绪上的敏感。然而，那些与自己母亲有不良依恋关系的妈妈，可能会经历痛苦和压力，这使她们很难在情绪上保持敏感（很难进行积极的情感回应）。有些妈妈的孩子是易养型的，所以这更有可能激发她们被奖励的感受。另一方面，有些妈妈的孩子属于难养型，这使得她们更难进行积极的情感回应。指责妈妈们没有足够的情感反应，就像指责矮个子够不着高架上的东西一样。那些在母亲角色中遇到困难的妈妈需要的是帮助,而非指责;支持,而非批评;共情,而非评判。

皮质醇:应对压力的激素

尽管听上去有些自相矛盾,但压力激素皮质醇是帮助新手妈妈为她的新角色做好准备的关键因素。皮质醇的释放提高了她对新生儿的敏感度,这样她就可以在孩子需要时随叫随到(P. Kim et al., 2010; Swain, 2011a)。皮质醇和催产素一起协同发生作用。压力会释放皮质醇,使妈妈保持较高的警惕,催产素则可以让妈妈平静下来,这样她承受的压力就不会过度。

科学如是说

皮质醇的呵护作用

具有较高皮质醇激素水平的新手妈妈可以更好地识别出自己孩子的气味,并且会跟孩子有更高水平的亲密互动。

不幸的是,长期的压力,如贫困、家庭不和、长期疾病会损害皮质醇的调节,并会导致妈妈对婴儿状态变化敏感性的降低(Dias-Ferreira et al., 2009)。患有产后抑郁症的妈妈在皮质醇和催产素的产出和调节方面存在损害,这就减少了妈妈在跟婴儿建立关系上的投入度(Swain, 2011a)。事实上,压力过大或者任何原因导致的支持不足有可能会使得即使之前健康的妈妈发展成产后抑郁。

在有压力的时候,反思能力可以起到保护作用。在难以安抚孩子的压力情境下,具有较高反思能力的妈妈相比那些较低反思能力的妈妈,会尝试花更长时间来安抚孩子(Mayes et al., 2012; Rutherford, Williams, Moy,

Mayes & Johns, 2011）。这是因为高反思能力的妈妈对于压力的耐受力更强。

大多数妈妈有一种错误的印象，她们认为当孩子调皮或者闹别扭时，自己应该保持冷静和镇定。这只是个神话，大多数父母说："我环顾周围，似乎没有人遇到我这样的困难。"事实并非如此，神经科学表明当压力不太大时，它是具有适应性的。事实是，所有的妈妈都会经受压力，即使你看不到它。

父母，请对自己的需求保持敏感！

妈妈也是人！如果没有充足的休息、吃饭和上厕所的时间，她们就不能表现得很好。大自然明白，父母有时也会暴躁易怒，有时也会被成人的问题侵扰心神。遗传密码适用于应对普遍预期的环境。普通环境不一定总是完美的，即使是在最好的环境下成长的小宝宝也是如此。因此，尽管父母并不能时时刻刻都完美地保持敏感，但孩子不断发育的大脑具有应对这种困难的能力，还是有一些回旋的余地。

事实上，婴儿的大脑在调谐同时伴随一定程度不调谐的情况下，仍能较好地发挥功能。妈妈在一定程度上对孩子不关心、厌烦甚至生气都不会对孩子造成永久的伤害。一般来说，只要妈妈不是极端的不敏感，她们对孩子的敏感，就足以减轻那些不敏感的时刻造成的不利影响。

母性照料的神经生物学变化让妈妈投身到她的新角色中。但是，在这些启动之后，她必须积极地对孩子保持一种温暖、敏感和共情的态度。作为父母，如果以同样的态度对待自己，这将更有利于你保持这种态度。当然，作为父母，你可能会打断自己的睡眠而不会打断孩子的。为了喂饱孩子，你也会中断自己吃饭的时间。你会为了更好地跟孩子在一起而推迟自己的假期。这些都是父母所做的事情。但关键是，如果你对自己

第五章
大脑和母性照料

的情绪和需求有一种宽容和体贴的态度，就能更好地以这样的态度来对待孩子。这可以帮助父母更加可靠地给予孩子慈爱和关怀。

尽管社会在大肆宣扬有关为人父母的理念，但养育不应该是一种完全无私的付出。父母在安抚、共情、认可、理解、接受和支持孩子方面遇到困难的最常见原因之一，就是他们很难用这样的方式来对待自己。如果父母对自己的情绪持拒绝、批判、苛刻或评判的态度，当孩子有这样的情绪时，他们则更有可能遇到困难。父母需要的支持是："请对自己好一些！"你可以将其称之为父母的"急救中心"。对于孩子的行为或情感需求过分苛刻的父母，首先需要帮助他们对自己的行为和情感需求不那么苛刻。各位父母们，对孩子而言你非常重要，你必须照顾好你自己，就像照顾孩子一样。

反思能力适用于所有关系

反思能力的运用，不局限在成为善于反思的父母。如果你既能看到别人的观点，又能看到自己的观点，所有人际关系都会变得更加顺畅。一对夫妻在养育孩子时，必须对彼此进行额外地反思。在大多数情况下，父母双方都同样关心孩子，并且对事情的发展都有一个愿景。然而，父母双方的方法通常会略有不同。夫妻二人需要尽最大的努力去看到对方的观点。太多曾经充满幸福和爱的婚姻或者其他养育关系，都因为出现过多的冲突而告终。这是因为每个人都认为自己的观点是正确的，或者是最好的。父母不需要在每件事上都意见一致，但他们必须看到对方的出发点，尊重并重视他们的观点。一般来说，如果父母双方都能很好地理解对方的话，就能更好地妥协并达成一致。

新手父母引起了周围每个人的关注，似乎每个人对如何做父母都有不同的看法。不管他人提供的建议是出于关心和帮助，还是出于批评，都不要因为别人的话而怀疑自己。有些时候，即使是最关心、最爱你的朋友或家人，也会让你感到被评判、被误解以及焦虑。这正是反思能力可以帮助你的地方。请记住，一个人所做或所说的每一件事，都与他们内心发生的事情有关。这意味着很多时候其他人告诉你的更多是与他们的内心有关的事情，而不是与你和孩子真正有关的事情。他们并非想添乱或者伤害你，这只是因为婴儿会增强每个人的内在情绪感受。你的父母、孩子的爷爷奶奶也会有他们的需要，你的朋友、兄弟姐妹也会有他们的需要，所有这些来自他人的信息和回应都很难调和。父母们确实非常需要帮助和建议，他们之前从来没有做过这些，所以有些信息是受欢迎的。但是，如果能尽可能多地进行反思，就可以在坚持自己的信念和接受他人建议之间保持一个良好的平衡。你才是与你孩子有关事情的专家。

亲子故事

- 艾莎和他的丈夫奥威因为专注于自己的事业，等了很长时间才决定要孩子。艾莎有些担心，因为她不太喜欢朋友的孩子，而且她还担心整天待在家里会无聊得要死，她计划尽快回去工作。但令她震惊和惊奇的是，当她的儿子小马克到来时，她被他深深地迷住了，全身心地投入到他身上。奥威也同样爱着他的孩子，并且也投注了很多。事实上，他开始有点担心了。在他看来，以前聪明、有趣的妻子不见了，取而代之的是一个可以连续几个小时讨论尿布、乳头疼痛和睡眠训练利弊的女人。事实上，艾莎的大脑里充满了催产素和多巴胺，她正处在跟孩子处于"热恋"中，如同一只凶猛的母狮子在保护自己的幼崽。

第五章
大脑和母性照料

- 阿梅很期待成为母亲,她想象自己会是一个富有爱心和奉献精神的养育者。当她的女儿小妮在母乳喂养方面遇到困难,而且体重看上去没有增加时,阿梅开始寻找有关母乳的帮助。目前还不清楚小妮是否有吸奶的困难,或者是阿梅没有足够的母乳,没有谁可以真的搞清楚。但到最后,当小妮7周大时,"只是为了安全起见",儿科医生建议每次母乳喂养后要用奶瓶来补充。小妮很快就对母乳失去了兴趣,会饥渴地喝奶瓶的奶。阿梅的丈夫和家人看到孩子体重开始增加,终于松了一口气,但阿梅却变得抑郁了。她觉得自己很失败,于是开始疏远孩子,她会找各种理由让丈夫或者自己妈妈喂孩子。可能阿梅的催产素和多巴胺的天然来源减少了。阿梅和小妮是幸运的,阿梅的丈夫和妹妹很快就让她安下心来,让她知道她不是一个失败者,是一个很棒的母亲,小妮很喜欢她。阿梅改变了自己的看法。她能够看到女儿正在奶瓶的帮助下茁壮成长,而且需要她把这看作是一件好事。她的看法变得更加乐观,情绪又再次变得充沛并满怀爱意。

- 朗朗生下了一对双胞胎兄弟小安和小柯。这对双胞胎早产1个月,但没有其他的病症,因此很快就出院回家了。小安是一个很安静且易于取悦的孩子,朗朗在照顾他时获得了很多快乐。而小柯则相反,他非常易怒,也很难被安抚。朗朗感到被小柯拒绝,她觉得自己很不称职。当朗朗谈到小柯时,她说他像是个负担,甚至不确定自己是否爱他。这很可能是早产干扰了一般怀孕晚期催产素的释放。小柯没有积极回应妈妈的努力这一事实,也剥夺了妈妈在照顾他时获得足够量的多巴胺。起初,朗朗拒绝接受任何帮助,因为这会让她觉得一切都是她的错,就好像她是个失败的母亲。但幸运的是,一位非常敏锐的儿科医生解释说,小柯的个性确实很难相处,这会考验任何一位妈妈的母性本能。在一个反思性养育团体中，朗朗开始反思自己被妈妈拒绝这件事，她的妈妈是一个很挑剔、很难以取悦的人。在朗朗和孩子的关系中，过去被拒绝的痛苦情绪现在被重新激活了。朗朗得知，她儿子神经系统的连接方式使得他更难以被安抚。当她努力安抚孩子但孩子仍然在哭时，这样的观点可以帮助朗朗不再认为孩子是在针对自己。

反思性养育的语言

- 一位妈妈谈到自己刚出生的孩子。"我不认为我会像爱我的孩子一样爱别人。我满脑子都是她，只想和她在一起，其他任何事都不重要。"
- 一位新手爸爸谈到自己刚出生的孩子。"我太爱她了，连我自己都感到震惊。她这么小，但我就是喜欢在空中轻摇她或抱着她，这让我妻子很难过、很焦虑，但我也会像妻子一样保护女儿，而且我知道，我肯定不会让她摔下来。我的妻子有时抱怨说，我和女儿的玩耍妨碍了她在该睡觉的时间入眠。但我认为孩子需要一些充满活力的游戏，这对他们是有好处的。"
- 一位妈妈被哭闹的孩子从睡梦中惊醒。"孩子在哭，真可恶！我太累了，我真的不想起床！但是可怜的小家伙需要我，我最好去看看到底是怎么回事。"

家庭练习

- 每当你开始担心不知道自己在做什么时，请提醒自己，大自然并

第五章
大脑和母性照料

不要求你马上就能精通养育孩子的工作。事实上，大自然赋予你足够的本能，所以大多数时候你都在正确的轨道上。请提醒自己，你需要知道的关于孩子的其他东西会随着时间的推移而发展，因为你会了解这个新人是谁，他独特的个性和需求是什么，以及什么对他有用，什么不适合他。当学习的时候，你的大脑连接就会建立起来。

- 如果你感到不知所措，注意你是在接受还是在评判自己。你是否觉得自己不知所措很傻，你能找到支持吗？大多数父母对照顾一个新生儿要花费的时间和精力十分震惊。现在不是证明你是一个多么好的母亲的时候，如果你注意到自己变得沮丧，不要试图隐藏它。如果需要的话，可以让他人参与进来，可以寻求专业的帮助。

- 练习建立家庭的边界。你可能会让人失望，每个人都想来看你和孩子，你也想对每个人都很和善，但你需要保护自己，避免做太多的事，给自己太大压力。你可以友善礼貌地对待那些愿意帮助你的人。但是，如果他们的帮助没有用，拒绝也是可以的。如果他们在情感上很受伤，你可以表明你不是有意伤害或拒绝他们，但现在你需要做最有利于你和孩子的事情。祖父母可能特别敏感，他们很容易感受到被忽视，或者因为你不想要他们所有"了不起的帮助"而恼火，这是所有人的调整期。作为父母，你设定的边界是非常重要的。但也要承认，这将花费所有人的时间，来学习与他人交流互动的新方式。如果你能够理解祖父母乐于帮助的初心的话，你会在建立边界方面做得更好。

- 练习接受，有时婴儿就是很难取悦，你没有什么办法来安抚他。是的，通常他们的求救信号意味着他们累了或饿了，需要换尿布，想要你抱，想要你的摇晃或安抚，或者想要一点社交并看着你。但有时候你需要花些时间才能弄清楚，而且有时候什么都不管用。最终，你将会更好地解读他们的提示。即使当孩子们很难取悦，你做任何事情都不能安抚他们时，你也可以干点什么。你可以容忍他们的挑剔，并让他们知道你在那里，而且在试图帮助他们，这样他们就可以渡过难关。大自然给孩子们的难以取悦（挑剔）留有空间。只是不要把这件事当作是在针对自己，或者不要把这些与自己是不是个好父母联系起来。

- 请记住，原初母性贯注是真实的。在原初母性贯注的痛苦挣扎中，有点像在一种意识改变的状态中。试着记住，大自然将你置于此地是有原因的。试着让自己和其他人相信会走出困境，就目前而言，大家需要支持你并对你有耐心。

The Reflective Parent

第六章

大脑和依恋

联结的基础

第六章
大脑和依恋

> **大脑基础**
>
> 一种经验与生存的关系越紧密，发生的频率就越高，而且这种经验在人生中发生得越早，就越有可能被牢牢地编码在大脑的连接中。依恋就是这样一种经验。因此，依恋的大脑回路会对一个人产生深远甚至终生的影响。

当母亲和婴儿互动时发生了什么？

在出生时，甚至是在生命最初的几个月里，依恋关系并不会出现。一般来说，依恋关系需要大约9个月的时间才能得到充分的发展。从根本上来讲，母亲如何给婴儿提供可靠的调节，会决定依恋关系的建立。调节是指对孩子的需要给出回应，使孩子的身体生理水平和唤醒水平保持在一个平衡状态。依恋关系的发展需要时间，因为孩子需要时间学习可以期待什么。妈妈是一个可靠调节的来源吗？如果妈妈足够可靠，被称之为安全依恋的关系就会出现，这会让孩子感到安全和舒适，而且会让孩子知道当他需要时总有人可以求助（Ainsworth, Blehar, Waters & Wall, 1978; Waters, Hamilton & Weinfield, 2000）。可靠意味着"足够频繁"或者在大多数时候给予回应，可靠并不意味着完美！换言之，孩子知道即便妈妈偶尔会把事情搞砸，但基本上她是可靠的（Fonagy & Target, 2007）。

> ### 科学如是说
>
> 依恋可以让人更安全，更少痛苦
>
> 受试者处于类似身体疼痛的危险体验中，当看到依恋对象时，他们报告说感受到的痛苦要比没有看到依恋对象时少。他们的脑部扫描结果显示，与安全感的信号相关区域的活跃度增加，与疼痛处理相关区域的活跃度减少。

无独有偶，依恋关系的出现恰恰发生在孩子变得更加活动自如，有兴趣冒险去探索一个更广阔的环境的时候。这个时候，孩子需要知道当他们需要帮助时可以依靠谁——如果太过冒险，谁是他们可以返回的安全港。安全的依恋关系提供了一个安全的避难所，孩子可以从这里开始去探索，而且当他们需要重新建立联结时可以回到这里。安全的依恋是一个孩子有足够的安全感和自信心的起点，可以从这里开启他们的人生。安全的关系是有弹性的（灵活的），因为它不仅可以给孩子的依赖提供支持，将妈妈和孩子紧紧地联系在一起，还可以允许独立和分离。安全的依恋给孩子一种内在的幸福感、价值感和被理解感。依恋是一种当你需要时可以回到安全的避难所的感觉，一个人并不感觉孤单，可以依靠他人，也可以向他人寻求帮助。在成长过程中，它也可以培养孩子的热情、好奇心和复原力。

以下是一个安全依恋的例子。当桃乐西在奥兹国探险时[*]，好心的女巫让她安心，并让她一起敲击红宝石拖鞋，同时一遍遍默念："没有比家更好的地方了！没有比家更好的地方了！"当睁开眼睛时，她已经回到了堪萨斯州亲爱的婶婶和叔叔家。

---

[*]《奥兹国的巫师》是一部美国的儿童文学作品，讲述了小女孩桃乐西在奥兹国探险的故事。——译者注

第六章
大脑和依恋

依恋并不是要保证你的孩子总是快乐的。孩子们不需要总是快乐的！他们会心烦意乱、苦恼、失望和悲伤，他们需要空间来表达情绪。情绪与手臂和腿一样，也是我们的一部分。如果一个孩子的负面情绪太多，令他不堪重负，你当然会想要帮助孩子减少这些情绪体验。但是，在试图帮助他改变感受之前，首先需要了解这些感受。他们需要知道你了解他们的这些感受，这会使他们更愿意平静下来。依恋关系是孩子们预期日常人际关系的模板。有了安全的依恋关系，孩子就会对他人产生一种基本的信任感，这将提高他们与他人建立积极关系的能力。

调节

调节是指在多数情况下将婴儿的行为、身体的生理机能和情绪唤起状态保持在健康平衡的范围内。调节是一个动态的过程。想象一艘小船在左右摇摆，当船向一侧倾斜时，调节就是要保持小船处于直立状态，这样就不会翻船。进行调节并不意味着船总是处于直立状态，它意味着小船可以左右摇摆，每一次摇摆后，船长再把它调回中间的位置。另一个例子是将恒温器设置为20℃。当室温超过20℃时，恒温器就会打开空调，当室温低于20℃时，空调就会关闭。

从一开始，母亲和婴儿就会一起合作，帮助婴儿调节状态（Beebe et al., 2010）。例如，当婴儿饿了，母亲就会给婴儿喂奶。当婴儿吃饱时，自己就会脱开乳头。母亲和婴儿之间的社交互动是这一共同调节过程的另一个例证。母亲和4个月大的婴儿在一起时，喜欢互相看着对方，微笑并"交谈"，或彼此发出声音，互相分享他们的积极情绪。在这些情绪交流中，他们会保持音高和频率与动作的同步。比如他们如何触摸，如何微笑，以及眼睛睁多大。当情绪的兴奋程度太高时，婴儿会把目光从母亲身上移开，以此向母亲发出停止刺激的信号。这位具有情绪回应能力的母亲会读到信号，同时也把目光转向别处。通过这种方式，母亲把婴儿的唤起状态恢复到平衡状态，从而进行调节。妈妈和婴儿一遍又一遍地进行这样的调节之舞，他们一会儿上，一会儿下，上上下下地舞动。

通过这些共同调节的互动，婴儿逐渐学会独立调节自己的情绪（Beebe et al., 2010; MacLean et al., 2014）。婴儿在婴儿期与母亲同步的能力，与他们在2岁、4岁和6岁时能否有较好的自我调节能力有关。孩子们会学会如何进行自我调节，就像当初母亲帮助他们进行调节一样。依恋关系会影响母亲为孩子提供的调节，成为孩子进行自我调节的中介，并最终成为模板。

匹配—不匹配—修复

当科学家们仔细研究妈妈和孩子的互动时，他们发现调节的过程会以一种不稳定的方式进行。妈妈们会经历跟孩子情绪的调谐、不调谐和重新调谐的周期循环，还有对彼此非言语表情的匹配、不匹配，进而重新匹配来修复的周期循环（Beebe et al., 2010; Tronick, 2007）。当妈妈经常无法跟孩子保持同步或者太频繁的同步时，安全的依恋关系会受到损害。

如果父母们知道"三分之一原则"——这个原则与一种更安全的依恋类型和婴儿更强大的复原力有关——也许会让他们感到解脱。有安全依恋关系的母亲和婴儿只有三分之一的时间是调谐的，三分之一的时间是不调谐的，还有三分之一的时间会处于努力回到调谐的状态。作为父母，你不需要也无法一直和婴儿保持调谐状态，没有任何一个人可以做到，而且这也不会是一个好的尝试。匹配—不匹配—修复这三种不同状态之间的流畅切换，是大自然为孩子们提供的最佳设计。但是，非常重要的是无论出于什么原因，如果你和孩子彼此之间的关系出现了较大的裂痕，你需要找到一种方法去修复。这种修复不需要你即刻就去做——只要在相对较短的时间内完成就可以。

可预期性

当妈妈能可靠地提供情绪回应时，婴儿就能预期妈妈会有所回应。例如，一个小婴儿会预期"如果我们在一起开心地微笑，妈妈会一直跟我一起笑，直到我停下来（Tronick, 2007）。"如果婴儿所预期的没有发生，他就会很难过。这一点可以从对 3 个月、6 个月和 9 个月大的婴儿进行的"静止表情"实验中得到证明。在这个实验中，妈妈们被告知要像在家里一样和婴儿玩耍。紧接着，妈妈被告知要保持她的表情静止。尽管如此，婴儿会一直努力地让妈妈重新跟他互动，这一事实可以说明婴儿仍然希望妈妈能做出回应。如果"静止表情"持续太久，孩子就会放弃，并可能陷入沮丧和静止的状态。观看这个实验是件令人非常难过的事情，所以也不要在家里进行这样的尝试！

婴儿并不需要父母是完全可预期的。事实上，妈妈与婴儿在同步状态中不断切换可以为婴儿发展复原力提供学习经验。例如，一些婴儿并不会像其他婴儿那样被"静止表情"所困扰。事实证明，这些不被特别困扰的婴儿的妈妈不仅可以积极回应孩子，还会花很多时间来修复跟孩子情绪不调谐的状态。当回应性存在一定程度的波动时，婴儿可以认识到，在他们的生活中存在着一种全新的不同的跟重要他人建立关系的方式。他们会相信在重要的人际关系中，如果出现了愤怒、冲突和误解，那么这些都是可以被修复的。当婴儿跟父母之间可以重复足够多匹配—不匹配—修复的过程时，他们能更好地适应现实世界。因为并不是每个人都能跟他们进行完美地调谐，也不是每个人都会修复不调谐的状态。就好像这些匹配—不匹配—修复的早期经验，为婴儿抵御那些生活中注定要经历的坎坷和磨难创建了一个保护盾牌。

所谓的"陌生人焦虑",与其说是因为这个人是陌生人,不如说是因为他们是不可预期的,这种不可预期会让婴儿很沮丧。这些人没有一张可被预期的脸,他们也不会以婴儿期望的方式来进行互动。违背这种可预期性会给婴儿带来痛苦。这就是为什么婴儿在不熟悉的人面前会非常小心,这也是为什么婴儿要保有那些可以提供良好预期的主要依恋对象。一旦"陌生人"变得熟悉起来,并且可以被预期,孩子就会非常乐意去与其玩耍。

依恋让你成为孩子的向导

依恋对象是孩子寻求共情和理解的主要人物。依恋对象可以澄清正在发生的事情,引导孩子回应正在发生的事情,还可以让孩子知道当父母不在身边时可以信任谁。在分离期间,比如去幼儿园时,孩子会从父母身上寻求指导信号,比如:"这个地方安全吗?""我在这里会没事吗?""如果需要帮助,我应该去找谁?"

建立依恋时,有些孩子会遇到更多困难

一个以前对不熟悉的人完全放心,而且很渴望进入新环境,或者比较容易入睡的婴儿,现在表现出犹豫、小心甚至恐惧的迹象时,往往会让父母感到困惑。这是因为,随着孩子运动能力的发展,他们开始爬行或者学步,也会产生一种全新的意识,即跟爸爸妈妈分离到底意味着什么。反思性养育鼓励父母们看到积极的一面。在这种情况下,新出现的小心和犹豫是婴儿不断成熟的积极信号。

第六章
大脑和依恋

需要建立多少依恋关系?

婴儿可以建立许多依恋关系。然而,他们倾向于选择一个主要依恋对象。这个依恋对象是婴儿遇到困难时最倾向于去寻求帮助的人。他们仍然可以得到许多人的照顾,而且被照顾得很好,但通常他们只会去找一个人,尤其是当他们生病、烦躁、疲惫或痛苦的时候。

当婴儿生病或者很疲惫时,而爸爸和妈妈都在,婴儿可能只想去找妈妈,或者偶尔可能会找爸爸。一些父母可能会把这种现象误认为是孩子更爱父母中的一位,并将这体验为对自己的拒绝。然而对于孩子来说,依恋与爱无关!当孩子在遇到困难更偏爱父母中的某一位时,这不是针对个人的,而应该被看作是成长的标志。因为孩子已经意识到在应对自己的痛苦时,每个人所起的作用是不同的。有时候这种偏爱更多是因为他们知道谁会在身边,或者谁更容易让自己平静下来。但在有些情况下,比如当父母双方都去上班,或者都参与照顾孩子时,他们会选择谁就变成了一个谜。

有时候,当妈妈把孩子从保姆或者托儿所接回身边时,如果孩子表现出痛苦的迹象,即使妈妈们是最主要的依恋对象,她们也会感到很受伤。妈妈、爸爸、奶奶、爷爷、保姆都需要学会,不要把这一切当作是针对个人。当保姆回家时孩子看上去很难过,这可能会让人很痛苦,但是请记住,这并不意味着孩子更爱保姆。

依恋:从幕后到台前

在大多数情况下,依恋系统一直在幕后处于休眠状态,就像你根本不会注意到地板在支撑着你一样。当孩子觉得舒适和平静时，在幕后状态的依恋可以给孩子提供一种不引人注目的舒适感。有了这样的情绪根基，孩子就可以自由地玩耍、社交、四处探索。只有在遇到威胁的情况下，依恋系统才会被激活并进入台前，比如在睡前和其他分离时，当不熟悉的人在周围以及在新的环境时。一旦孩子感到安全，依恋就会回到幕后状态。这就是为什么如果孩子感到平静惬意，他们就不需要你的持续关注，或者不再需要确认你是否在身边。即使是年幼的孩子也需要一些"宕机时间"——看看四周或探索他们的手指。如果确实感受到了痛苦和威胁，他们的依恋系统就会启动，而且会向你表达需求。

这种依恋关系会贯穿整个童年期和青春期，一直持续到成年。不过随着孩子年龄的增长，它们进入台前的频率会越来越低，强度也会越来越弱。

依恋有时会出现困难

在依恋的过程中时而会出现困难，而这些困难的根源并不总是明晰的。有时是父母无法在孩子痛苦的时候提供足够可靠的安抚，孩子因而没有足够的安全感，也不太敢迈向外部世界去探索。有时困难的根源在孩子这一方，有些孩子会比其他孩子更敏感、反应更强烈或者更易激惹，并且更难以安抚。这些孩子往往比普通孩子更多需要父母的安慰和耐心。那些易激惹的孩子们更难将父母当作安全和抚慰的来源。在面对困难时，这些孩子往往要求父母有比一般人更多的毅力和包容心。通常在这些情况下，父母必须比平时更具有反思性。

跟早年依恋对象的经验会塑造我们的人生。如果你和父母的关系有困难，即使觉得已经克服了这些困难，你也可能会发现自己至今仍会受到童年旧有感受的影响。例如，你可能会感到自己被严厉地批评，或者有

第六章
大脑和依恋

很多不足，并且更容易对别人甚至是自己孩子的想法感到过分担忧。有这些过去残留下的感受是很普遍很常见的，但是你需要运用反思能力来防止这些感受过多地影响和孩子之间的关系。假如说你的父母让你觉得自己不可爱，你可以利用反思能力更多地关注孩子爱你、需要你的信号。

有些父母会因为自己仍然受过去掌控而感到羞愧。是呀，那些过往是很久以前的事了，但是依恋过程却深深地印刻在一个人的大脑回路中。这恰恰是大脑连接的方式，无须为此感到羞愧。你可以利用反思能力来调节或者抵消那些过去的感受，不过不要指望能完全消除过去的影响。

依恋类型

当婴儿感到痛苦时，父母和婴儿往往会陷入互动的关系模式中，该模式被称为依恋类型。母亲的依恋类型与她对孩子的痛苦有多少情感回应有关。婴儿的依恋类型，则由他（她）有多大能力可以利用母亲作为安抚的来源决定。母亲的依恋类型会受到其小时候的心理结构和经历影响。婴儿的依恋类型则是由他（她）的气质和适应能力所决定的（Lyons-Ruth & Spielman, 2004）。大脑是为了适应而组织起来的，即使是一个小婴儿的大脑也能在一定程度上适应和自己有很多差异的母亲。只要父母不太走极端，如过于情绪化、苛刻和隔离，事情就能很好地发展，父母和孩子就能形成一种健康的依恋关系。

大多数的母亲和婴儿都会形成安全的依恋关系，只有少数人会有不安全的依恋关系，而更少的人会形成混乱型的依恋关系。母亲的依恋类型会对婴儿的依恋类型产生一定程度的影响。

成人的依恋类型

父母的依恋类型可以通过结构化的研究访谈来评估，这种访谈被称为成人依恋访谈（Fonagy et al., 2011），在这样的访谈中，父母会讲述他们与自己父母的关系。

安全依恋的母亲

一个具有安全依恋的母亲，在回应婴儿的痛苦时是可靠的，并且能够安抚自己的孩子。她的孩子也更有可能形成安全的依恋。

不安全依恋：冷漠型或迷恋型的母亲

一个冷漠型的母亲，对婴儿痛苦的情绪回应较少，甚至是疏远和拒绝的。她会倾向于淡化处理婴儿的痛苦，或者试图不让婴儿表现出痛苦的感受。我们都会时不时地这样做，但如果这成为一种规律的重复的模式，对于孩子来说就会是一个问题。这些妈妈的孩子更有可能形成不安全的回避型依恋。

迷恋型的母亲是积极回应的，但是她们对孩子的痛苦非常焦虑，这也会导致她们在安抚孩子的时候遇到更多的困难。当孩子痛苦的时候，这些母亲也会感到痛苦，因为她们都很焦虑，也不知道该怎样表达共情。由于过于焦虑和情绪化，她们会侵扰孩子的生活。比如无法给予孩子任何独自处理问题的时间，过快地冲进来"搞定"问题。这些母亲的孩子更有可能形成不安全的矛盾型依恋。

尽管所有具有不安全依恋类型的母亲通常都需要一些额外的帮助，但她们不应该受到责备或者为此感到羞愧，她们养育孩子的方式正是自己曾经被养育的方式。她们在容纳孩子的痛苦方面有明显的困难。冷漠型的母亲利用距离来调节孩子的痛苦，迷恋型的母亲则利用过度保护和过度回应来试图赶走孩子的痛苦。这两种类型的母亲可以得到帮助，但只有当其他人可以共情并理解她们为何会这样，才能真正帮到她们。

第六章
大脑和依恋

不安全依恋：混乱型依恋的母亲

在安全依恋中，甚至在以上两种不安全依恋的类型中，父母的行为方式都具有高度的可预测性。即使母亲在情感层面达不到，或超过了孩子的需要，但至少在某种程度上她是可以预测的。即使跟一个不安全依恋类型的母亲在一起，她的可预测性至少能给孩子带来一定程度的安全感。因此，孩子知道什么可以预期，进而发展出一些解决策略来应对母亲的典型反应。

具有混乱型依恋的母亲则会在积极和消极情绪、爱与恨、吸引或拒绝孩子之间毫无预兆地摇摆——有时两者甚至会同时发生。这种可预期性的缺乏会对孩子造成不利的影响。具有混乱型依恋的母亲往往有创伤史——可能是在早年失去了主要的依恋对象，或者受到了某种虐待，这些困难还未解决或她还没有从中恢复过来。这种类型的父母是最难帮助的人群，他们通常需要非常多的帮扶。但好在他们仍是可以被帮助的。

不安全依恋类型的益处

从长远来看，即使孩子跟那些冷漠型或者迷恋型的父母在一起，只要不是太过极端，他们也可以有好的表现。事实上，冷漠型和迷恋型的养育模式也会有益处。迷恋型的妈妈很擅长表达关心和亲密，而冷漠型的妈妈则很擅长促进孩子复原力和自我满足能力的发展。反思性方法强调的是，只要父母不走向极端，即便有冷漠或者迷恋的特点，他们也可以对自己的养育充满信心。

婴儿的依恋类型

婴儿的依恋类型是通过一种名为"陌生情景"的研究方式来评估的。在这个评估中，婴儿会处在两种不同的场景中，一开始孩子会跟妈妈分开，然后再与妈妈重聚（Waters et al., 2000）。孩子在能否把妈妈当作安全、安抚和放松的来源方面会表现出不同的模式。他们的依恋类型主要基于与妈妈重聚时会出现什么样的行为和情绪状态。

安全型依恋的婴儿

当妈妈离开时，一个安全依恋的婴儿会感到痛苦；当妈妈回来时，他会积极主动地、开心地去找妈妈。他很容易被安抚，马上就可以从妈妈腿上下来重新开始玩耍。这类婴儿的妈妈往往很容易对孩子的痛苦产生共鸣，但她们仍能相对平静地表达她们的共情，并试图安抚她们的孩子。这样的妈妈是一个值得信赖的人，是婴儿可以寻求帮助的对象，而且他们也可以自由地表达自己的痛苦。一般认为这类婴儿在人生中会有更好的表现，因为他们认为别人对自己来说是有帮助的，同时也认为自己是值得帮助的人（Jacobsen & Hofmann, 1997）。大多数的孩子都具有安全的依恋。

回避型依恋的婴儿

在中产阶层中，有 15% 在家养育的 1 岁幼儿被归类为回避型依恋。当妈妈离开时，这些婴儿几乎没有任何外在的痛苦表现，而且当妈妈回来时，他们也不太可能去找她寻求安慰。他们的妈妈往往是冷漠型的，要么是过于淡化，要么拒绝回应孩子的痛苦。这就好像因为妈妈不是一个可靠的安抚者，所以婴儿也就不能自由地表达痛苦，并会压抑自己的情感需求。从理论上来看，这些婴儿正在适应一个不善于情感表达的妈妈，甚至可能会对情感的表达感到不适。因此，他们使用的应对策略是压抑和控制自己的情绪。这些婴儿学会了不去需要别人，这样当面对分离时他们看上去也不会那么不安。一般认为，这些婴儿在生活中会遇到更多的困难，因为他们会觉得自己是无价值、不被接纳的（Larose & Bernier, 2001）。

矛盾型依恋的婴儿

当妈妈离开时，具有矛盾型依恋的婴儿会表现出强烈的痛苦。当妈妈回来时，婴儿会靠近妈妈但却拒绝与她有所接触，甚至可能会把她推开。有时候，婴儿会去找妈妈，然后又退回来，因此我们使用"矛盾"这个概念。这些婴儿很难被安抚，而且常常很黏人，不愿进行任何深入的探索。尽管妈妈已经回来并试图安抚他（她），但他们会继续哭，需要一些时间才能安定下来。理论上这些婴儿已经使用了一种应对策略来适应妈妈。这些妈妈通过焦虑和痛苦来与孩子保持联结。因此，孩子也通过焦虑和痛苦与妈妈建立联结。从某种意义上说，这种方式会让妈妈感觉更舒服，但副作用是孩子需要更长的时间才能平静下来，就好像婴儿知道，焦虑的妈妈会让他们感到焦虑一样。他们需要妈妈，但和妈妈亲近并不总是那么舒服。矛盾型的婴儿往往具有消极的自我形象，他们会夸大自己的情绪反应来吸引注意力（Kobak, 1993）。

科学如是说

不安全依恋会让人生之路更加困难

- 具有不安全依恋的儿童在一生中的表现往往没有安全依恋的孩子好。例如，在婴儿期被归类为不安全依恋的孩子，在成年后更可能有一个更大的"杏仁核"，这会导致他（她）过于敏感于恐惧情绪（Moutsiana et al., 2015）。
- 具有回避型依恋的婴儿可能没有痛苦的外在表现，但在生物学水平上，他们的内在表现出高度的唤醒状态（Gander & Buccheim, 2015）。这表明，至少让孩子们在一定程度上表现出痛苦是更具适应性的，这样他们就可以发展出能使自己身体平静下来的技能。

混乱型依恋的婴儿

当妈妈在成长过程中有未解决的丧失或创伤时，婴儿更有可能形成混乱型依恋。这些婴儿对于亲密和距离上存在冲突，经常在亲近和疏远行为之间翻来覆去，甚至会在同一时间表现出两种行为，这是一种高风险的情景。这些妈妈和婴儿需要更多额外的帮助。好在这一类别人群的数量是最小的。但从长远来看，对社会来说这些父母和孩子可能是需要花费最多精力的。这些孩子更容易发展出严重的心理、社会或学业问题。他们更有可能卷入到法律问题中，很难就业，是最难治疗的人群。对这些人进行早期干预的代价也是高昂的，但从长远来看，早期干预可以通过减少未来在精神健康、社会福利、甚至监狱上的花费来节约整个社会的成本（Shonkoff & Phillips, 2000）。

在分类之外

孩子可以跟父母中的一方有安全的依恋，与另一方有不安全的依恋。安全的依恋也会随着环境而有所变化。某种极度压力的情况会压垮一个具有安全依恋的父母，使得他们不能提供曾经可以提供的可靠的情绪回应。有些父母可以对积极的情绪做出温暖的回应，而拒绝消极的情绪。有些父母跟小婴儿在一起会做得更好，而有些父母跟更大一点的孩子会做得更好。事实上，在某种文化中，冷漠型的父母是更为普遍的。

人格或气质会影响安全的依恋，尤其是当孩子的气质和父母的气质有着强烈的反差时。一位特别爱社交的父母可能会对一个害羞的孩子感到更为失望或不耐烦，而一个害羞慢热的父母可能会对一个爱社交的孩子感到更加易怒或焦虑。幸运的是，为了长远的健康来看，孩子们往往只需要一个安全的依恋对象。如果孩子跟妈妈是不安全的依恋，爸爸就可以代替妈妈。最终，很多父母会根据不同的情景而表现出不同的依恋类型。

第六章
大脑和依恋

依恋的神经生物学基础

大脑的一个基本用途就是满足我们的生理、情绪和社交需求。大脑的依恋系统最基本的目的就是保持母亲和孩子的亲密联结，以便母亲能够以一种温柔的养育方式来满足婴儿的需要，并同时照顾自己的需要（Lyons-Ruth & Spielman, 2004）。大部分参与母性照料的大脑区域和机能也都与依恋相关。

多巴胺：寻求奖励和提供动力

多巴胺为我们提供了离开沙发的动力。它是我们寻求奖励，寻求任何可以满足我们需求（例如，食物、性、成就和社交关系）的动力，同时它还可以让我们有良好的感受。奖励本身会促进多巴胺的释放，但是在寻求奖励的过程中会释放更多的多巴胺。所以不仅吃东西或达成目标可以给人良好的感受，努力获取食物，努力实现目标本身也会让人感觉很好。多巴胺是人们形成满足自己需要的习惯的基础。

多巴胺为母亲和婴儿互相亲近提供了动力，这也是为什么他们最终会形成保持亲密的习惯或"类型"。多巴胺可以让妈妈们一下班就赶回家，也可以让孩子们穿过整个房间迎接妈妈回家。

安全依恋的母亲和不安全冷漠型依恋的母亲在多巴胺方面存在着差异。安全依恋的母亲在与婴儿互动时，多巴胺奖励回路的活跃程度更高，而冷漠型依恋的母亲其多巴胺回路的活跃度则较低。由于多巴胺活性较高，安全依恋的母亲往往会比冷漠型依恋的母亲感受到并表达出更多的快乐，同时表现出更高的积极性。安全依恋的母亲们可以证明，高水平的多巴胺不止出现在婴儿微笑时，婴儿哭泣时妈妈的多巴胺水平也会很高。这可以让她们在安抚婴儿时更加执着。相比之下，大概由于多巴胺的低反应性，冷漠型的母亲会用一种克制、理性的方式来回应婴儿的微笑。

> **科学如是说**
>
> 大脑的差异与依恋类型的差异
>
> - 当安全依恋的妈妈看到孩子微笑或哭泣时，她们的多巴胺奖励系统、心智化系统、镜像系统以及边缘系统（比如情绪中枢）会有较高的活动水平。冷漠型依恋的妈妈的背侧前额叶皮层则显示出较高的活动水平。这一区域是大脑中与理性思考相关的区域。
> - 当安全依恋的妈妈和孩子玩耍时，她们的下丘脑（产生催产素并进行压力调节的中枢）和伏隔核（多巴胺奖励中枢）的活跃度更高，并会向大脑和身体释放更多的催产素。相对应的，那些冷漠型依恋的妈妈在和孩子玩耍时，表现出较低的活跃度。

皮质醇：应对与复原

皮质醇被称为应激激素。不过，它应该被称为"应对激素"，因为它为大脑和身体提供了管理压力的资源。

当妈妈和婴儿分开时，双方的皮质醇生产系统都会激活痛苦的感受和行为，同时也释放出在重聚时所需的能量。婴儿因为痛苦而哭泣，妈妈因为听到婴儿哭泣而感到痛苦，这些都是皮质醇的产物。当分离的痛苦减轻时，妈妈和婴儿都会停止产出皮质醇。虽然没有任何东西能够确保孩子可以在人生中有好的表现，但是帮助孩子调节情绪和压力的能力可以培养他们的复原力，而且这会在其终身福祉中发挥重要作用。

内啡肽：止痛和安抚

内啡肽一直以大脑的天然止痛药而著称，因为它们与阿片类药物如海洛因和吗啡有着相同功效。当一个人达成目标或享受令人愉快的奖励时，比如吃冰激凌、做爱或者服用止痛药等，大脑就会释放内啡肽（Panksepp, 1998）。如果说多巴胺提供了寻求奖励的动力和刺激的话，那么内啡肽则为参与这一过程提供了轻松的满足感。在养育的过程中，当母亲照料婴儿时，或者当母亲和婴儿在分离后重聚时，大脑会释放内啡肽，这正是所谓"重聚的安慰"的基础。一旦两个人重聚，内啡肽就会关闭多巴胺系统。当母亲和孩子对彼此表达身体的爱抚时，也会释放出内啡肽。换言之，重聚后的安慰和爱意会使母亲和孩子真正地醉心于彼此（彼此上瘾），但是这要通过一种健康的方式进行。

内啡肽可以提升记忆力，可以使人了解到什么东西是有益的，以及在哪里、如何获得这些益处（Panksepp, 1998）。这就是妈妈和婴儿熟知如何让彼此感觉良好的原因。当孩子和妈妈在一起时，内啡肽通过心率、呼吸频率和紧张度等不同身体感觉，为孩子创造了一个"情绪记忆库"，从而塑造了孩子对一般关系中舒适感和幸福感的期待。多巴胺和内啡肽为孩子将来对他人的期待奠定了基础，同时也可以帮助孩子们养成应对情绪和身体状况的习惯。

如果婴儿的母亲是满怀深情的，能够在婴儿痛苦的时候给予安抚，并且有效地应对与婴儿的分离和重聚，那么这些婴儿更有可能信任别人，并会对关系有积极的期待。当婴儿无法获得这些体验时，就不那么容易相信别人，并且会对关系抱有消极的期待。

> **科学如是说**
>
> 催产素水平较高的爸爸与孩子的社交互动更多
>
> 高水平催产素的益处也同样适用于爸爸们。当给爸爸注射催产素后，他们会表现出更多重要的养育行为，包括更多的触摸和社交互动等。有趣的是，这样的行为也会导致婴儿体内催产素水平的升高（Wiseman, Zagoory-Sharon & Feldman, 2012）。

催产素：照料与联结

催产素在依恋中发挥着非常重要的作用（Fonagy et al., 2011）。催产素水平较高的母亲更可能具有安全的依恋，也会有较好的反思能力。虽然母亲都会在孩子不开心的时候感到难过，但催产素水平较高的母亲可以用一种更平静更有同理心的方式来应对孩子的痛苦，从而更有效地安抚孩子。

依恋，疼痛，缓解疼痛

人们普遍倾向于用身体上的疼痛来描述分离的痛苦："我好心疼""我心碎了""心如刀割"。不管来源是什么，痛苦就是痛苦。和社交拒绝有关的痛苦与身体疼痛共用前扣带回皮层的大脑回路。社交拒绝带来的感受越糟糕，前扣带回皮层的活动水平就越高（Eisenberger, 2012）。另一方面，社交支持既可以减轻情绪痛苦，也可以减轻身体上的痛苦（Panksepp, 1998）。例如，当受到轻微的冲击时，处于长期恋爱关系中的受试者报告的疼痛较少，只要他们握住伴侣的手或观看伴侣的照片，疼痛中枢的活动就会减少（Eisenberger et al., 2011）。

催产素的作用说明，为什么妈妈在面对婴儿的痛苦时，感受到的情绪痛苦程度会有所不同。安全依恋的母亲看到婴儿伤心时，血液中的催产素水平会升高（Fonagy et al., 2011）。高水平的催产素能够让母亲感受到孩子的悲伤，但并不会过度难过，以至于无法帮助孩子。相比之下，不安全依恋的母亲其催产素水平也会更低，在孩子表达悲伤时会感受到更多的痛苦情绪，这使得她们特别难以安抚自己的孩子。

药物滥用的危害

所有精神活性物质释放出的多巴胺和内啡肽的数量，要大于现实生活经验所产生的。因此，药物滥用比照顾婴儿更能给妈妈"奖励"。物质滥用的母亲不会很积极地照顾婴儿，她们更有动力去寻找毒品，并且在她们的体验中，关系并没有什么意义（Strathearn, 2011）。由于婴儿的大脑仍在学习有关人际关系的知识，这些母亲的孩子可能会预期一种缺少回应甚至是忽视的关系（Rutherford et al., 2011）。即使母亲停止吸毒，她们对孩子的情感回应也可能会比较少，在母亲的角色中也感受不到快乐。

积极的方面是，那些物质滥用的母亲们也有能力让她们的孩子转危为安。有证据表明，在有关药物滥用的研究项目中，如果侧重于提高母亲的反思能力，提高她们对婴儿需求的敏感性，这些母亲能够重新建立起与婴儿的关系联结（Pajulo et al., 2006）。这些母亲的复发率也会有所降低。随着对孩子行为的理解能力的提高，她们能够感觉与孩子的联结更加紧密，也能够感受到更多的自信和来自孩子的奖励。这可以降低她们的压力水平，从而减少对药物的渴求（Mayes et al., 2012; Suchman, Docoste, Rosenberger & McMahon, 2012）。

依恋和反思能力

心智化系统作为依恋过程的一部分被激活。安抚孩子需要母亲善于反思，因为她必须能够从多角度来看待事情，能够认识到每一个问题都有许多潜在的解决办法，也能够容忍不确定性而不会变得过于焦虑，能够在需要时让自己平静下来。一个母亲如果觉得孩子铁定不会睡觉了，可以提醒自己，这不是真的。她可以告诉自己，如果第一种安抚方法不起作用，还有其他方法。即使这次孩子仍然很难安抚，也不必太担心，因为她知道有时候只是不知道发生了什么。母亲的反思能力可以给孩子的行为和表现赋予意义，并且可以让她将这些意义通过语言表达出来。研究表明，与不安全依恋的母亲相比，具有安全依恋的母亲似乎更能理解孩子行为的意义，并可以用不同的方式跟孩子交谈。

在依恋关系中，重要的是妈妈能够通过情感上的回应来安抚和调节孩子的状态。然而，想要具有安全的依恋，母亲的回应必须是"适度适时的回应"（marked-contingent responsiveness）。适度的意思是，妈妈是有回应的，但不会太强烈。这就要求她能够涵容自己的情绪，而这样情绪的强度就会刚刚好。适时的意思是，回应的时机刚好是孩子表达自己需要时。这需要她可以在孩子表达需要时给予共情。只有当母亲的情绪回应可以降低孩子的感受，但同时能够与孩子的需求保持同步时，才会形成安全的依恋。母亲的安全依恋与其更善于反思有关。所以，善于反思的母亲，能比不安全依恋的母亲更好地表达"适度适时的回应"。其中的一个因素可能是，安全依恋的母亲的催产素水平比不安全依恋的母亲要高。催产素可以促使妈妈形成"适度适时的回应"，因为它可以在孩子很痛苦时帮助妈妈保持冷静，减少痛苦的感觉。

> **科学如是说**
>
> 妈妈的语言可以充分体现其反思能力
>
> 在一项研究中，研究者要求安全型依恋的母亲和冷漠型依恋的母亲

第六章
大脑和依恋

> 精确匹配她们前语言期婴儿的情绪表达。这两种类型的母亲都擅长模仿婴儿非言语的情绪表达，但是在掌握婴儿行为的意义和使用语言来匹配方面存在着差异。安全依恋的母亲可以用语言表达对于婴儿可能正在经历的事情的深刻理解，而不安全依恋的母亲使用的语言则显得理解更为表面化。当然，前语言期的婴儿并不能理解词语的意思！但是，母亲的语言是她们能深刻理解婴儿表情的意义、理解孩子可能的体验的标志。

当父母未被很好地养育时，养育孩子会更困难

许多父母在童年曾遭受过创伤、虐待或者忽视。幸运的是，一些人找到了解决创伤的方法。这意味着他们开始意识到创伤对他们自己，以及对养育孩子的影响。他们也找到了适应性的方法来应对这种创伤。因此，他们变得善于反思，也可以进行情绪回应。但是，许多父母并没有处理掉这些可怕的糟糕的早年经历。研究表明，这会对他们与孩子的依恋关系产生负面影响。有未解决创伤史的父母可能会曲解婴儿的表情，或者对婴儿毫无兴趣。

基因不能决定命运！

与生俱来的基因会永远伴随着我们，给了我们某些内在的倾向，比如有较多或较少的情绪性反应，或者较多或较少的消极倾向（Saphire-Bernsteina, Way, Kim, Sherman & Taylor, 2011）。生来就不那么消极且情绪性反应较少的人，会有更多内在的丰富资源。当然，这些人仍然会遇到问题，我们所有的人都会遇到问题。但是，他们往往更乐观，有更强的掌控感，也拥有更高的自尊。当他们真的遇到问题时，他们不会被问题轻易打倒，而且会更容易重新振作起来。如果你是这样的，或者你的孩子是这样的，你应该感到幸运。然而，对于其他人来说，他们可能生

来就具有一些让他们更加消极、更容易悲观且拥有更低自尊水平的基因，这不是他们的错。生活对他们来说往往会更加艰难。

好消息是基因并不能决定命运！在一个温暖的养育环境中成长，可以抵消遗传倾向的影响。基因会受到环境的影响，这种影响通过一种叫表观遗传学的过程起作用。表观遗传机制给基因贴上了一个化学标记，使基因在不改变遗传物质的情况下降低了其所起的作用。这有些类似于在你漂亮暖和的毛衣上别了一个大头针，它虽然会穿透毛衣，而且会让毛衣不那么暖和，但还是那件毛衣。

一个积极温暖的养育环境和情绪的回应可以移除这个表观遗传的标记，因此，与催产素和皮质醇有关的基因就会变得更加有效（Champagne & Curley, 2009; Champagne & Meaney, 2001; Monk, Spicer & Champagne, 2012）。在相反的、缺乏温暖和情绪回应的环境中，表观遗传的标记会出现，而催产素和皮质醇的功能会受到损害。

> **科学如是说**
>
> 敏感性可以消除表观遗传标记
>
> 母亲的敏感性和养育水平较低，会导致表观遗传标记的基因阻断皮质醇的反应。这会对这些婴儿的高压力反应产生长期的影响。相反，敏感度和养育水平高的母亲，可以消除表观遗传标记，这反过来会改善皮质醇的阻断，从而降低孩子的压力反应。

如果你的孩子恰好属于情绪敏感的阵营，那么你的敏感程度和养育方式就更加重要了。由于表观遗传学的影响，苛刻地对待这类孩子会使得结果更加糟糕，而温暖则可以改善他们的情况。然而，表观遗传学并不会使已经很好的情况变得更好。如果你已经有幸拥有好的基因，你的孩子也是如此的话，那就无法再有所提高了（Monk et al., 2012）。好好珍惜它就好！

反思可以改善消极的状况

不安全依恋的母亲更容易有不安全依恋的孩子。有未解决创伤的母亲更可能会是混乱型依恋，她们的孩子也会跟她们一样。但是，如果这些父母能够得到帮助，更善于反思，他们就可以有所改善和提高。当那些疏远且缺乏同理心的父母更善于反思时，他们就能更好地意识到孩子对情绪回应的需求，这反过来也会改善他们与孩子的关系。父母们过于焦虑或者太过侵入的话，更多地进行反思可以提升他们看到孩子的需求的能力，他们的孩子需要的是较低的情绪强度和较远的情绪距离。研究表明，当妈妈找到治疗创伤的方法时，孩子更有可能建立更好的依恋关系。当母亲能够反思自己早年的经历，以及这些经历对孩子产生的影响时，她们就会改变与孩子互动的方式，并能将孩子成长的路径转向一个更为积极的方向（Iyengar, Kim, Martinez, Fonagy & Strathearn, 2014）。

先天遗传的缺陷，可能会导致一些女性在母亲角色中遇到更大的困难，而一些孩子在成为孩子的"角色"时也会有更多的困难。作为父母，你无法左右自己的基因，也不能干预自己遗传给孩子的基因，但你可以做一些事情来解决表观遗传对孩子造成的影响。一个努力尝试进行更多反思的父母可以扭转这一劣势。

反思意味着自我反省，弄明白你的孩子是谁。你，还有你的孩子，或者你们两个是否都对压力反应过度？当有情绪时，你、你的孩子、或者你们两个，是否更保守、更克制？如果存在这样的倾向，请记下来，并给它命名，但不要责怪自己和孩子。内疚、羞愧或者责怪某人内在的弱点，并不会对现状有任何帮助，反而会徒增压力，让事情变得更糟。请记住，即使是劣势也可以具有自适应的功能。正如前面所提到的，情绪化的人往往更能够共情，而不太情绪化的人往往表现出更强大的复原力。

另一个反思性的工具是，将你的心理状态与孩子的心理状态进行分离。例如，鼓励过度情绪化和焦虑的父母密切观察他们的孩子。他们注意到，通常孩子并不会像他们一样感到那么沮丧和焦虑。需要支持这些父母克制自己，不能总是试图即刻减轻孩子的痛苦。我们会鼓励那些更容易淡化孩子情绪的父母，去思考他们是否有一个更为敏感的孩子，也让他们思考，他们淡化的处理方式是否会对孩子造成负面的影响。假如会产生负面的影响，父母可以试着更多共情孩子，看看情况会有什么变化。因为这些父母在采用这一立场时会感到尴尬，所以他们通常需要支持。幸运的是，孩子们通常会对这些变化感到高兴，并且会给予父母反馈。这些反馈也许不是语言上的，而是会表现在行为和其他非言语的信号上。

不要被依恋的科学理论冲昏头脑

依恋的科学理论使一些父母错误地认为，任何形式的分离或者情绪的痛苦都会对孩子造成不利影响。他们可能在孩子出生后的第一年过分担心，因为他们认为到一岁时所有的一切就都结束了。这样的结论把科学置于了一种不平衡的境地中。孩子们需要亲密和舒适，也需要痛苦和分离。另外，一切并不会在一岁时就结束，在未来的几年里大脑仍然是可塑的。

依恋不应该是为了保护孩子免受所有的痛苦。依恋是为了处理和应对自然的痛苦和分离。所有的孩子都将会、也需要经历这些痛苦和分离。经历一些小的分离，比如单独睡觉，或者爸爸妈妈去约会、上班，孩子可以建立起一种情绪的免疫力。通过确认分离是可以忍受的，他们的痛苦就可以得到缓解，而且父母确实也回来了。孩子建立起来的安全感和自信将有助于他们建立起情绪复原力。

早一点当然好，但永远不会为时已晚！安全的依恋当然是好的，但是

第六章
大脑和依恋

过分强调它会给父母和帮助他们的人造成不必要的担忧。孩子的大脑是可塑的，而且孩子也具有适应性。当谈到孩子的发展时，1岁甚至3岁都不会是不可改变的，甚至依恋类型也不会就此定型！一开始就顺利当然更好，但我们仍有时间可以赶上。大脑还有重新建立连接的空间，而且孩子们对改善关系持有一种开放的态度。之前困难重重、太过情绪化的关系可以回到正轨，这将花费父母很多的精力和耐心。幸运的是，与泰坦尼克号不同，亲子关系的小船可以扭转方向。

善于反思

伴随着孩子的成长，你可以运用所有的反思性工具，与孩子们建立并保持一种理想的依恋关系。

当孩子难过沮丧时，大多数情况下需要的是非言语的动作，比如：表情、触摸、陪孩子坐在一起，以及用一种和缓的声音。即使在使用语言，你的声音和表情也可以捕捉到孩子的一些感受。例如，如果孩子在表达愤怒，当与孩子的情绪进行匹配时，你的声音中可能也会有略微紧张的感觉，而且面部表情上也会表现出轻微的愤怒。孩子越小，通常就会越多地落脚到非言语信号上，即使你在说话的时候也是如此。随着孩子年龄的增长，实际的言语变得越来越重要，但是非言语的交流仍然很重要。当你说"我很抱歉这样的事发生在你身上。我可以为你做点什么吗？"时，这句话的效果取决于你说话时的非言语因素。

共情

共情有很多形式；不存在某种唯一正确的方式。共情的关键是要表达你了解并且关心孩子经历的事情。你可以用温柔的话语，比如"我知道这真的让人很心烦"；也可以用一些不那么温柔的话语，比如"这太糟糕了"。当发生了一些不好的事情时，有的孩子可能会表达伤心和痛苦，而有的孩子则更可能表达愤怒或背叛的感受。对他们所表达的内容进行共情，但也要询问他们是否会有其他的感受。共情是为孩子的情绪提供的急救措施，也是父母教孩子学习情绪词汇的一种方式。因此，情绪调节过程包括了命名情绪，并把它们转化成语言这两个部分。每次和孩子一起经历这个过程的时候，你都在帮助他们调节并积累情绪词汇。

探索意义

拒绝总是令人痛苦的，但不一定会造成伤害。当孩子用消极的方式来解释拒绝时才会造成伤害。当孩子被拒绝时，你的角色是探索和澄清拒绝对孩子和你意味着什么。例如，有的孩子会将拒绝内化，认为拒绝意味着他们有问题、有缺陷或没有价值。需要帮助这些孩子认识到，拒绝并不意味着他们有什么不好的地方。有些孩子会把拒绝个人化，认为他们是唯一被拒绝的人。需要帮助这些孩子明白，其实每个人都会遭到拒绝！有些孩子会过于概括化，认为好像没有人喜欢他们，也没有人想成为他们的朋友。需要帮助这些孩子看到，即使有某个人不喜欢他们，但其他人是喜欢他们的，通过这种方式帮助他们不再以偏概全。有些孩子会将拒绝外化，并认为那个拒绝自己的朋友是一个非常糟糕的人。需要帮助这些孩子意识到，当有人拒绝他们时，这些人并不总是刻薄的、坏的。如果你的孩子不能理解这一点，他会更难信任别人，也更难在今后与朋友和好。

相信任何感受都不会一直持续

孩子们倾向于认为他们的不良感受会永远持续下去。事实是，不好的感受不会永远持续下去，它们会随着时间而消散。让你的孩子放心，不管现在感觉有多糟糕，虽然可能无法想象，但有朝一日他们会好起来的。

促进与他人的积极依恋

除了对你的依恋,支持孩子与他人形成积极的依恋也是非常重要的。通常这包括帮助他们管理在其他人际关系中产生的困难情绪。

帮助孩子保持开放的心态

有些孩子会在明明没有拒绝的情况下感受到被拒绝。孩子们常常会误解对方的意图。当和其他孩子一起做计划时,经常会产生误解,或者计划会有变化,而这些与想要排挤谁并无任何关系。当孩子感到被拒绝时,进行共情当然是很好的,但是鼓励孩子从其他角度去看待拒绝也很有帮助。以下是一些可能适用的观点,这些观点适用与否取决于孩子和具体的情况。也许这样的拒绝是暂时的;只有在操场上这一次,或者是那个朋友不喜欢和第三人一起玩;也许你的孩子没有被邀请参加聚会,是因为那个孩子的父母限制了人数。不论是什么原因,如果你的孩子能从其他不那么痛苦的角度来看待痛苦的情况,就可以增加孩子的复原力。

给孩子一些时间

如果你的孩子不开心,你不需要即刻就帮助他解决所有的问题。有些孩子可以慢慢地处理他们的感受,有些孩子还没准备好马上谈论这些。有时候,即便你什么都不做,孩子也会渡过难关。

有时候你只需要倾听

当我们对他人诉说痛苦,而他人认真倾听我们的诉说,我们就会感觉好很多,因为在感受这些痛苦时我们并不孤单。父母们往往会忘记倾听对于治愈孩子的痛苦有多重要。如果孩子现在不想说话,那就不要逼他,只要让他知道你随时愿意倾听就好。当他说话的时候,只要试着倾听就可以!你会发现这就是他想要的。

The Reflective Parent
反思的爱

亲子故事

- 一个不擅长社交的孩子。小佑是一个情绪敏感的孩子。他曾经在分离和过渡的过程中度过了一段非常困难的时期。在他 4 岁时，若周围有不熟悉的人在场，他仍会倾向于黏着他的妈妈玛丽。在生日聚会和游戏时间，他只想坐在妈妈腿上。玛丽对于其他母亲会对小佑可能有想法感到很不自在，所以她极力想让儿子从她腿上下来，但他拒绝了。玛丽开始认真地反思，最终意识到她的不自在（害羞）让她更加焦虑，而这也增加了小佑的焦虑。她如此强硬地把孩子从腿上拉下来，并不能帮助他建立起处理这种情况的应对机制。玛丽最终决定"谁在乎她们怎么想呢！儿子需要坐在我的腿上，直到他觉得舒服为止，我需要帮助他找到解决问题的方法。"她采用了一种相对平衡的方法来安抚和应对。她告诉小佑，只要他需要可以一直坐在妈妈腿上，但她也相信如果他决定从妈妈腿上下来，他会发现事实并不会像他想的那样可怕。她想出了一个有趣的声音，让小佑在准备好下来时轻轻地向她发出这个声音。她把这个关于分离的问题变得更有趣，也不再可怕。经过一段时间后，小佑可以更早地从妈妈腿上下来。参与到社交场合中，对他来说从来都不容易，但是他已经做得越来越好了。

- 一个最近变得执着的孩子。布莱尔是一个自信的妈妈。她 4 岁的儿子小森已经上了 5 周的游泳课，没有出现任何问题。到第 6 周时，小森拒绝去游泳池。妈妈觉得有必要让小森继续上游泳课，因为他很喜欢这门课，而且她已经交了费用。她对儿子为什么如此坚决不去游泳感到很困惑。布莱尔是一个严肃、善良而坚定的母亲。她认为孩子应该做一些对他有好处的事情，即使他会对此犹豫不

第六章
大脑和依恋

决。所以,她对小森说:"你以前来过这里,之前也没有任何问题。我不允许你在已经付钱的情况下不上课。别这样,不要让其他孩子等你。"通常情况下,布莱尔的做法都可以起效,但这次失败了。小森紧紧地搂着她的腿哭了起来。布莱尔对于要怎样做开始有些犹豫,也感到焦虑,她不喜欢这样的感觉。她带小森回家了,但对他很生气,当儿子想跟她玩游戏时,她拒绝了。看到儿子垂头丧气,她开始反思,然后大声说:"我想知道小森为什么不想进游泳池?我想知道有谁可以告诉我答案?"小森被妈妈滑稽的说话方式逗笑了,他脱口而出:"妈妈!那个游泳池太脏了,我会得虱子的。"布莱尔认为他是听别人这么说的,于是向儿子保证他不会得虱子。有了这个新的视角,她不再生儿子的气了。她的结论是,当孩子犹豫时,家长必须学会变得更加灵活,而不总是强迫他做某件事。在下一节游泳课上,小森径直走向了游泳池,没有遇到任何问题。

反思性养育的语言

- 表达不知道。"我看得出来你很生气,需要我的帮助,但我不太清楚是什么让你苦恼。"
- 表达你的不可预期性。"妈妈今天早上突然走了,没有像往常一样说再见,我知道这很令人难过。这件事吓到你了,即使我回来了,你现在也很难冷静下来。"
- 表达你的反应过度。"我知道你真的很不开心,妈妈很难过而且很生气。这吓到你了。我现在平静一些了,我们再试一次吧。"
- 表达你误解了。"我想你以前害怕的时候,我并没有意识到这一点,所以那时我没有帮你,而你还得自己处理这些问题。我很抱歉,也向你道歉。下次我会尽量做得更好。"

家庭练习

- 在一段时间里,当孩子对分离感到难过时,请特别留意你身体的感觉。你的胸口、肚子有感觉到压力吗?你的心率增加了吗?你肩膀的肌肉紧张吗?请触摸你感觉到压力的点,然后描述这种感觉。
- 在一段时间里,当孩子对分离感到难过时,请特别留意你的情绪。你可能会感到愤怒、害怕、无助、被拒绝、困惑、恼怒或绝望。也许每次可能不止一种情绪。承认这种情绪,然后命名它。更进一步是将你真实的感受告诉信任的人,那些可以理解你而不评判你的人。现在请留意那是种什么感觉?
- 在一段时间里,当孩子对分离或其他事情感到难过时,请特别留意有什么是源自你的童年?你孩子所经历的,必然会激起你对过去类似令人难过的情景的回忆和感受,请承认它们的存在。
- 如果过去的痛苦被激起,请照顾爱护你自己,认可并共情发生在你身上的事情。如果这些不够的话,就去找一个能够提供共情的人。另一种方法是想一想你希望父母做出怎样的反应。也许你很难想象严厉的父母是温暖的,或者过分焦虑的父母可以保持冷静,但这只是假设的练习。如果需要的话,你可以虚构一个想象中的父母。问题的关键是拥有一个仁慈的父母形象。这就像用希望父母跟你说话的方式来跟自己说话。这个技术被称为"育婴室的天使"(A. F. Lieberman, Padrón, Van Horn & Harris, 2005)。
- 在一段时间里,留意你是否对自己期望过高。例如,你是否总觉

第六章
大脑和依恋

得自己必须打理好一切？你是否很难向他人寻求帮助？如果是的话，试着承认你对自己期待过高了，并试着寻求帮助。例如，如果你跟搭档正试着给孩子进行睡眠训练，但是当孩子哭的时候你非常心烦，而且不知如何是好，你可以让搭档代替你去做训练。孩子并不需要你永远是英雄，你也不是超人。事实上，如果你能承认自己很脆弱，有时也需要帮助的话，孩子会做得最好。

- 在一段时间里，留意你是否对自己没有足够的信心。你会不会很快就对安慰孩子感到绝望？你是否倾向于认为其他父母能比你做得更好？如果是，做一些和自己对话的练习。不断提醒自己，不管孩子有多难过，他（她）最终都会好起来。告诉自己，即使孩子无法冷静下来，你仍然在帮助他，只需要陪伴他并尝试提供帮助就可以。告诉自己不要相信存在一种完美父母的神话，因为没有完美的父母！所有的养育都是混乱和不精确的。提醒自己，其他母亲在遇到问题时往往不会表现出来，因为她们有一样的感受。也就是说，她们和你一样对自己的养育缺乏安全感，担心别人会评判她们。

- 练习帮助孩子应对社交拒绝。不管是不被邀请参加朋友的聚会，还是被一起玩的朋友排挤，被拒绝都是痛苦的！你无法阻止被拒绝或被拒绝所带来的痛苦，因为这是生活中正常的部分。但是，你可以尝试做一些事情来帮助孩子减轻痛苦——不管多大年纪，当被拒绝时，我们都需要这些东西。帮助孩子认识到，有时候拒绝并不是真正的拒绝，不要把拒绝看成个人化的事情，接受并不是每个人都会喜欢自己这一事实，认识到即使是亲密的朋友有时也会伤害他们的感受。并且要让他们明白，有人拒绝了他们，并不意味着他们有什么问题。

The Reflective Parent

第七章

养育和压力

安抚与应对

第七章
养育和压力

大脑基础

大脑在中等压力下会处于最佳运行状态。太大或太小的压力都可能是有害的，而且会损害复原力。安抚和应对可以维持大脑的平衡状态。

父母是孩子主要的压力调节者！

压力一直有个坏名声。事实上，为了健康的生活，我们确实需要一定程度的压力！然而，我们必须很好地调节这个压力，这样一来我们可以平静下来，并且从压力中恢复。帮助孩子调节压力非常重要，以至于我们要用单独的一章来讨论这个部分。你和孩子形成的依恋关系使你成为孩子主要的压力调节者——当孩子遇到压力时，会求助她或他信任的人。最开始，主要的调节工作由你来做。当孩子慢慢长大了，你会把更多的工作移交给他们，这样他们就能进行自我调节。

大自然知道生活不是没有压力的！我们的大脑和身体都被设计得可以预期和处理压力。只要我们能够相对快地"缓解压力"，大脑和身体甚至需要一定的压力才能以健康的方式运行。大脑系统中内置了处理压力的机制，当我们无法独自处理压力时，可以求助他人。反思能力可以用来弄清楚孩子是否可以自己处理特定的压力，或者是否需要给他们提供安慰、安抚和支持以及一些可能的应对策略，来帮助他们复原并使他们的压力水平恢复正常（Grienenberger, Denham & Reynolds, 2015; Shonkoff et al., 2012）。记住，你需要先调节自己的压力，在帮助孩子之前，你必须先降低自己的压力水平。

压力、应激反应和压力复原

面对挑战时我们比往常需要更多资源，这种情况就是应激状态。应激反应是大脑提供额外资源的方式。尽管这些额外的资源可能是好的，但如果停留太久，最终会对大脑、身体和心理造成损害。因此，人们也需要复原压力来停止应激反应，并且将其恢复到平衡状态。父母作为孩子的压力调节器，可以通过安慰、认可和共情来帮助孩子度过压力恢复阶段，让孩子学会有效的应对技巧。

压力是主观的！对某人而言是压力，对另一个人来说可能就不是。对你来说是压力，而对孩子来说也许就不是。无论压力的来源是什么，每个人都有自己可以调节的压力水平。那些复原力更好的人较少处于压力中，并且可以恢复得更快。那些更加脆弱的人或者对压力反应更大的人，会较多处于压力中，恢复起来也更困难。我们所拥有的复原力会因基因、生物机理、年龄、气质、对人生的心理学视角还有个人经历而有所不同。

健康就是适应性地应对压力

健康不是没有压力。健康是当我们遇到任何压力时都可以应对，并可以适应性地恢复过来。科学家们用"良性压力"这个词来形容那些可以

第七章
养育和压力

构建复原力的挑战。这些挑战通过让我们更加积极、更有竞争力、更好地掌控我们的生活来构建复原力。当孩子第一次兴奋地滑滑梯时，当被要求在全班面前讲话时，当第一次到同学家过夜时，当正在为一个重要的考试学习时，或者当他们正试着在一个戏剧中扮演某个角色时，又或者他们正在进行工作面试时，面对的都是良性压力。良性压力就好像一次艰苦的锻炼。这个锻炼很有挑战性，甚至令人筋疲力尽，但当我们顺利应对时，它通常会让我们感到积极、有成就感并十分满足。

不良压力用来形容那些令我们难以承受以至于无法应对或者恢复的压力。它会让我们感到头脑不清、无法集中注意力、身体不适、分心、精疲力竭、挫败甚至沮丧。对于孩子来说，只要有可以进行压力调节的父母帮忙，不良压力就可以得到扭转。

金发姑娘原则同样适用于压力

在《金发姑娘和三只熊》的故事中，有一碗粥太热、一碗粥太冷，还有一碗粥温度正好。压力也存在一个"正好"的数量，"正好"的压力可以让我们的功能发挥处于最佳状态。这种"正好"的压力被称为一个人的最佳范围。只要我们处于这个范围内，不论是在工作，在学校，在参加课外活动，还是在玩耍，我们的表现都不会变糟糕。如果超出了这个范围，我们的表现水平就会下降（见图7.1）。因此，作为善于反思的父母，其角色之一就是当你或者孩子的功能发挥已经不在最佳范围内时意识到这点，并采取措施逐步回到你的最佳范围。

每个人都有一个"正好"的压力阈值，超过了这个阈值，人们就无法自己恢复，而需要向另一个人寻求帮助。当压力超过阈值而没有人可以帮助他时，这个人的功能发挥可能会受到严重损害。婴儿和年幼儿童的阈值比年龄较大的儿童和成人要低得多。你的角色就是去体察什么时候孩子要接近他们的阈值了，什么时候需要你提供安慰、支持、提供脚手

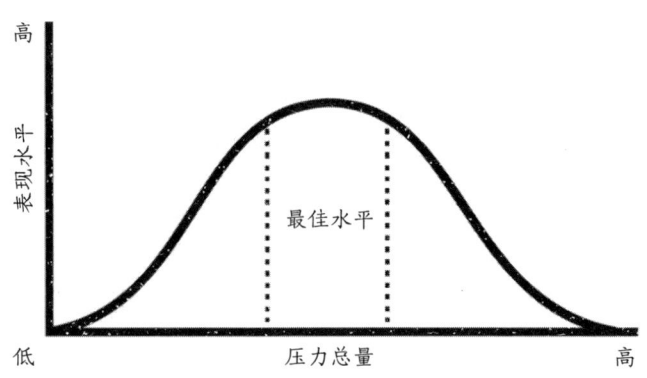

图 7.1 在最佳压力水平范围之外表现水平会下降

架以及应对技巧,这样他们就可以恢复到正常状态。不管喜欢与否,我们每个人都有自己的阈值,当超过时,如果寻求帮助,我们通常会做得更好。这是教给孩子和你自己的非常重要的一课。如果孩子的(压力)超过了阈值,他们就无法学习。作为父母,在你可以做任何指示和引导之前,必须先帮助他们平静下来。同样,作为善于反思的父母,你必须认识到并且接受自己的压力阈值。如果超过了压力阈值,你也无法帮助任何人。

当孩子无法自己从压力中复原时,正是大声呼喊或者发出需要信号并希望有人可以来帮忙的时候。具有反思性不仅可以让你感受到他们什么时候需要帮助,还可以感受到他们什么时候不需要帮助。他们需要你介入多少会随着发展而有所变化。反思的座右铭是"当他们需要时介入,当他们可以自我管理时请放手。"

回避压力会产生负面影响

当父母不承认或不谈论孩子的压力体验时,孩子也无法承认压力的存在(Borelli et al., 2010)。这会使孩子无法识别也无法交流他们的情绪困扰。虽然孩子的大脑没有意识到压力的存在,而且表面上可能看起来也很平静，但他们的身体生理指标显示他们已经处于高压力状态中。不幸的是，由于无法自我帮助，也不知道如何向他人求助，他们最终可能会处于长期得不到调节的压力之下（Borelli, Crowley, Snavely & Mayes, 2013）。

压力调节可以改善孩子跟同龄人的关系

孩子需要学习的重要一课是：不管举止如何，父母都会接受，但是同龄人却不会。造成儿童和青少年同伴关系不佳的一个因素就是无法调节消极情绪和压力（Morris, Silk, Steinberg, Myers & Robinson, 2007）。社交能力需要孩子在社交情景中感到失望时，以一种社会适应性的方式来表达痛苦。只要不过于情绪化、有敌意或者孤僻，同龄人不会介意他生气。一个无法忍受负面情绪的孩子更可能表现得不恰当，比如大哭或喊叫，社交退缩或者冲动地猛烈攻击。如果孩子的父母可以保持共情、支持和鼓励，同时又避免在面对孩子的情绪困扰时采取轻视、惩罚或者严厉的态度，那么更有可能促成更好的社交结果。因为他们更善于帮助孩子忍受不良感受（Morris et al., 2007）。那些情绪反应更强、较难忍受负面情绪的孩子，比一般的孩子更需要善于反思的父母。

安全依恋促进压力调节

婴儿与父母的安全依恋与较低水平的皮质醇有关——这是对压力反应性较弱的体现（Borelli et al., 2010）。另一方面，不安全依恋的婴儿和父母更容易对压力产生反应，在异常的或令人恐惧的情况下，皮质醇会处于更高水平。

压力时刻会损害反思能力

压力会损害反思能力，当压力减轻时，反思能力会恢复正常（见图

7.2）。即使是轻度的压力也会在一定程度上降低反思能力，并且会损害人们在需要复杂、灵活思考的任务方面的表现（Arnsten, 2009）。当父母的反思能力被损害时，他们就开始以一种更为直截了当的方式做出反应，他们的思维变得更加"非黑即白"。他们失去了洞察力，这会让他们感到绝望和无助，更容易误解孩子行为的含义。在压力之下，杏仁核会激活一种战斗、逃离和冻结的反应模式。在这种模式中，人们要么进入攻击模式，要么从压力源中逃开，或者停止不动。虽然每一种机制都可以应对真实的危险，但它们在亲子关系中是不适应的，而且还会损害亲子关系的联结。

图 7.2　当压力上升时，反思能力会下降

在高压力之下，即使是非常善于反思的父母也可能会失去一定的反思能力，而这会导致关系的不调谐和破裂，并会增加孩子的压力。如果你的反思能力在压力下有所收缩，那不是你的错，这恰恰是大脑运作的方式。这就是为什么反思性养育原则的目的是尽可能地降低父母的压力水平。

你是普通人，即使有时候会被压力淹没，但诚实面对压力也会有所帮助。你可以告诉孩子你现在压力很大，这是你的问题而不是他们的问题。如果你压力太大，以至于对孩子变得不敏感或不友善，但你还有一线希望，可以回去挽回局面："爸爸刚才在餐桌上压力很大，因为工作中发生了一些事情，所以当你打断我的时候我反应过度了。听我说，我们所有人都会感到有压力。我太小题大做了。如果我让你伤心了,我很抱歉。"孩子不需要你的大肆弥补,也不需要你深感内疚。只需要你承认他们的感受,并知道你为伤害了他们感到难过。孩子们可以接受他们的父母有时会有压力,而不总是温暖友善的。只有当这种状况发生太多时,他们才会无法处理,尤其是当父母不修复破裂的关系时。

当你处于压力之下时,克服压力的良方包括尽可能多地活在当下,聚焦于现在需要做的事情而不是那些将来可能发生的更加糟糕的事情。

压力和压力复原的神经生物学基础

各种工作的截止日期和照顾孩子的责任让人不堪重负,但不管怎样,仍需要把车送去修理,把漏水的水龙头换好。换句话说,你正承受着压力。压力会让你的胸部感受到压迫,心跳加速,肌肉紧张。它会让你的表情看起来很紧绷,你的情绪会变得焦虑和易怒,心智变得模糊,而且你的思维会加速运转。从生物学的角度来看,这其中的每一个元素都具有适应性。即使是注意力难以集中这样的因素也可以成为一个信号,这表明在压力之下你不应该做出任何重要的决定。

肾上腺素和皮质醇

应激反应会首先产生肾上腺素,它可以在短期内增强人的灵敏度、意识觉知,并能迅速做好准备。在这之后身体又会产生皮质醇,它可以提高人体的葡萄糖水平,并引发其他身体变化,为个体提供更大的耐力。

肾上腺素能帮助你处理眼前的、短期的压力情况。如果压力迅速消除,杏仁核就会停止分泌肾上腺素。孩子摔倒但不会受伤,就是因为肾上腺素的作用。具有较高水平应激反应的人,会因为某个人迟到了几分钟这样的生活小事，就开启肾上腺素警报。当压力持续更长的时间时，人体会分泌皮质醇。皮质醇会以一种缓慢的速度消耗资源，以此为个体提供更多的耐力、毅力和韧性。皮质醇可以增加兴奋度，促进葡萄糖的释放，血压升高，心率加快，呼吸频率提高，同时可以阻止炎症反应。皮质醇为我们提供了应对压力的体力和能量，并帮助我们调节自身的免疫反应。而且皮质醇实际上切断了所有的应激反应，以便启动复原过程。复原就像在高强度的锻炼之后进行的整理运动和休息。活动肌肉、发热、出汗、感到疲惫是有好处的，但在这之后你需要一个复原的过程。如果没有压力复原过程，一个人很容易患上躯体疾病、精神疾病如抑郁症等，并且会损耗人们未来处理压力的能力。

压力和免疫系统

当压力发生时，同时也会启动免疫系统来激活细胞激素。细胞激素会引起炎症反应和疲乏感受。请记住，我们的大脑和身体是从几十万年前进化而来的。在当时，游牧的狩猎者生活在更原始的条件下，他们会面临更多被伤害和感染的压力。尽管现在的生活条件更好了，但即使不会再遇到这样的情况，压力仍会激活炎症反应，从而让我们能够抵抗感染或者对伤害做出反应（Powell et al., 2013）。不幸的是，长期的炎症反应会损害人体组织，如心脏血管，增加过敏反应，甚至会导致自身免疫状况的变化（Powell et al., 2013）。如果你处于慢性压力之下，它会在编码细胞时发挥作用，使细胞产生过度侵略性的炎症反应，并对皮质醇的抗炎作用不那么敏感。

压力对大脑的不利影响

压力有利于应对威胁，但对社交关系会有不利影响（Arnsten, 2009）。肾上腺素会减弱前额叶皮质区的活动，这正是大脑进行社交的换

第七章
养育和压力

位思考和自我控制的中心。另一方面肾上腺素会增强杏仁核的活动，杏仁核是探测、回应和记忆威胁的中心。如果前额叶控制被削弱，你就会过度关注危险或其他有害刺激。在受杏仁核控制的过程中，由于更加关注威胁，有压力的人很快会变得更有压力。例如，如果孩子不开心，压力会导致你解读出更多的危险。压力过大的父母的前额叶皮层功能被削弱了，这使得他们更容易误读孩子的意图，做出冲动的反应而非理性的行为，也更不可能评估出孩子偏离目标的时刻。儿童的前额叶皮质不如成人成熟，这就解释了为什么承受很大压力的孩子更难集中注意力在学业上，他们更容易冲动，在解读社交线索时也存在更大的困难。

以反思的方式应对孩子的压力

反思可以让你感受到孩子在压力之下经历着什么，并可以根据孩子的特定状况来调整你的行动。反思能力在处理那些由压力—诱导思维而产生的压力上尤其有效。想保护孩子免受一切压力的愿望，以及我们能够且应该这样做的信念也会增加父母和孩子的压力。这是一个不可能实现的预期，只会让父母对压力过度担忧。当父母过于用力地保护孩子免受压力，或太快地介入去解决压力状况时，往往会让孩子缺乏安全感，缺乏自信，并对生活抱有一些不现实的预期。

相信压力是生活正常的部分，是可以被应对的，这本身就可以减轻压力，建立复原力。调谐的、反思性的父母可以在孩子们需要时介入，并帮助孩子调节他们的压力反应。但他们只在孩子需要时才会介入，并且知道应该什么时候提供应对压力的策略。这种方式可以促进孩子内在力量的发展，教会他们处理越来越多的压力，并且可以为他们提供工具来应对日后生活中出现的更大压力。

只需要陪伴就好！

当孩子处于压力情境时，父母们往往低估了陪伴在身边对孩子来说是多么重要。事实证明，所爱之人的现实存在就可以减轻疼痛，降低皮质醇水平，降低心率，同时减少对麻醉药物的需求（Coan，Schaefer & Davidson，2006；Krahé，2013；Lynch，1994）。即便是青少年也会表示，如果他们知道父母跟自己在一起，他们会感觉更好。

触摸的力量

人类彼此之间的触摸有益于健康。例如：相对于那些没有接受皮肤触摸的早产儿来说，接受皮肤触摸的早产儿会分泌更多的生长激素，并可以更早出院（Field，Diego & Hernandez-Reif，2010）。在压力大的时候，被抚摸、容纳、拥抱或者只是握着某人的手就可以让我们的神经系统平静下来（Coan et al.，2006）。有时候，只是轻轻拍拍头或者轻触皮肤，就足以让孩子平静下来。

容纳孩子的压力

容纳孩子的压力就好比为他们提供了一个更大的桶，让他们把自己的沙子放进去，这样沙子就不会溢出来。也类似于帮助孩子背很重的背包，压力可以变得更容易应对，同时也有所减轻。如果可以运用情绪调谐、认可、共情等反思能力来理解孩子内在所发生的事情，你就能更好地容纳孩子的压力。容纳也可以让孩子安心，让他知道自己并不孤单，让他可以从内在体验到拥有一个安全港湾的良好感受。这对于情绪和身体健康来说非常必要。

可以用安抚的声音、姿态和语言来跟孩子的情绪保持共鸣，比如，"嗯，我知道，我知道。这确实很难。"表达认可可以说："我能理解你为什么感到如此紧张。"表达共情可以说："我能感觉到你的感受。"强烈的

第七章
养育和压力

或大量的感受也会带来压力，因为它们会让一个孩子的资源不堪重负。那些想帮助孩子容纳压力的父母会说："我知道你现在感到很害怕，而且现在不知道该怎么办。我理解，我会在这里，我也会帮你。我们一起解决这个问题。"当有人可以帮你容纳这些强烈的感受时，这些感受就不再难以承受了。

如果你已经尝试去容纳孩子的压力，但孩子仍然很难过该怎么办？继续努力就好。你为容纳所付出的努力，甚至已经成为孩子压力恢复回路的大脑连接，但当你不在身边时，孩子可以转而依赖这些容纳功能，它们仍然可以增进孩子的内在恢复机制。

一个好的倾听者是非常好的容器。孩子往往希望并需要的就是你可以倾听他们的心声。他们不是在寻求建议、意见或者指导，甚至不是寻求理解，他们只想被倾听。所以，听着就好！如果你可以很好地倾听，孩子也会感觉很好，但留给你的都是孩子的压力和不良感受，这样也不要惊讶，这就是问题的关键所在。孩子正在进行压力转移，所以这些压力负担现在都放在了你的肩上。在大脑层面，当孩子求助他人来应对压力时，他们的应对系统就可以得到休息，以此补充储备。

调节并不意味着迁就

调节孩子的压力并不意味着要迁就孩子的要求，也不意味着允许他们以任何想要的方式表达苦恼，或者父母必须要总是温柔平静地说话。调节孩子压力很重要的一部分涉及对他们的行为设定限制，并且设立不应逾越的界限——但是父母可以用坚定、自信和相对平和的方式来做这些。限制可以让孩子感到更安全。不知道有什么样的规则，或者不知道外界有什么样的期望，对于孩子来说是非常有压力的。如果不给任何限制，孩子体验到的焦虑程度，跟晚上你在一个不熟悉的地方开车感受到的一样，你不知道路沿在哪里，不知道对面车道的分道线在哪里。

当孩子行为不当而你没有设定限制时，如果你很恼火，孩子就会感觉到你生气了，这会让他们感到焦虑、有压力。这甚至会诱导他们试探你的底线，试图找出你在这件事情上的真正立场。例如，一位妈妈对自己单身母亲的身份感到非常内疚，以至于当她15岁的女儿因为这点抱怨时，她没法适当地设定限制。她一直试图对女儿保持共情，并以理相劝，忽视女儿的恶意让自己多么难以忍受。但最终，她必须学会不让自己的内疚妨碍设定明确的限制。她告诉女儿什么是她愿意忍受的，并且学会了在女儿对自己太残忍时抽身，不再与她交流。这大大减少了女儿的不友善行为。

当你失控时，不是设定限制的好时机。设定限制时太过追求完美也不是一个好主意。虽然理想状态可能是保持平静，但有时候平静会给孩子带来太过冷漠、没有人情味的感觉。因此，有时侯父母必须表达些许的愤怒情绪，这会让父母看起来更真实，孩子也会更加认真地对待。最关键的一点是，不要让表达愤怒变成惩罚或刻薄他人。

当孩子发脾气时，有些父母不愿意认可、共情孩子的压力。因为他们担心如果共情、认可孩子的压力，就意味着必须按照孩子的需要和要求去做。但其实共情和认可只意味着你在反思，能够理解并看到孩子的观点，而不是同意或者屈从于他。例如，当因为工作的升迁需要全家搬到新的地方时，假如孩子说："我不想搬家，也不想去那个新学校。"父母可能会说："我知道谁都不认识的感觉挺可怕的。我知道这会很困难。"或者假设一个孩子不想穿衣服，他说："我今天不想上学，就因为把手机拿出来，老师就当着全班同学批评我。"父母可能会说："老师在全班同学面前发怒，一定挺可怕的。我能理解你很怕再见到老师。"父母并没有告诉孩子他们觉得孩子的感受正确与否，或者告诉孩子他们可以不用搬家或上学。他们只是让孩子知道他们"明白了"。他们没有迁就孩子的要求，也不同意孩子应对压力的方式。善于反思的父母意识到，在这么多的生活决策中,孩子必须做什么或者孩子该如何处理某种状况,其实最终还是取决于父母的决定。但即使是作为"决定者",父母仍然可以对孩子正在经历的事情给予共情、认可和支持。作为善于反思的父母,你可能会说:"我知道在这件事情上别无选择,对你来说是很困难的,很多孩子也可能会有同样的感受。但是我对你有信心,你可以应对这种局面。"

造成压力的态度和信念

你的想法会成为压力的来源,并且会让调节自己的压力或孩子的压力变得更难。"全或无"的信念,比如一个小错误意味着整个事情都被毁了,或者除非你是完美的,否则就是能力不足的,这些信念会让孩子在很多情况下更容易感受到很大压力。善于反思的父母会认识到这些适应不良的信念,并可以帮助孩子发展出另一种更为适当的信念。也可能是父母有着适应不良的想法,比如倾向于被最坏的情况的可能所困扰。如果孩子在4年级时不做家庭作业,父母可能会很恐慌,因为他们会认为这意味着孩子到高中可能没办法毕业。如果孩子在高一时在组织和安排方面仍需要帮助,父母可能会过于焦虑,认为这意味着孩子可能永远无法完成大学学业。反思性养育强调一种适应性的想法,即压力并不全对孩子有害,而且压力是可以处理的。可以利用反思能力来确认你是否有某种适应不良的想法,进而在必要时努力去改变它。

孩子的行为到底在表达什么?

一个真正有压力的孩子,其行为看起来很像"不良行为",需要加以限制或告诫后果。我们很难按捺自己的第一反应,想要去阻止不良行为或试图给他们上道德课。但是这种反应往往只会加剧他们的负性行为。反思性养育强调,当孩子承受压力时,他们往往会把表现得不得体、行为不当作为一种沟通方式,来告诉父母他们已经难以承受。当孩子在学校时被取笑了，他回到家中可能会比平时更多地在餐桌上取笑弟弟，或者谎称没有家庭作业。如果能"倾听"他们这样做是表达了什么，你会做得更好。设定限制并且教导孩子行为得体是很重要的，但是有时候你必须先把压力的"大火"扑灭。如果孩子们快要被压垮了，他们的头脑不愿意学习或解决问题，那么尝试给孩子上一堂课或让他们写作业都是没有意义的。

孩子们常常只会通过抱怨自己感觉不舒服来表达压力。例如，他们可能会在上学前说胃痛，或者必须做作业时感到头痛，或者必须睡觉的时候觉得口渴。当然，父母要确保孩子没有发烧，也没有呕吐。去给孩子拿水喝没有什么不对，但同时也要帮助孩子将身体感觉与感受联系起来。如果孩子回答说，"妈妈，我真的肚子疼"，这表明孩子仍在学习如何将身体与情绪、语言联系起来。

我们告诉孩子要"使用你的语言"，但是对于一个压力很大的孩子来说，可能太过不堪重负而无法用语言表达感受。我们需要教会孩子通过表达而不是打和抓来表达压力。但是，当他们承受压力时，最好记住此刻他们可能没有足够的资源来交谈。难道你从来没有太过疲惫或不知所措无法思考的时候吗？更不用说这时还要告诉别人是什么让你感到困扰。同样也要记住，孩子通常认为你可以读懂他们的心思，他们不需要告诉你自己有多不堪重负，他们认为你已经知道了。孩子感受到压力时出现困难行为，是因为他们感到挫败，因为你没有如他们所期望的那样读懂他们的心思。这可能是孩子大发脾气的根本原因——孩子会发现：你不是一个超人，不是那个总能读懂他们的心思并能解决问题的人。耐心并且共情地教会孩子——人们不会总能读懂他们的心思。这是许多人甚至成年人仍在学习的一课。

第七章
养育和压力

谁有更多的困难：孩子还是父母？

一个 15 岁的女孩正打算这周末去野外郊游，她的母亲感到压力很大。女儿因为和朋友产生了矛盾而难过，担心朋友们不想和她住在一起。这位母亲设想女儿在旅行中会被拒绝并且独自一人。她非常担心，于是对女儿说："你不一定非得去。"她女儿变得更加难过了。这位母亲按下了内心的暂停键，开始反思，并且回忆起在她十几岁的时候也发生过类似的事情，但当时没有人可以与她交谈此事。这仍是一段痛苦的回忆。这使得她意识到她比女儿更有压力。她可以看出女儿虽然很难过但是真的很想去旅行。她问女儿是否想谈谈，但女儿说："不用，妈妈，别担心，我会搞定的。"女儿最后去郊游了，并成功地解决了这件事。

父母们，请付诸言语

当我们能够用语言表达情绪痛苦时，它就会从内在平静下来。当使用大脑的语言中枢时，情绪体验中枢就不再处于主导状态了。例如，孩子打针后哭了，你说："打针很疼，是不是？"他们会说："太疼了！"用言语表达体验可以减轻一些痛苦。如果孩子不能用语言表达感受，那么若父母能够给感受贴上标签，并可以叙述他们可能正在经历的事情时，孩子就可能平静下来。即使没有完全正确地理解他们的感受，但你正在倾听并试图把他们的感受融入自己的话语中，这就给了孩子所需要的联结，这种联结可以让他们不那么担心。这证明人们可以通过语言来表达感受，也是孩子能够学习这样做的开端。

一切痛苦的感受都会随着时间的推移而有所改善

想象你很难过，觉得自己再也不会好起来了，感觉压力很大；或者当心烦意乱的时候，想象你迟早会好起来，后者更会让人感到安慰。痛苦、伤害、失望对孩子来说是很可怕的事情，因为他们以为这些会永远持续下去。但是，作为反思性的父母，你更清楚事实是怎样的。反思能力包括意识到所有感受都会随着时间的推移而有所改善，即便是非常糟糕的感受。孩子无法意识到这点，但是成年人应该明白。事实上，从已有经验中获得的这些知识，可以帮助你减少在面对孩子的困难时产生的恐慌或无助。不过，这并不是你要跟孩子说的第一件事情，因为首先要做的是共情，让孩子知道你理解他们的感受。然后在某个适当的时刻，分享自己反思性的智慧——无论发生什么，所有不好的感受迟早都会得到改善。孩子当下可能无法相信，但如果经常这么说，他们会内化你传达的信息，而且会在日后用上这些信息。

压力：仁者见仁，智者见智

你可能会觉得某种情况不会给孩子带来压力，而他们表现出的行为是不妥当、愚蠢且不必要的，或者你认为他们很粗鲁，又或者他们太软弱，被宠坏了。请记住，压力是一种主观体验。它是一种人们生物失衡的状态。当孩子有压力并大哭、打人或者抱怨时，不管你认为他们是否应该这样做，你需要从他们的角度来看，明白他们正处于一种失衡的状态。告诉他们不应该有如此大的压力，比告诉一个发烧的孩子不用感到这么热更没有意义。最好接受他们的感受，进而帮助他们应对正在经历的压力。

痛苦是孩子的，不是你的

通过非言语和言语的交流，让孩子知道你理解他们的感受，在情感上与孩子产生共鸣是很有帮助的，但你不需要真正感受到他们的感受。应该使用适度的共情——感受他们的压力，但不用太多，这样才能用一种帮助他们摆脱压力的方式来表达同理心。当父母的同理心让自己跟孩子一样痛苦时，反而会升高孩子的压力水平，最重要的是他们会担心自己让父母感觉很糟糕,伤害了父母。例如,儿子告诉你,他害怕考试会不及格,他永远也考不上好大学,如果你说:"哦,这太糟糕了!如果你真不及格那就太可怕了。"这样说只会让孩子感觉更糟糕。

正常化是明智之举!

也许一个压力很大的家长能听到的最让人安慰的话是:"你所经历的真的很普遍。这样的事情会发生在每个家庭!"父母们无法穿透墙壁了解到其他的家庭和孩子也经历了同样的压力情境。但如果成年人需要这样的话语,孩子们就更需要了。如果人们觉得他们所遇到的困难是所有人都经历过的,那就可以减轻他们所感受到的压力。无论何时,你都可以正常化孩子的压力体验。通常,你也需要提醒自己,这样的情况是所有孩子都会经历的。这样你就有了更好的状态,来帮助孩子意识到,失望、伤害和失败是正常生活的一部分。

你是成年人

反思有助于你正确地认识到谁是孩子,谁是成年人。当然,有时候孩子情绪低落、固执,不想做你要求的任何事情,这会让你很有压力。但你必须记住,他是孩子,你是成年人,你必须克制与他进行一场固执的怨恨之争的冲动。

父母希望孩子可以同情他们作为父母是多么的困难,多么有压力。对于父母来说这是很自然的,也是很普遍的。而且孩子也会以一种适龄的方式关心父母的压力状况,他们也会设法在某种程度上减轻父母的压力。但孩子是需要被养育的,不应该要求他们养育父母,不应该让孩子们感到自己有责任共情或者减轻父母的压力。可以让孩子知道你正处于压力中,或者希望他们暂时不要打扰你,或者也许你可以让他们在家里多帮点忙。这与期待孩子承担使你平静下来或者担心你正在经历的事情的这一角色是不同的。有时候很容易会这样，因为孩子们确实会共情父母，但父母需要意识到这个问题。这样，孩子就不会觉得需要为父母所经历的事情负责。一位母亲对她的孩子这样说："妈妈正在经历一段艰难的时期，我很感激你想让我好受点。但我也想让你知道，这是成年人的责任，不是孩子们能够或应该解决的问题，我会处理好的。"

保持谦逊

当孩子因为压力而发脾气时，这种恼人行为是想让父母知道他们需要帮助，把这点牢记心中很难。跟一个性情乖戾、脾气暴躁的孩子在一起，感觉到挫败是件很自然的事情。保持谦逊，是你可以送给自己的反思性小贴士。不是每个人的压力行为都能有这么好的适应性！你也会变得性情乖戾、脾气暴躁，因为你有太多任务要完成。请记住，即使是一个成年人，有时也希望或者期望别人能读懂自己的心思，并且知道在压力之下需要什么。也许这很幼稚，但是所有人都会时不时地这样做。

事实上，孩子也是幼稚的，并且希望你能读懂他们的心思。所以，你将以一种持续的方式向孩子澄清并教会他一个重要的功课：在大多数情况下，人们无法读懂别人的心思，他们必须让别人真正地了解自己想要什么、需要什么。如果你还记得在童年时期，自己用了很长时间才学会了这些，你应该能感到不那么挫败。即便作为一个成年人，有时候你也会因为认为孩子和伴侣应该能读懂你的心思而倍受困扰。

保持乐观

有益的压力就如同孩子在成长路上遇到的与其年龄相符的冲击。要看到与压力有关的人生功课的积极面——学习如何应对压力不无裨益——可以帮助孩子提高他们的胜任力和复原力。也许你女儿正在做一个课题，她很担心自己拿不到好成绩。你可以鼓励她，让她记住她有这个能力，

第七章
养育和压力

而且无须担心成绩,只需要关注当下,尽她所能去做就好。或者假设你儿子不是老师最喜欢的学生,他感觉自己被老师拒绝了。你可以认可、共情他的感受,说你知道这种情况很难,同时也可以告诉他,你相信他有能力学会如何应对。让他知道,我们都需要学会如何容忍我们不喜欢的事情,比如不被别人喜欢。

在童年时期经历这些,也可以帮助孩子更好地应对那些将来可能会困扰他们的,跟老板、同事和伴侣之间发生的矛盾。这就像锻炼可以强壮肌肉,提升耐力一样,有益的压力可以增加储备。在有益的可调节的压力下释放的化学物质,有利于孩子大脑的发展和学习。只有当压力有害时,无法调节的压力激素才会对大脑的发展和学习造成损害。

区分良性压力和不良压力并不容易,而如何减轻特定的压力也不总是轻而易举的。请记住这一反思性的想法,并教给孩子:"生活是混乱的,人们并不总是完全清楚什么是处理压力状况的最佳方式。"

给孩子一个机会

通过不断重复,孩子可以掌握技能。当学习一个新技能时,比如在操场上滑滑梯,或者建造一个高塔,或者在滑板车上学新技巧,孩子们喜欢一遍又一遍地重复。他们就是这样学习掌握新技能,并对自己的能力充满信心。发展掌握压力经验的技能也一样。如果太快介入去解决问题,就剥夺了孩子掌握这项技能的乐趣和能力。通过反思,你可以更好地跟孩子沟通,让孩子知道你理解他们的感受,也告诉他们这些压力体验是可以应对和掌控的(Fonagy et al., 2004)。

不指责、不贴标签

没有哪位父母喜欢孩子负面的压力行为,尤其是当孩子一直指责、拒绝、伤害父母的时候,这会让人非常痛苦。父母有时会有批评孩子的报复冲动，这也再自然不过，但并不会有任何帮助，还会损害孩子应对压力的能力。我们需要做的是支持而不是批评。例如，11岁的小柯是一个对压力反应非常敏感的孩子，他经常抱怨父母只关注弟弟，当他很沮丧的时候会发脾气、拍桌子。如果爸爸在忙，得等爸爸忙完再给他辅导科学作业，他会跺脚并大声抗议。小柯需要有人帮助他学会用一种更适应的方式来应对压力，这样他就不会总是给别人带来困扰。然而，小柯并不是一个坏孩子，不是不尊重别人。他只是生来比其他孩子更容易感受到压力，对压力的应对也更差。不幸的是，爸爸把小柯的行为看作是在针对他，并称小柯为"戏剧大王"（小题大做的人），这让小柯愈加恼火。需要记住的一点是：所有人都会有压力，尤其是孩子。因为他们的前额叶皮质区还没有发育成熟，这也削弱了他们换位思考的能力。当孩子被负面情绪所困扰时，他们可能不太会合作，且不太能够在社交上有得体的表现。

作为父母，需要考虑如何更多地保持共情，而少去评判孩子压力下的表现。试着把孩子的自我中心看作一个发展议题，而不是一个性格问题。即使你认为他们不应该那样做，但你需要承认并接受他们正处于疲于应付的时刻。当然，清楚地告诉他们如何自我控制也是非常重要的。只是当这样做的时候，请不要攻击他们的性格，避免羞辱、责备或者口出恶言。例如，称孩子为小宝宝或者被宠坏的小孩儿，只会让事情变得更糟。如果孩子在有压力时大发脾气，即便你已经告诉他们需要找到不同的应对方式，但更有效的做法是接纳他们的状态，并且理解他们正处于困境中。有时候，父母所能做的就是扛过孩子压力大的时刻，同时要小心不要把孩子的反应当成个人恩怨，这样父母就不会因为贬低孩子或对孩子吹毛求疵增添额外的麻烦。希望你足够幸运可以有朋友和亲人的支持，如果没有，你可以从一个反思性的养育团体中受益。这个团体可以为你提供支持，并帮助建立更强的反思能力，这样你就可以更好地调节自己的压力水平。

第七章
养育和压力

重新建构、重新解释

作为人类,我们都渴望可以为发生在自己身上的事情找到一个理由。我们的心智和大脑也很乐意为此效劳。大脑和心智会掌握一切唾手可得的解释,然后创建与此相关的情景,以此来验证它们的结论是正确的。由于大脑构建了经验,同时因为心智是行为的基础,所以我们所感受到的以及我们所表现出来的,更多源自自己的观点,我们对事件的解释要多于事件本身。同样令人震惊的是对现实的感知,大脑会寻找任何可以支持现有观点或解释的细节,并且能很快对如何理解正在发生的事情得出结论。这就是为什么当一个人觉得没有人爱他的时候,会很擅长看到别人对他的拒绝,但却看不到一直以来大家是很爱他的。一旦得出结论,我们就很难以其他方式来看待这种境遇。难怪人际关系这么难处理,它需要我们做很多工作!反思性养育旨在通过帮助父母重新架构自己的观察,同时对其他可能性保持开放的态度,来克制他们想要证明自己观点是正确的这种冲动。

在帮助有压力的孩子方面重新建构尤其有效。在社交情景中不自在、焦虑的孩子,或者追求完美主义的孩子,常常把批评误读为别人不喜欢他们,或者认为自己有问题。这里呈现一些重新建构的可能性:"仅仅因为老师批评你并不能代表她不喜欢你。""当一些人批评你时,并不意味着你不好,也不意味着他们就是对的,那只是他们的意见,跟你到底怎样无关。""也许有些孩子爱批评和评判别人,但是大部分人不是这样的。他们会更担心自己而不会注意你穿了什么、做了什么。""每个人都会犯错,犯错并不意味着你是个失败者。犯错不是灾难,只是人类本性使然。"当然,我们希望孩子可以建设性地接受批评,也希望他们尽量避免犯错。但要做到这一点,他们首先需要学会不要给批评或犯错赋予消极的意义。

重新建构拒绝往往也很重要。以孩子感到被同伴拒绝为例,孩子越多地将拒绝解释为同伴的恶意,就会越难过,越容易有攻击性;他们越容易觉得自己无力改善这种状况,就越难跟同伴相处好。那些更少认为同伴有恶意的孩子,往往觉得可以掌控局面,也不那么难过,攻击性也更小,也就可以跟同伴们相处得更好。一些可以重新建构的可能性包括:"我知道有一些欺负人、刻薄的孩子,他们想让别人不好受,但是大部分的孩子都不是这样的,即便他们会表现出拒绝。通常情况下,如果孩子表现得很刻薄或者拒绝你,可能只是陷入了自己的问题中,而不是针对你。""我知道你觉得梅利莎故意伤害你的感情,但也许她并不想这样,她甚至都没有意识到让你难过了。"

没有正确的观点

假设孩子压力很大,但你无法帮他们减轻痛苦,该怎么办?让孩子做他们不想做、不能做或者害怕做的事情更好呢,还是什么都不做?反思性养育会说,没有正确的答案,要有灵活性!神经生物学表明,只要不过于坚持己见,也不过于纵容,孩子们无论采取哪种方法都会做得很好。这也表明,对于一些孩子来说,你坚信他们可以处理好、情况会好起来,就足以让他们平静下来。然而,其他人则可能需要一些额外的帮助,或者需要时间来恢复和补充能量。

逆境和不幸带来的压力

社会中的很多孩子很可怜,身处逆境,在非常有压力的环境中长大。例如:贫穷、破碎的家庭,父母患有精神疾病、物质滥用、经受暴力,或者受到虐待和忽视。如果一个孩子经受压力时无法得到父母的安慰、支持、理解和安全的保护,那么这种压力会是有害的,会对孩子的大脑和身体以及社交、情绪和认知发展造成长期的负面影响。虽然这种情况可能永远不会直接发生在你的家庭中,但从长远来看,这些弱势儿童受到的伤害最终会对整个社会造成负面影响。经济学家已经证明,帮助在不利环境中成长的儿童所需的社会服务成本低于这些儿童长大后所

第七章
养育和压力

需的费用,他们的辍学率、犯罪率、物质滥用率、失业率和对社会福利系统的依赖率都较高。好消息是,提高儿童的父母或其他主要照顾者的反思能力是具有保护意义的,并且有助于预防这些压力的负面影响(Grienenberger et al., 2015)。

亲子故事

■ 压力是可以应对的。

莱丽是一位丧偶的妈妈,她抚养着小儿子乔治。在乔治3岁时,他的父亲在一次事故中丧生。莱丽因失去丈夫而感到悲痛、恐惧和愤怒。乔治在父亲去世之前一直都很开朗,而现在他很悲伤、害怕和愤怒。儿子没有父亲这件事一直牵动着莱丽的心弦,独自一人面对这件事令她不堪重负。她担心自己无法给予乔治所需要的一切,也害怕儿子一生都会感受到这个缺憾,她还担心无法帮助儿子抚平创伤。尽管很悲痛、很恐惧,但莱丽是一个非常善于反思的妈妈。她尽她所能地倾听、抚慰并让乔治感到安心。她能够共情、认可儿子失去父亲的所有感受。她以一种适龄的、体贴的方式回答他的问题,尽管这些问题激起了她自己很多痛苦。她像任何正常的父母一样,时不时也会犯错,但她一直都跟儿子在一起。随着他年龄的增长,她也会教他如何应对特别困难的情况,比如当人们问起他父亲的情况,或者看到其他孩子在体育活动或学校活动中和他们的父亲在一起。他需要一些时间才能回到欢快的、充满活力的状态,而在妈妈的帮助下他可以做到。

■ 不要把压力个人化,尽量不要惊慌。

8岁的贝林哭了,因为她哥哥在取笑她。学校里的一个朋友拒绝和她玩，老师也不经常叫她，这些都让她很伤心。当妈妈说不让她多看电视时，她勃然大怒。12岁的凯文因自己起青春痘而感到丢脸，他喜欢一个女孩并被对方发现了，感到很尴尬。他开始取笑妹妹，并在餐桌上发脾气。14岁的莫妮卡正为即将到来的考试担忧，她对必须做的家务活感到很愤怒，对因为参加家庭聚会而不得不缺席足球训练而终日闷闷不乐。孩子们的状态对父母来说是很有压力的。他们的妈妈蕾西几乎要哭出来了，她感到很受伤，并质疑自己是否做好了自己的事情。他们的父亲迈克对他们的不良行为感到愤怒，并觉得没有被尊重。爸爸妈妈尽了最大的努力进行反思。他们将这些情况正常化，并认识到孩子们正经历着成长过程中常见且必须经历的压力。他们尽量不把孩子的行为看成是针对自己的，这样他们才能保持共情。他们减轻了无助和烦躁的感觉，因为他们牢牢地记着，自己不能也没有必要解决所有的这些问题。

■ 设定限制以容纳压力。

虽然已经2年级了，但乔伊每天早上都会抱怨上学，他收拾得特别慢。妈妈美格意识到这是分离焦虑，因为一旦在学校忙起来，他就没事了。她尽力去理解，并与他谈论他的感受，而且还教他处理这种情况的技巧，但一切毫无改善。当美格开始自我反思时，她想起她当警察的父亲是如何避免谈论感受的。一天早上，姐姐生病了，她不得不独自乘坐校车上学。她哭着央求爸爸开车送她去学校，爸爸说："不行！上车去，不要哭了！"她记得爸爸说这话时很严厉，让她很受伤，她也记得"当校车接上越来越多的孩子时，我就没事了，我知道自己可以应付这些"。这对她来说是显而易见的，父亲的严厉让她很受伤，这些经历使得她过于共情孩子，而不像她父亲那样冷酷无情、麻木不仁。这些都使她无法让儿子清楚地知道她的期望是什么。她意识到她必须直截了当，清晰而且自信地对待儿子。"乔伊，家里的每个人都有自己的责任，而你的一个责任就是按时做好上

第七章
养育和压力

学准备。爸爸和我相信，如果我们不教你如何承担责任，我们会成为不称职的父母。所以无论发生什么，我们希望你可以自己准备好。我们也相信你能处理好。"相比具体的语言，美格清晰而坚定的感觉更为重要。

■ 改变你的观点。

蔡丝和她11岁的女儿奥丽正处于很大压力中。奥丽把家庭作业拖到了晚上，然后想让妈妈一直陪着她，帮她做作业。蔡丝心怀怨恨，并且认为女儿很懒，一点也不考虑妈妈。所以她不断唠叨，不断施压，要求女儿早点完成作业。然而，当蔡丝反思时，发现她自己是多么的无助。因为很长一段时间以来，她一直想教会女儿如何更快地完成家庭作业。她认为到目前为止，自己应该能让女儿有一个更好的作业计划了。她感到内疚，认为自己不是一个好母亲，因为一个好母亲会很乐意和女儿交谈，也会愿意辅导她的家庭作业。蔡丝开始重新建构这个情况。她意识到女儿拖延是因为焦虑，而且在做作业时很容易感到不堪重负，所以她会回避做作业。这可以帮助蔡丝不再对女儿生气，并可以让她认识到她需要关注安抚女儿，而不是跟她争吵。她也认为自己是一个好母亲，因为她知道帮助女儿养成更好的作业习惯是非常重要的。这种积极的重构帮助她更有效地解决了女儿的问题。

反思性养育的语言

- **适度的共情。** 说话的内容和语调可以像这样，"哦~我~的~宝~贝。好啦，好啦。我——真的很抱歉"，以一种接近孩子压力水平的语调来表达，但不需要完全等同。
- **通过联结来安慰。** 任何可以表达孩子并不是独自一个人去经历的话语，比如："我就在这里；我和你在一起；记住你并不孤单，我们会帮助你的；如果你想要我帮你，我很乐意帮忙；但如果你不愿意，也记住我随时有空。"

- 通过倾听来安慰。"我真的想听你说说发生了什么。我保证我只会听，不会打断或给建议。"
- 通过重新建构建立复原力。"我知道，现在看来因为没有被选中填补空缺，所以你感觉一切都很糟糕，觉得永远不会成功了。但仅仅因为你没有被选中并不意味着就无法成功。你所想到的所有成功的人都会有没被选中的时候。通往成功的道路是多种多样的。"
- 通过相信孩子建立复原力。"我知道你很难过，但我相信你会找到克服这种局面的方法。我很愿意帮忙，但我有信心你也能想出好主意。"
- 通过鼓励战胜挑战来建立复原力。"现在真的很难，而且我知道这些困难让你很想放弃。我完全能理解这种感受，我自己有时候也有这种感觉。但从我了解的所有经验中，我认为放弃可能会让你更难受。如果面对它，并且尽你最大的努力，最终你会感觉更好、更强大。"

家庭练习

- 留意孩子是如何应对挑战的。注意孩子在以下几方面是否有这样的表现：（1）孩子似乎有能力应对挑战，甚至对独自面对挑战感到很兴奋；（2）孩子看上去犹豫不决或者有些焦虑，但如果稍事等待，他们就能够自己处理这些事情；（3）孩子看上去心烦意乱，但如果给予安慰，他们就能平静下来，并且可以很好地处理问题；

第七章
养育和压力

（4）孩子看上去很难过，需要花时间安慰他们，给他们提供不同的视角；（5）孩子似乎需要你介入帮他们解决问题。孩子越小，你需要越多地使用（3）（4）（5）项的方法。对于年龄较大的孩子，你可以更多地使用（1）（2）（3）项的方法。

- 父母非常善于提供帮助，以至于他们常常忘记询问孩子是否需要或想要帮助。你可以练习使用"想知道"或"以防万一"的方式来提问："我想知道你是否需要帮助"，或"你可能不需要任何帮助，但我有一些想法，也许你会感兴趣"。

- 制定一个压力清单。是什么导致了你的压力？又是什么导致了孩子的压力？描述一下你和孩子如何表达压力。想一想你和孩子在压力来源和表达压力的方式上有什么相似或不同。想想孩子对压力的反应是更多地来自先天遗传，还是更多地来自学习和经验。

- 更多地了解你自己。想想你是一个在压力面前相对冷静、有复原力的人，还是一个对压力反应比较大，且在压力状况过后复原困难的人。当孩子感到有压力时，你是更多地就事论事，还是更有可能在情绪上对孩子表达共情理解？当孩子感到有压力时，你会鼓励孩子"排除万难"，还是会鼓励孩子先休息一下？我们推荐你在家中完成这个功课，是因为这样的自我反思是很难的！可以说是需要勇气的！特别是如果你发现在某些方面你可能"需要改进"。

- 聚焦于孩子本身以及孩子的优点。收集一些你和孩子可以很好地应对压力情境的事例。一个人总会很好地处理某方面的压力。例如，你可能特别擅长应对多任务压力。纵然对于一些压力情境你无法很好地应对，例如，当孩子们在争吵时，你可能完全不知所措，但你可以很好地应对别人生病，或者很擅长处理丢了钥匙的压力。你也可以用同样的方式，收集一些孩子能从哪些压力中迅速恢复的事例。

The Reflective Parent

第八章

养育：从婴儿期到童年期

第八章
养育：从婴儿期到童年期

大脑基础

大脑的迅猛发展主要发生在妊娠期、婴儿期和青春期。经验会刺激新的神经连接的增长。不断重复的、重要的经验会刺激大脑形成更稳固的连接。孩子可以与父母或其他主要照看者建立起一种有情绪回应的关系，这是大脑健康发展的前提条件。

你在理解、安慰、共情、认可、忍耐、建构、换位思考、设定限制和教会孩子应对技巧方面的努力，实际上是在建立孩子的大脑路径（Shonkoff & Phillips，2000）。各种活动给大脑提供了刺激、挑战，还有与他人的社交经验。但就大脑的发展而言，真正重要的是日常生活中你与孩子的关系状态——对孩子生活中所发生的事情，你是如何跟孩子互动和交流的。即使是反思性养育也不能保证孩子不会有任何问题，没有任何东西可以保证这一点。反思性养育可以做的是增加孩子健康发展的机会，并使孩子能够更好地处理他们所遇到的问题。

你无法掌控孩子那些与生俱来的"天赋"，比如气质、才能、优点和弱点。你能掌控的是孩子如何更好地管理他们的天赋。你如何对孩子进行情绪回应，以及如何帮助孩子学会保持平静，约束他们的行为，解决问题并重整旗鼓，这些都有助于创建出孩子获得成功并与他人相处所必需的大脑回路。你和孩子的关系也一同为孩子以最适应的方式应对生活铺设了合适的大脑回路。

幸运的是，大自然是宽容的，给不精确的回应和精确的回应都留下了很多空间。孩子甚至不需要或者也不会受益于完全精确的回应。所有针对健康的科学测评结果都表明，父母与孩子大约有三分之一的时间可以情绪同步，有三分之一的时间不同步，还有另外三分之一的时间是在试图重新回到同步的状态。只要孩子能够信赖你，认为你会对他们内在发生的任何事情都做出情感上的回应，并且修复回应错误的时刻，孩子的大脑就可以健康地发展。父母情绪回应的可靠性比为孩子提供的任何特定的刺激或活动都更重要。

大脑发展：主要议题和重点

反思可以让你走进孩子的内心。现在，神经科学技术可以让你走进孩子的大脑。大脑发展依赖于经验，这意味着孩子实际所拥有的经验，特别是亲子关系的经验决定了大脑的连接。基因为神经元及其连接的走向提供了基本草图；经验可以对这些神经元及其连接进行调整，并使大脑具有自己的特点。人类大脑的连接之所以依赖于经验，是因为嵌入在基因中的通用图谱并不能满足孩子成长环境中的一些特定具体的要求。经验的发展可以让每个孩子都能获得他们所需要的大脑，以适应生活的环境。这里有一个思维实验来说明什么是依赖于经验的发展：想象一下，一位建筑师为建造一座房子制订了施工计划。但是，承包商并没有按照计划来建造房子，而是在施工期间邀请拥有这座房子的家庭来实地考察。当工人建造房子时，会根据家庭的实际需要和愿望对施工计划进行调整。可能某间屋子变大了，某扇门被加宽了，甚至有几堵墙和窗户被移走了，在最初的计划中这些是没有的。

第八章
养育：从婴儿期到童年期

真正影响长期成就的能力是自我管理能力、社交中的换位思考能力和复原力。父母将会对这些能力所在的大脑区域产生最大的影响。不用担心自己需要一直正确地做某事，因为发展中的大脑具有极大的可塑性。

大脑发展的原料、过程和模式

关系塑造了大脑的发展，同时还影响着大脑运作的速度、效率和可靠性。孩子的大脑在出生之前就开始发育了，而且会持续生长直到成年（Gazzaniga，Ivry & Mangun，2002；Tau & Peterson，2010）。大脑发展的原料包括：神经元和它的轴突，以及与其他神经元进行连接的树突；突触，神经元之间相互连接的部分；还有髓鞘，在轴突周围形成的由脂肪物质构成的绝缘层。大脑发展包括三个基本的过程：过度生长和修剪、突触重塑、髓鞘化。

大脑的生长有一个独特的模式，它会经历三个迅猛生长的时期，每一个迅猛生长期后都会有一个对多余部分进行修剪的时期。第一个迅猛生长期发生在孕期，第二个是从出生到3岁时，第三个发生在青春期。在每一个迅猛生长期中，神经元和突触都会经历一个过度生长的过程。这可以让孩子在学习方面具有极大的潜力。当孩子获得新的技能和知识时，那些被使用的神经元和突触会保留，而那些未被使用的神经元和突触就会被修剪掉。过度生长和修剪有些像演员在电影中试镜时所发生的事情。电影导演有一个电影剧本，需要30个演员。在试镜时，开始会有1000人参与。过一段时间，一些表现不佳的演员会被淘汰，而另一些演员则表现得很好，可以获得更多的试镜。最后，原来的1000人就缩减到最有才华的30名演员，这些人将出演这部电影。

修剪那些未被使用的神经元，可以改善大脑回路精确度。那些在修剪后保留下来的回路会被髓磷脂包裹，并对它们的突触进行重塑，如同电线被塑料绝缘层包裹一样。髓鞘的作用是加速电信号的传导，使得大脑能够更加迅速地处理信息。想象一下这个过程是如何运作的，它就像一条单车道的高速公路，那里的车速往往会比较缓慢。为了提升速度，工程师增加了超车道，这样经验丰富的司机就可以超过行驶较慢的汽车，更快地到达目的地。在髓鞘化的神经元中，电信号可以跳过某些节点，以更快的速度移动。

突触的重塑取决于电信号在特定突触间传导的频率。当突触接收更多的信号时，它们会释放出更多的神经递质，这会增强突触间的连接，并且可以让信号在下一次更快地通过。当出现相反的情况时，即突触接收到较少的信号，连接就会被削弱，进而释放较少的神经递质，下一次信号则不容易通过。重塑，就是为什么一旦我们多次重复某项技能，这个过程会变得越来越容易的原因。突触重塑有些类似于工程师改变交通灯的计时来调节交通流量的过程。想象在一个新社区建设的城市道路网，交通灯被放置在各个交叉路口，在任何一个方向上红灯和绿灯的计时都是相同的。随着时间的推移，一些道路会比其他道路的利用率更高，而且在很多地方，十字路口会有一条路上有很多汽车，而另一条路上则只有很少几辆汽车。工程师最终会调整绿灯的计时，这样繁忙的道路比不繁忙的道路会更容易通行。

科学如是说

大脑趣事

在出生时，婴儿的大脑只有成人大脑的 1/4。到 12 个月时，大约会达到成人大脑的 3/5。到 5 岁时，孩子的大脑几乎与成人大脑一样大（Kolb et al.，2012）。

第八章
养育：从婴儿期到童年期

大脑的发展是一个"反向"的过程，即大脑区域是从后往前进行"连线"的。感觉区域首先成熟，接着是运动区域，然后是前额叶皮层，这是大脑管理执行功能所在的区域。就好像大脑先雇用了员工，然后再雇用经理，最后才雇用董事长。

神经元和突触的生长与孩子学习某样东西有关，比如学习新的行为技能或者认知能力。修剪、髓鞘化和突触重塑与孩子掌握某项技能，并且更精确地掌握他（她）所学到的内容有关。正因为如此，我们会将修剪、髓鞘化和重塑的过程看作大脑回路成熟的标志。

孩子发展的里程碑

孩子所具备的每一个新的技能或能力，都是他们大脑回路连接（成功）的结果（Kagan & Baird，2004）。发展的里程碑可以被认为是孩子大脑中逐渐展开的发展时间线的外在表现。你们之间的关系会对大脑的发展产生影响。

无论你使用的是抚慰，还是鼓励孩子在阅读中放慢速度的方式，或者让他们思考撞了别人、跟别人抢玩具时对方的感受，或者教会孩子遵守规则并为他们的行为设限时所用的方法，这些指导都会激活孩子大脑中的特定路径。你越经常重复这些学习经验，孩子大脑中这些回路的连接就越牢固、有效。这是你遗留在孩子大脑的东西，当你不在身边，孩子独自一人时，他们会使用这些大脑回路。

从子宫到童年末期的发展轨迹

在怀孕期间，你可以感觉到，也可以在超声影像上看到，子宫中的胚胎已经发展出了一些技能，比如踢腿、吞咽和吮吸拇指。这是因为大脑运动和感觉区域中的基础回路已经开始形成连接。第一波神经元和突触的快速迅猛生长发生在婴儿出生之前。在怀孕后期，胎儿的大脑每分钟可以生长出大约25万个新神经元，在出生时会达到大约100亿个神经元（Eliot，2000）。人类大脑中神经元的峰值出现在孕期第28周时。是的，没错！孩子的大脑所拥有的神经元数量将与你怀孕7个月时胎儿大脑神经元的数量一样多。在怀孕第34周时，大脑每秒会形成近4万个新的突触。在婴儿出生时，大脑已经得到了充分的发展，婴儿可以看到、听到；有味觉、嗅觉、触觉；还可以感受到情绪，感受到疼痛；可以活动、吃奶；还会对你的脸产生兴趣，甚至模仿你的一些嘴部动作。婴儿学习如何跟你以及外界建立关系所需要的所有能力均已就位。

从出生开始到生命的前3年，大脑会经历第二个神经元和突触快速迅猛生长的时期。通过修剪、髓鞘化和重塑，大脑的成熟过程也随之开始。然而，与第一次快速的迅猛生长并会在3岁时结束不同的是，大脑成熟的过程会在随后缓慢地发生，一直持续到孩子大约11岁时。迅猛生长过程中形成的多余神经元和连接，会让孩子在第一次学习某个动作时，一开始显得很笨拙，乱七八糟。成熟则可以使孩子更加准确和协调地做出他们的动作。

过多的（神经元）连接解释了为什么婴儿试图伸手去拿玩具时，会在所有方向上活动他（她）的手臂。就好像你的孩子最初会有太多可能的活动方式。经过一段时间后，他们会弄明白要做什么样的动作，这会引起对未使用连接的修剪，这样孩子就可以更加精确地伸手去拿玩具。孩子学习阅读也是同样的过程。起初，他们会用手、耳朵和眼睛，指着单词，大声读出字母或单词。最终由于未被使用的连接被摒弃，保留下来的连接则得到加强，孩子可以只用眼睛默读。

语音识别就是一个关于迅猛生长和修剪的通俗易懂的例子。迅猛生长可以让婴儿在言语方面识别或再现任何语言的发音。在婴儿6个月大时，

第八章
养育：从婴儿期到童年期

修剪可以让他们开始识别并且模仿母语的发音。孩子从用整个手掌抓握蜡笔变成用拇指和食指握笔就是一个大脑运动区域成熟的例子。前额叶大脑回路的成熟，使孩子能够发展出控制行为和冲动的能力，尽管在教室后面有一些有趣的东西会分散他们的注意力，但他们仍然可以继续坐在幼儿园（教室）里。

无论何时，当你因为孩子的笨拙或者困惑而倍感挫败时，可以想象一下，你正将一个地址输入导航系统中，系统给出了上千条你可以选择的路线。这就是孩子未修剪前的大脑，换作是你也会感到非常困惑！关于及时修剪的重要性，无论怎样强调都不为过。某些发育延迟的情况，比如孤独症，就被认为是大脑生长速度过快而没有得到及时修剪的结果。

从4岁到7岁左右，随着大脑开始大量删减多余的连接，修剪过程也越来越激烈。在此之后，修剪的速度会有所减缓，但修剪的过程会一直持续到11岁左右。从4岁到7岁期间的快速修剪过程是形成自我控制能力的开始。因为在这个过程中，连接大脑感觉、运动、情感、语言和记忆的区域与前额叶皮层"控制"中心之间的大脑回路得到了修剪。修剪可以让你的孩子做好入学准备，因为前额叶皮层的抑制功能可以帮助你的孩子坐得住、握好铅笔、写下他们的名字，等待轮到他们的时候，并在小组中合作——所有这些都需要相当多的自我控制。

社会化儿童的诞生：2至4个月

婴儿大约在2到3个月大时，哭的次数会减少，社交性的微笑会增加。他们关注所有物体、面孔和声音的能力也有所增加。到4个月大时，婴儿开始特别地注意新奇、陌生的刺激。在这个月龄，婴儿需要并且会寻找很多面部的交互，而且会对照看者的表情非常感兴趣。他们也开始形成对母亲如何回应、外在世界如何运行的预期。

婴儿的预期是他们发展依恋关系的第一步。只有当孩子成长时，预期才会变得更加稳固。请记住预期的重要性，下次当孩子抱怨你答应过给他们买热狗，但你忘了买，没能给他们热狗吃时，孩子可能会很难过并且会抱怨道："但是你答应过的！"尽管这可能很令人沮丧，但是期待你许诺的热狗的能力能让你 3 岁的孩子知道，他们可以预期你会来幼儿园接他们，从而可以让他们在上课时间保持冷静。

自我控制的诞生：7 至 12 个月

在 7 至 12 个月大时，前额叶皮层发育的激增，是婴儿首次出现工作记忆和行为控制能力的原因（Gilmore & Johnson, 1995）。工作记忆可以在短期内保留并处理少量信息，所以它可以被用于一些特定的任务。有关工作记忆的经典例子是：听到 10 位数的电话号码，并且需要记住这些号码超过几秒钟。不到 7 个半个月的婴儿没有工作记忆。如果在隐藏和找回之间存在任何延迟的话，婴儿就无法找回隐藏的对象。大于 7 个半月的婴儿展现出了工作记忆的开端，因为他们可以记住对象，并在两三秒的延迟后仍能重现。到 12 个月时，他们可以在 10 秒后成功地重现这些对象。

一个可以说明行为控制的例子是：5 个月大的婴儿会用双手去够任何物体，不管这些物体是大还是小。而 8 个月大的婴儿会伸出一只手去拿小的物体，伸出两只手去拿较大的物体。

工作记忆与认知成就具有高度相关。当孩子在阅读某段文章时可以快速回答有关段落的问题，而不需要回头看文章，他就使用了工作记忆。工作记忆对于解决问题至关重要。因为工作记忆可以让孩子牢记一些可能解决问题的方法，甚至在使用之前尝试哪个方法更合适。工作记忆很脆弱，容易被分散注意力的事情干扰。这样的事情会发生在如下情景中：你要求孩子打扫自己的房间，当他接完电话后，会忘记回去继续完成打扫。这里的重点不是为了证明健忘的合理性。问题的关键是，同时记住几个信息对任何人来说都是困难的，对于儿童来说尤其困难，因为他们的前额叶皮层仍然处于成熟的过程中。

自我的诞生：12至24个月

推理能力的出现，是大脑的感觉区域与社会性情绪区域连接增强的结果。这使得2岁的孩子能够推断出别人头脑中所发生的事情，到了2岁的时候，婴儿就可以从母亲的目光中推断出答案，这意味着他们只需要从母亲的一瞥中就能知道玩具藏在哪里，或者在哪里可以发现有趣的东西。进行推理，也是为什么当孩子看到某人陷入困境时表现出共情行为的原因。例如，当有人的笔掉下来时，孩子会帮助他们捡起笔来。

到2岁时，孩子们就可以对被禁止的行为进行心理表征。例如，当被要求做不符合家庭规范的行为时，他们会犹豫。这种能力与大脑左右半球之间神经连接的潜在增加相对应。最有可能的解释是，与父母的批评和惩罚相关的情绪更多地被保留在大脑的右侧，而父母使用的词语的含义则更多地保留在大脑的左侧。

这个年龄的孩子出现自我意识的标志包括：可以在照镜子时认出自己；具有引导父母进行某些行为的能力；会因为不能模仿他人的行为而感到苦恼，也会因为可以做到这些而感到自豪；可以用言语描述他们正在做的事情。自我意识的萌发也与大脑两个半球之间不断增强的连通性有关。由于大脑的右侧半球主导人类的情绪和感官，而左侧大脑主导言语、思维和意义，所以，两侧半球之间连接的增加，可以将孩子意识到的感受和意图联系在一起。

能力的诞生：2至8岁

在这个阶段，孩子获得了更强的自我控制能力，更好的语言技能，更强的记忆力，以及对因果关系的认识。当一个孩子在5岁到8岁之间，这些能力会把他（她）变成一个"可教育的人"，并能承担一些责任。这也是为什么这个年龄段的孩子经常被认为"准备好上幼儿园了"。7岁左右，孩子们开始意识到他们对世界的影响，并开始好奇为什么事物会按照自己的方式来运作。例如，他们可以看到自己笨拙的行为是如何弄坏另一个孩子的玩具的，并且会为此感到自责。他们能够认识到，如果他们在解决某个问题上犯了错误，这个错误与他们没有仔细考虑其他解决方案有关。

这些能力与大脑的独特变化有关。大脑的这些变化主要包括以下几方面：负责所有高级认知功能的大脑皮层得到了快速生长；大脑左右半球连接回路髓鞘化的激增；每个大脑半球内部的连通性增强；大脑各区域之间的交流加速。大脑神经网络的修剪会一直持续到孩子11岁时，可以进一步完善、巩固他们最新获得的所有能力。

给孩子的最佳学习方式提供支持

孩子们通过自我发现和试错实验来更好地学习。在探索之后，他们会向父母展示他们所发现的东西，而且他们想要一次又一次地重复这个发现的过程，直到他们掌握了所要学习的东西。作为一个反思性的父母，你的角色是支持和回应这样的学习。当你观察他们的行为时，当他们向你展示或者告诉你他们学到的东西时，当你们一起一遍又一遍地讨论这些时，这个过程巩固了学习中涉及的所有大脑回路，也包括了孩子的执行控制中枢。由于孩子想要反反复复做某事，你容易感到无聊甚至恼火，请试着记住，是重复让学习变得持久。

孩子可以做得很好并不仅仅是因为学习了技能和实例，恰恰是心智发展让他们知道了该相信什么，如何思考这些技能和实例，以便能以适应

第八章
养育：从婴儿期到童年期

社会的方式来使用它们，并同时与他们的个人目标、家庭的价值观和期望保持一致。你通过锻炼孩子的心智来使其发展。当你谈论人们的感受、意图和那些有助于解释他们行为的信念，并让孩子参与这些对话时，你就是在锻炼他们的心智。鼓励孩子在行为、感情、信念和意图之间建立起联系，并与你分享。对于孩子是如何把这些联系在一起的，你并不需要表示认同，但你需要表达你的兴趣和好奇。例如，假设9岁的儿子被朋友邀请去过夜。儿子喜欢他的朋友，并不想伤害朋友的感情，但他并不想去朋友家过夜，因为他还有别的事情要做。你可以为他做决定，但是如果这样做，你将错失一个建立他的反思能力的机会。如果你们可以通过讨论的方式来思考这个情景，并问孩子自己想到了什么可以很好解决问题的方式，你就可以锻炼孩子的心智。他会有一些他这个年龄的想法，会在大脑的思维部分和感受部分之间建立起连接。而且，如果最后你认为你来做决定是最好的选择，你还是可以这样做。

孩子的反思能力发展的时间与他们的执行功能的发展平行，两者都涉及前额叶皮层的大脑回路。在孩子上学时，他们有一定的反思能力，所以能够抑制行为，例如打人的行为，不仅因为这种行为是被禁止的，还因为他们现在可以理解打人的行为会伤害别人的感受。反思能力可以让人觉察到心智，它可以让孩子使用诸如"自言自语"的技巧，事先预演，或者发展他们的积极想象，想象着可以在接下来控制自己。积极想象就是想象一个可以让孩子感觉更好的场景。例如，一个害怕在课堂上讲话的孩子，可能会想象自己成功地举手并正确地回答了问题。它也类似于篮球运动员在投篮前想象如何将球投进篮筐里。当孩子们要去看病，第一天去幼儿园或者去郊游时，父母们可以利用这些技巧，帮助孩子们思考和预期在以上情景中会发生什么，感觉到什么，这类似于父母在帮助一个害羞的孩子。孩子们会担心即将到来的社交活动，父母可以通过让他们回忆一些感觉更好的事情来帮助孩子，而不是过快地让他们思考自己认识谁,所以可以去找这些熟悉的人。

通过反思重构糟糕的2岁

任何时候,当父母能够将孩子的消极经验重构为更加积极的经验时,就可以帮助自己平静下来,用一种更适应的方式与孩子相处。在通常被人们称为"糟糕的2岁"这一发展阶段,这种方法可能是非常有用的。一种重构的方法就是把消极的行为看作孩子大脑记忆回路和自我意识回路发展到了一个全新水平的积极信号。蹒跚学步的孩子所表现出的挫败感、缺乏合作、甚至发脾气,都预示着孩子们的记忆存储量已经增加,这足以让他们对自己想要的东西坚持不懈。这也解释了为什么他们现在想要某个东西的时间比以往任何时候都长。他们的前额叶皮层创造出了一种前所未有的"我"的感觉!这就是发脾气的原因。孩子还无法处理这种情况,但是他们更为强烈地对"我"的感觉促进了独立感的激增,所以他们不让父母帮忙。年幼的婴儿对接受抚慰和引导是没有问题的,但到了2岁左右,当你对孩子说"不"的时候,他们可以顽强地坚持自己要的东西,即使他们明显很需要安慰,但还是会把它推开。对他们固执和暴躁的另一个解释是,他们的记忆力和自我意识虽然都有所提升,这使得他们可以强烈地渴望一些事物,但是前额叶皮层还没有足够的能力来处理这些由于无法得到而导致的失望。作为一个善于反思的父母,你可以把"糟糕的2岁"重构成"了不起的2岁"。这是大脑发展中积极的一步,代表着孩子获得了新的独立的能力。你应该感觉很好,因为这意味着你为他们大脑的生长提供了正确的方向。

请记住,孩子在出生时对这个世界一无所知,这意味着一切都必须学习。实际上,幼儿的大脑是为了和你一起工作而设计的,这样你就可以教他们如何成为一个人,如何在家庭中生活,以及如何在所在的社区和文化中表现。但是,你必须对他们"我"的激增、对独立需求的增加保

第八章
养育：从婴儿期到童年期

持敏感。另一种重构的方法是，记住 2 岁的孩子有能力主张他们想要的东西，也有动力真正去得到他们想要的东西，并且会说"不"，而不是任人摆布，这实际上也是你希望孩子长大后所具有的积极品质。重构无法让你不去控制 2 岁的孩子，也无法让你不用忍受孩子的坏脾气，但它可以让你用更多的机智和更少的敌意来处理孩子们的要求和情绪的爆发。

通过反思让自己慢下来；发展需要时间

孩子的年龄决定了他们大脑的发展水平，并且限制了他们能做和不能做的事情。这个问题带来了很多关于如何约束孩子的议题。一个 15 个月大孩子的母亲说："我的儿子现在总是打人、咬人，我们怎样才能约束他不再这样做？"她没有意识到一个 15 个月大的婴儿是没办法被约束的。孩子们可以理解你不想让他们做什么，但是他们的大脑还没有发育成熟，无法控制他们的冲动。听到这样的话，这位母亲松了一口气："你是说这很正常？我担心如果我现在不管教他，他长大后就会变成一个被宠坏的孩子。"

这个问题在学业成就上也有很大的影响。我们的学校是一个"一刀切"的体系，但是孩子们却各有不同。孩子们的大脑都有其各自发展的时间进程。如果你的孩子在 4 年级甚至初中时仍无法安排家庭作业，请不要惊慌；大脑仍然有充足的时间进行发展以发挥作用。请不要执迷于这样的想法，即孩子应该和其他孩子保持同步，走同一条通往成功的道路。请欣赏孩子大脑的独特之美，你进而可以更好地欣赏孩子作为他自己的样子。你也可以因此跟孩子建立更为稳固的关系，从而帮助他们在生活中做得更好。有许多孩子在 1 年级时会处于落后的状态，但结果却会在大学时稳步向前。很多孩子在中学时完全没有条理，但当他们工作后就会有所改善。有些孩子在年幼时会很害羞，几乎没有什么朋友，但随着前额叶皮层更多地发挥作用，他们会开窍得晚一些。有些孩子跟当地的同龄人不太能合得来，但当上大学时，他们最终找到了他们的社交圈子，在那里有更多人喜欢他们。请对大脑的缓慢发展保持耐心。

　　大脑发展的速度也在有关感谢和感恩的议题上出现了困境。父母们通常会怨恨孩子并未对他们所做的一切表示百分百的感激。思考一下自己的偏好（习惯、倾向）也许会有所帮助。你会感谢氧气吗？你会感谢重力吗？不，你甚至不会想到它们。你认为它们是理所当然的。氧气和重力在环境中无所不在，大脑不会把它们当作很特别的对象加以关注。在很多方面，孩子会假定自己所经历的就是这个世界既定的事实。如果你每年都会给孩子送一份生日大礼，他们会认为生日礼物是理所当然的。如果你为了让他们去一所更好的公立学校读书而需要开车穿越半个城市，或者送他们去昂贵的私立学校就读，他们也会认为这是应该的。如果你为了看孩子们的足球训练而提前下班，他们会理所当然地认为你会在那里。他们会对这些事情报以感激和赞赏，但通常不会以父母所期待的那样积极的方式来表达。他们爱自己的父母，会对父母为他们做的事情以及跟他们一起做的事情感到快乐，但通常情况下他们不能像成年人那样如此感激这些事情。如果他们没有非常积极地报以感激之情，并不意味着他们是自私或忘恩负义的。他们只是没有这样的经验，因而也没有这样的大脑回路来真正理解没有这些东西意味着什么。他们无法真正"明白"什么是工作的责任，什么叫挣钱养家，也不明白为了家庭而离开工作需要进行的协商。他们只了解他们所知道的事情。从某种意义上说，他们相信你会以你一直以来的方式为他们而出现，而且以这样的方式思考是一件很美好的事情。这就是为什么3岁的孩子会从游泳池边跳进你怀抱——他相信你会在那里接住他。你不能期待小宝宝会"感激"你接住了他。孩子们相信，你想把你所拥有一切都给他们。

　　最终，孩子们的确需要学会有礼貌，获得正确的价值观。当你为他们做一些事情时，你可以教孩子通过说"谢谢你"来表达感激。例如：当你为他们举办生日聚会,或者送他们去朋友家时。但是,如果坚持认为他们应该对你所有的努力,以及对你为了给予他们所做的一切都倍加感激的话,你就是在要求他们做一些力所不及的事情。大多数孩子都为能拥有自己的父母而幸福和感恩,但是在他们长大之前,他们不可能设身处地地理解你。

通过反思来养育孩子

反思可以帮助你更好地理解孩子的性格,并且教会孩子如何以最佳的方式来管理他们的性格。性格没有好坏,性格只是孩子的某种倾向。然而,父母们往往会非常担心孩子有怎样的性格会预示孩子未来的成功。一句反思性的座右铭是:"不要过多地担心未来,只需要帮孩子解决当前发生的事情就行了!"相比于将更多的精力聚焦于未来的道路,如果坚持于当下发生的事情,你可以做更多的事情来造福于孩子的未来。事实上,有证据表明,随着孩子年龄的增长,很多性格特征都会有所改变,而且只有那些比较极端的性格才会在整个生命周期内保持不变(Hornbuckle,2010;Kagan & Baird,2004)。害羞和喜好社交的特点通常会在一生中保持稳定,但也不总是如此(Kagan,2003)。

对于孩子们来说,为了更有效地管理他们所拥有的倾向,同时在他们脆弱时尽可能地保持复原力,你得搞清楚他们需要什么,什么才能最好地满足他们的需求。例如,一个特别喜爱社交的孩子,当没有被邀请参加生日聚会时,可能比一个比较内向的孩子更容易感到心烦意乱。在这种情况下,他们可能需要你对被拒绝的感受表达出更多的共情和理解,也需要更多的安慰。另一方面,对于内向的孩子来说,当在集体或任何新环境中感到不适时可能需要更多的帮助。这些孩子需要父母对他们的社交困境和焦虑表达更多的共情、理解和安慰。如何为每一个不同的孩子设定限制也是不同的。一个孩子可能需要被限制而不至于参加太多的聚会，而另一个孩子可能需要鼓励他去参加一些好友聚会。

> **科学如是说**
>
> 大约40%的婴儿天生就性格随和，容易适应新的环境，很容易建立规律的生活节奏，并且通常可以保持愉快和平静。这意味着60%的婴儿有着更难相处的性格，这使得他们在某种程度上变得更加脆弱。

可以理解的是，许多父母担心他们的孩子比其他孩子更害羞、更拘谨、更胆怯。一个害羞的孩子不一定总是害羞的，或者如果他们接受了所需要的那种过于情绪敏感的养育，之后可能会遇到更多的问题（Kagan，2003）。如果你试图把害羞、拘谨的孩子变成更"外向"的人，或者把焦虑的孩子变成更"勇敢"的人，这样做就不是在帮助孩子。帮助害羞、拘谨或焦虑的孩子尽可能做得更好的最重要的因素，是对他们的感受保持温暖和不评判的态度。如果这些孩子感受到父母给了他们一个安全的地方让他们可以有这些感觉，他们就更有可能以适应性的方式应对这些情绪。正是关系的这种特性，才使得孩子能够更好地忍受痛苦的情绪，并最大程度地解决他们所能解决的事情。那些因为害羞、拘谨或焦虑而觉得自己有问题的孩子，更有可能对自己产生消极的态度，更有可能需要滥用物质来逃避。

为了保护这类孩子的冲动会致使父母们引导孩子远离那些令人沮丧的情景，这虽然可以被理解的，但研究表明，如果父母可以更好地克制这种冲动，他们会做得更好。回避那些令人沮丧的情景，会剥夺孩子对环境的控制感，这只会增加他们的恐惧和沉默。只有通过温和、善意的支持，他们才能建立起自己处理好问题的自信心。科学研究表明，这些孩

第八章
养育：从婴儿期到童年期

子比其他孩子需要更多的温暖和支持。

通过反思促进游戏

游戏不仅仅是为了好玩。游戏是孩子的工作，可以协调孩子的身体与物质的、社交的世界进行互动。游戏会激发快乐的情绪，引发愉快的笑声，可以向其他人表明孩子有着自由自在的心情和开心社交的感觉。游戏可以连接大脑，从而强化儿童在成年生活中将要使用的大脑回路。

在2岁左右时，孩子会跟其他孩子一起玩，这样的游戏形式在童年期会达到高峰，在青春期逐渐减少。通过游戏孩子们可以学到很多东西，他们可以了解别人的界限，学会合作和解决问题。最能刺激大脑生长的是非结构化的游戏，这样的游戏有足够的空间让孩子反复试错进行自我学习。孩子们甚至会利用追逐打闹来建立一个有等级的统治体系，同时了解彼此的界限。参与这种追逐打闹的游戏，只要不过于富有攻击性，就能提高孩子的社交能力（Flanders, Leo, Paquette, Pihl & Séguin, 2009; Ginsburg, 2007）。

不幸的是，现在的孩子们没有足够多的机会玩非结构化的游戏。对于父母来说，很难不陷入想让孩子踏上通往成功的精英之路的压力中。但我们知道，如果孩子们在这些繁重的任务中变得过于焦虑，他们也在丧失自己解决问题和思考问题的能力。你可以通过提倡更多的游戏时间来让孩子的生活变得不同。

通过反思容忍冲突

只有随着前额叶皮层的成熟和自我反思意识的出现，儿童才会开始具有自我意识，并且意识到他人的需求和利益。如果他们的需求和利益与他人产生了冲突，儿童尤其难以意识到他人的需求和利益。在这种情况下，他们会优先考虑自己的需要。例如，上幼儿园的孩子回到了家，他不跟奶奶打招呼就很快冲进他的房间。你会觉得儿子没有礼貌吗？也许是的。但另一种可能性是他处于"自动驾驶模式"中。从幼儿园回来后，他总是会直接到房间去继续玩乐高积木。他可能没有注意到奶奶，或者他可能无法抑制自己的习惯，让自己停留足够长的时间来打招呼。是的，他需要学习，但把他的行为标榜为粗鲁无礼只是在给他扣帽子，而不是教育他。过多的苛责会激发出压力，反而减少了学习的机会。

假设你正在打电话或者正在拜访朋友，女儿看着你，并不自觉地开始问你问题。从孩子的角度来看，你就在他们面前，而且通常你很乐意回答他们的问题。在这种情况下，孩子要学会什么？他们必须学会等待轮到他们的时候，需要询问现在是否可以打断，并从妈妈的角度来认识到妈妈此刻很忙不能回答问题。这样的学习需要时间，并且需要不断重复，因为前额叶的大脑回路正在建立连接。这就是为什么你必须一次又一次地把他们的注意力引导到这些事情上来，这样他们就可以练习并使之成为生活习惯的一部分。

当父母有一个目标，而孩子有另一个目标时，会引发很多的冲突。例如，在接女儿放学后，你的目标是先去鞋店买明天工作需要穿的鞋子，然后再开车穿过整个城市送女儿去篮球队训练。女儿的目标是在比赛前买到冰激凌，但这会让你没有时间去买需要的鞋子。你们二人都急于准时赶到比赛，但是每个人都在路上确定了不同的目标。"爸爸，我饿死了，我需要吃点东西，你可以穿双别的鞋子！""亲爱的，不，我不能，比赛结束后，商店就关门了。"由于每个人都以一成不变和僵化的方式来行事，冲突、愤怒、僵局也就自然发生了。需要有人退一步并进行反思，这通常是作为父母的你，因为至少在理论上讲你更擅长反思。"亲爱的，我们来想想办法吧，你需要吃饭，我需要在比赛前拿到我的鞋子。否则，我不得不一路开车回到学校附近去买鞋，这样就不能按时参加你的篮球训练了。"通过参与到对话中而不是争吵，你的孩子更容易合作并且会说：

第八章
养育：从婴儿期到童年期

"好吧，爸爸！我的背包里有一块放了很久的谷物棒，下一次在你接我之前请先搞定你自己的事情。"反思需要时间，但争吵和冲突也同样需要时间。所有这些重复的具有反思性的努力、讨论以及教导最终都将有所回报，特别是如果父母做这些的时候可以共情地识别到孩子大脑的局限性。

通过反思容纳感受、保持界限

当设定界限和边界时，你所持有的态度同时也会被纳入到孩子自我控制的大脑回路中。反思可以让你记住，你可以限制孩子的行为，但不能限制他们内心的情感。例如，你可能会说："我完全理解你现在心情不好，但即使你感觉很糟糕，你也不能诅咒我。"

反思会促使你平衡好情绪回应和设定限制。事实上，过于强调理解和认可会妨碍有效地设定限制。孩子们会分三个阶段学习限制：探索，试探（从别人那里发现什么是被接受的，什么是不被接受的），并内化之前不知道的边界（Brazelton，1983）。想象一下被蒙上眼睛，然后四处走动，当你撞到墙上时，那种感觉很不好。但是你可能会再检查几次，以确认墙仍然在那里，然后你就知道不会继续朝那个方向走了。

许多父母会发现设定限制很难，这是因为他们没有意识到限制和边界是具有主观性的。它们其实是父母的限制和边界。父母们必须先弄清楚他们的限制和边界是什么，才能有效地设定它们。你必须弄清楚对你来说真正重要的是什么，这样你才能更清晰、自信、坚定地设定限制。这样，你的孩子才更有可能知道你真的是认真的。他们可能仍然会试探，但可能会变得少一些。

另一方面，父母们往往会担心，认可孩子的痛苦情绪，或者让孩子充分表达他们的烦恼，这只会让事情变得更糟。这些父母的问题是，他们把认可、给予空间表达与让步或者跟孩子观点一致混淆了。真正的认可只意味着家长可以从孩子的角度理解他们为什么感到难过。当父母认可孩子的感受，给予孩子表达痛苦的空间，并且能够在不评判的情况下倾听时，通常可以起到安抚的效果。难道你不喜欢即使别人不认同你的观点，但仍然可以看到你的观点吗？难道你不喜欢别人给你一个发泄的空间，而且很愿意倾听你吗？孩子们也是这样，而且喜欢的程度更甚！

女性和男性两种照料方式的好处

　　孩子与生俱来寻找父亲并与父亲建立联结的驱动力，就如同他们天生就有寻找母亲并与她建立联结的本能一样（Pruett，2000）。当6至8周大的时候，婴儿就能意识到并且可以预见母亲和父亲在照料方式上的差异。在母性照料和依恋（第五章、第六章）中，可以清晰地看到，母亲的养育、安抚和情绪回应对孩子来说是多么的重要。事实上，这里强调母亲的大脑通过这样的方式进行连接，实际上是为了照顾年幼的婴儿。

　　然而，长期以来人们的研究主要集中在母亲身上，而不包括爸爸。幸运的是，某种转变正在发生。越来越明确的一个事情是，无论是父亲与母亲有没有生活在一起，父亲在儿童生活的各个方面都发挥着极其有益的作用（Pruett，2000）。在当今更加性别多样化的氛围中，尽管我们尽量不将女性和男性的特点进行截然不同的划分，但研究确实表明父亲的养育方式与母亲有不同之处。而且父母双方不同的养育方式，对孩子有很多好处。这项研究强有力地表明，妈妈们更倾向于保护孩子，而爸爸们更容易鼓励孩子独立。爸爸们更倾向于轻松面对孩子在完成某项任务时遇到的挫折，并且更多地看到他们努力解决问题的价值。妈妈们倾向于把事情变得更容易一些。孩子们知道他们的父母是不同的，而且这种差异对孩子有好处，尤其是当父母互相尊重对方的方式时（Pruett & Pruett，2009）。差异会给孩子带来更多的灵活性和弹性，因为他们可以内化多种可能的生活方式。这表明，只要父母双方认识到彼此方式的价值，就不一定总是需要达成"统一战线"。爸爸的方式和妈妈的方式之间的关系就如同我们对氧气和对水的需求之间的关系，两者我们都需要。

语言技能与学业成就

在孩子年幼时，如果有积极参与、体贴关心的父亲，他们就会拥有更好的语言技能和更大的教育成果。这些语言技能和教育成果会一直贯穿于青少年期和成年期，这可能是因为父亲更倾向于强调成就，而母亲更倾向于强调抚育的原因（Rosenberg & Wilcox，2006；Flouri & Buchanan，2004；Coley & Hernandez，2006；Fagan & Palm，2004；McWayne et al.，2013；Allen & Daly 2007）。例如，孩子们更有可能准备好上幼儿园，更善于处理学校的压力和挫折，表现出更多的好奇心。有更好的解决问题的能力，更好的阅读和数学技能，在学校取得更好的成绩，相对于他们的父母，有更高的教育成就和职业流动性。

社交能力与情绪健康

有父亲陪伴成长的孩子往往能在与同龄人的社交方面表现得更好，并且更可能有健康的情绪发展（Rosenberg & Wilcox，2006；Pruett，2000；Pruett & Pruett，2009；Fagan & Palm，2004；Allen & Daly，2007）。有人建议父亲更多地陪伴孩子，因为男女在如何与子女玩耍方面有所不同，并在应对、独立、掌握问题上存在差异。

父亲（甚至是全职在家照顾家庭的父亲）与母亲相比，会和小朋友单独度过更惊险、有趣、"粗野"的家庭活动时光。这会让孩子们学会如何处理攻击性冲动和身体接触，而不会失去对情绪的控制。当某项玩耍活动对他们来说"太粗野"时，孩子们不得不直言不讳地告诉爸爸，孩子们从父亲那里学到了如何变得更加自信并设定界限。

当孩子们心烦意乱、沮丧、恐惧或紧张时，母亲们往往会更快地去教育、安慰、安抚和帮助孩子。相比之下，父亲倾向于鼓励孩子在更长的时间内忍受负面情绪，培养应对困难的能力，支持探索，并促进技能的掌握。父亲更注重忍耐和控制生活中的困难，并不意味着父亲会让孩子变得"难以相处（过于强硬）"。事实上，有一个关心和投入的父亲，孩子往往有更强的"同理心"和与人协作、互动、相处的能力。父亲更有可能促进独立、自给自足和面向外部世界，这使有父亲参与养育的孩子能够更轻松地探索周围的世界，更能在学校和其他社会环境中控制自己。

这并不是说妈妈或爸爸更善于处理孩子的情绪，只是他们是不一样的。以下是其他一些不同之处。妈妈和爸爸在容忍孩子的出格行为方面往往存在差异。与妈妈相比，爸爸较少会因为孩子脾气暴躁、打人和咬人而感到生气，但他们更容易因睡眠和饮食问题而感到沮丧。妈妈和爸爸也倾向于以不同的方式来强调规则。爸爸强调不良行为的现实危险（"既然你撕毁了朋友的夹克，你就得赔偿"），而妈妈则强调不当行为在人际关系上的后果（"如果你损坏他们的东西，人们就不会喜欢你"）。另一个例子是，爸爸与妈妈的沟通方式不同，爸爸的语言往往更复杂，对孩子的话更少回应，往往不太能理解孩子的话，也不像妈妈那样要求孩子再说一遍澄清。这就像是母亲让孩子学习与他们亲近或亲密的人交流，而父亲则让孩子练习更多地与外界交流，与他们不太亲近和不那么熟悉的人交流。

亲子故事

■ *孩子们是不同的。*

姗娜是一位妈妈，儿子小迈15个月大，她表露出自己深深的忧虑：

第八章
养育：从婴儿期到童年期

"我儿子总是不睡觉。我知道别人说不要让孩子和父母睡一张床，但我们只能这样做。在他还是个小婴儿的时候，他只有躺在我怀里才肯睡觉，我能怎么办呢？即使是现在，他已经15个月大了，晚上也很难安稳下来，我担心我们可能做错了什么。我听其他的父母说，他们的孩子到晚上就会安静地睡觉，我们的孩子却不是这样。我们非常担心（这样下去）会出问题。"这位妈妈需要的是支持，因为她正在养育一个难养型的孩子。她需要明白，孩子有睡眠困难并不意味着她做错了什么。事实上，她已经做得相当不错，勇于尝试帮助儿子入睡。对处于这种情况下的父母来说，他们需要明白的是，我们来到这个世界时都有自己的优点和弱点。这个婴儿有很多优点，但睡觉不是他的优点，他需要额外的安慰和支持来帮助他入睡。比试图让孩子克服弱点更重要的是，不管他们做得有多好或有多差，告诉孩子你有多支持他们，有多想帮助他们。

■ 执行功能提升自我控制。

丽莎有一个10岁的女儿小迪，她是一个非常敏感的女孩，当她焦虑的时候，会出现情绪崩溃的情况。因为皮肤状况小迪需要服药，而这更加重了她的焦虑程度。因为她认为其他的孩子会嘲笑她，她担心这样的情况永远不会好转。任何对病症的关注都会引发她的焦虑，所有这一切都会让她心烦意乱、争吵、大喊大叫、拒绝服药。当丽莎督促女儿吃药的时候，小迪开始尖叫。当小迪拒绝药物治疗时，丽莎感到害怕和无助，这使得丽莎开始威胁小迪，如果她不配合就要惩罚她。等丽莎回过头开始反思时，她意识到这些爆发让她感到无助、害怕，并被迫要求小迪停止尖叫。她也意识到小迪的尖叫是她表达焦虑的方式。反思让丽莎放松下来，她的思维开始变得更加灵活。丽莎没有再试图让小迪停止尖叫，而是决定用一些幽默感来吸引小迪的注意力和好奇心，这与前额叶皮层的执行功能有关。"你知道吗？我有个朋友她小时候皮肤也有问题。

她跟你一样想成为一名服装设计师，长大后她真的成了服装设计师。她小时候也不得不吃药，然后她的皮肤病就好了。事情总是有办法解决的，让我们多想想怎么来改善你的皮肤状况吧。"小迪的注意力被转移了，她不再尖叫，而是说："妈妈，你现在还了解她的情况吗？多跟我讲讲她的故事。"

■ 孩子的大脑尚不成熟，需要脚手架。

汤姆的儿子小赛今年9岁。汤姆是个优秀的网球运动员，他一直期待着能和小赛一起打球。汤姆想教小赛如何打好球，所以他一下打正手球，一下打反手球。小赛接不好球，很快就泄气了。小赛想让他爸爸直接把球打给他，这样他就可以打回去。汤姆同意只进行连续对打，但他无法抑制自己的失望情绪，对儿子缺乏"成功的动力"感到恼火。小赛感受到了爸爸的态度，很快就对打网球失去了兴趣，这只会让汤姆更加失望和恼火。幸运的是，汤姆有一个富有同情心且有洞察力的妻子，她告诉汤姆：尽管让小赛学习如何打好网球以及如何处理自己的情绪而不放弃是很重要的事情，但更重要的是关系——小赛需要爸爸的帮助来建立信心和解决问题的能力。她补充说，汤姆自己都处理不好（这个关系），那么他怎么能帮助自己的儿子呢？汤姆把这样的情景重新定位为只是陪伴儿子，这使他的心态更加轻松。他们又一次连续击球，小赛没有接到球时，汤姆和蔼地说，失误跟击球一样重要。小赛开始喜欢和爸爸一起玩了。结果是，大约在6个月后，小赛开始要求爸爸给他打更多有挑战性的球。小赛永远不会像汤姆曾希望的那样成为网球运动员，但是汤姆运用反思的方法和儿子建立关系，这大大提高了小赛的打球水平。作为一种奖励，汤姆也对作为爸爸有了更好的感觉。

第八章
养育：从婴儿期到童年期

反思性养育的语言

※ 当你可以在当下，或者随着时间的变化通过语言把感觉、情绪、行为、冲动和心智进行连接时，你就能帮助孩子建立大脑区域之间的相互联系，并建立起容忍负面情绪的能力。

- 跟一个6个月大的孩子说："你刚才在翻身，你很努力，而且你做到了！太好玩了！"
- 跟一个2岁大的孩子说："我不让你再多吃一片面包，你很难过。你在踢腿，想让我知道你很生气。你很难平静下来，所以我们拥抱了一下，现在你感觉好多了。"
- 跟一个5岁大的孩子说："我知道你喜欢爸爸送你进教室，但现在你该学会自己进教室了。你会觉得有点害怕，也会觉得忐忑不安，我们可以想些办法让你更放松，也许你可以自己做主并大声说，'爸爸，快回家去吧！'"

※ 所有的学习都需要时间来让大脑回路建立连接。

- "当你一开始做 [ ] 时会很困难，但不要为此感到难过。大多数人都不擅长做这个。我当时就不行。我相信随着时间的推移，你会做得越来越好。"
- "我知道你希望自己能把 [ ] 做好，因为别的孩子比你做得好。但学习任何技能都是需要时间和练习的，不要拿自己和其他人比。只需要关注你自己就好，给自己时间去提高。"

※ 重复可以加强大脑回路的连接，使大脑更容易完成某个重复的任务。

- 提醒3岁的孩子睡觉："我知道你不想上床睡觉，但是你得记住我们的例行程序。你先去洗澡，然后穿上睡衣上床，接着我们一起读3本书，最后就该睡觉了，所以你先去洗澡吧。"

- 提醒 7 岁的孩子刷牙："记住，你可以先看 30 分钟电视，然后就去刷牙。"

※ 孩子会将你强烈的感受内化，所以拥有自己的感受非常重要。例如："当你不想和我一起去看棒球比赛，却想去参加朋友的生日聚会时，我感到我对此太失望了。所以我对你很生气，并且让你感觉很不好。那样是不公平的，我为自己这样处理自己的感受而感到抱歉。对我来说，失望是可以的，但对你生气是不可以的。"

家庭练习

- 想一想孩子不愿意配合的两个领域。看看是否可以为这些情况创建一个例行程序。如果你已经有了一个例行程序，可以自行检查一下，务必明确孩子在这个领域配合，这对你来说是非常重要的，同时确保你清楚而自信地表达了你的期望。例行程序并不是不可思议的魔法，但它们确实给孩子们提供了熟悉的预期，同时这些预期可以让他们平静下来。你不需要严格遵守这个例行程序，但你可以用它们来构建预期的基础。

- 确保孩子们有足够的时间可以自由玩耍，而不需要成年人来安排时间。当孩子们在没有监督的情况下玩耍，而不是听从成年人希望他们做什么时，他们正在进行有意义的社会学习（社交学习）。你可能不喜欢这个想法，但当孩子们自由玩耍时，他们自然会发生冲突。你需要更多地接受冲突，因为它有助于孩子们了解彼此的限制，以及如何应对无聊。学会如何适应无聊，就像其他任何事情一样，是一项技能。

- 允许有充足的"宕机时间"（休息时间），甚至是无聊的时间，什么

第八章
养育：从婴儿期到童年期

也不做。这样可以让孩子走进自己的内在，也可以让他们有创造力，并且能更多地感受到与自己心智的联结。当孩子感到无聊时，要克制自己想告诉孩子该做什么的冲动。相反，你需要鼓励他们通过思考想做什么，或者可能对什么感兴趣来解决问题。如果他们做不到，那么这就是你需要教他们的时候了。他们都必须学会如何应对这种无聊。学习如何适应无聊是一项技能，就像其他任何技能一样。

The Reflective Parent

第九章

养育：从青春期到成年期

第九章
养育：从青春期到成年期

> **大脑基础**
>
> 青春期的大脑发展与童年期的大脑发展有着相同的机制，但是它们各有侧重。青春期为大脑的发展提供了第二次机会，使青少年能够适应他们不断变化的环境，承担起成年人生活的责任。

青少年之旅

亚里士多德在提到青少年时说："年轻人对自然的热爱，就像醉汉对酒的痴迷一样。"青春期是指从童年期到成年期之间的时期，在这一时期儿童需要获得所需的知识和技能，从而与家庭的保护性环境进行分离并独立。对于父母来说，那些看似令人烦恼的特质，却被发展心理学家们看作适应性的生存机制（Somerville，2013）。因此，青少年的大脑在某些特定区域会经历第三波神经元和突触的迅猛生长，这些特定脑区负责处理青少年必须经历的独特的学习经验（National Institute of Mental Health，2011）。作为附加的好处，大脑成长的新时期提供了发展的第二次机会——为青少年提供了一个可以迎头赶上的机会，也为父母提供了一个弥补之前养育关系中薄弱之处的机会。

大多数父母希望能更好地控制青春期的孩子——希望他们会听话不去冒险。但大自然却有不同的想法，大自然知道，如果孩子可以通过情绪化和冒险来驾驭自己的话，他们就会成为一个更有能力的成年人。你在这个过程中扮演的角色确实很重要，但要更像是一个明智的、支持性的引导者，而不是一个导演。

为什么会有青春期：一个积极、适应性的观点

青少年的情绪反应、冲动、猎奇、追求感官刺激、爱冒险的种种表现，是大脑要确保青少年学到了他们将来作为成年人所需要的所有信息。虽然这种方式对青少年来说是适应性的，但却会给亲子关系带来困难。对于关心慈爱的父母来说，对孩子的安全感到担心是很自然的事情。当孩子们开始疏远父母时，他们会有失落和被拒绝的感受。本章内容的目的之一就是减少这个过程中的冲突和混乱。

聚焦于关系：青少年仍然需要父母

尽管看起来青少年对你不屑一顾，或者会挑剔你，但是，如果你知道在 13 到 24 岁年龄段之间的年轻人中，有 3/4 的人说与父母的关系是让他们幸福的源泉，这一点就足以让你感到欣慰。让他们感到幸福的不是电子产品、流行音乐、金钱，甚至不是性或毒品。这就是我们所谈论的青少年和年轻人，他们常常被认为是想要离开家，想要拒绝父母的人。

青少年有很多东西要学

青少年必须学会从与父母一起的舒适生活中分离出来，进入更有压力、更复杂的家庭之外的世界。在这个世界里，他们将与其他人建立新的亲密浪漫的关系，开始独立思考，并作为一个独立的成年人发挥自己的功能。从根本上讲，青少年是去我们称之为成年人的"国外"旅行。

第九章
养育：从青春期到成年期

他们在这个新国家的伙伴将是他们的同龄人，而不是你。因为没有你的陪伴，所以他们必须乐意自己去学习。这个观点解释了为什么他们非常重视同龄人的关系，为什么他们如此关心自己是否被同龄人接受或拒绝，以及为什么他们比以前更喜欢冒险。神经科学强调，让父母抓狂的特质，正是那些进化选择的能让青少年在成长过程中生存下来的特质，从而让他们凭借自己的实力成为一个成熟的成年人。

当青春期的孩子在评判和批评你时，当他们只想和朋友在一起时，当他们不顾你的禁令做事时，你会感到受伤、被拒绝、不受尊重吗？当他们很冲动或去冒险时，你是否会评判和批评他们呢？这就是你必须从他们的角度来看待问题的时候，他们正在做需要做的事情。从生物学的角度来看，他们是正确的，他们正在获取成为成年人的工具。

性成熟期和青春期不是同义词

性成熟期和青春期是两个独立的过程。科学家认为，性成熟是为了制造卵子和精子；青春期是为了学习如何以负责任的方式将卵子和精子结合在一起。性成熟期通常在青春期之前，释放类固醇性激素，导致身体发生变化，如乳房发育和排卵（女性），面部毛发增多和生成精子（男性）。大脑重塑所引发的新的行为和思维模式预示着青春期的开始。

青少年大脑的发展

青少年的大脑有两条不同的大脑发展路径，这也解释了为什么青少年比年幼的孩子更成熟，同时也有更多困难。他们比年幼的孩子有更多的自我控制能力，更多的目标导向，更好的延迟满足能力。这一路径被称为线性路径，可以提高记忆力和自我控制力，而且是从婴儿期就开始的修剪、重塑、髓鞘化过程的线性延续（Blakemore & Choudhury，2006）。线性路径的例子如：连接左右大脑半球的胼胝体髓鞘的增加，这使得大脑两大半球之间能够进行更好的交流。另一个例子是，负责记忆的海马体与设定目标和优先次序的前额叶皮层之间形成了更为紧密的联系。

第二条路径，被称为大脑发展的非线性路径。这一路径会让青少年产生猎奇、情绪化、爱冒险这些更具挑战性的行为特征（Blakemore & Choudhury，2006；Crone & Dahl，2012）。非线性路径在青春期是独一无二的。它构成了大脑神经元和突触的第三次迅猛发展期，紧接着就是第三次修剪期（Casey et al.，2008）。正是这条非线性路径改造了大脑，使青少年能够获得开拓精神、钢铁般的意志和灵活性，从而使他们能够在成年人的新世界中取得成功。每当你被青少年的冒险行为吓坏时，请想一想哥伦布、刘易斯和克拉克[*]，想一想那些成功的现代企业家们，如比尔·盖茨、史蒂夫·乔布斯和理查德·布兰森[**]——他们全部都是开拓者、猎奇者和冒险者。

青少年专注于同伴关系

由于大脑发展的非线性路径，青少年会与同龄人有更频繁的接触。他们不再是把朋友当作"活动伙伴"，而是变为更亲密甚至是更浪漫的关系。青少年的关系更容易阴晴不定，因此同伴的拒绝会越来越普遍。青少年表现出更多的自我意识，并会对同龄人的社会判断非常敏感。让他们有如此强烈感受的原因是，社交—情绪大脑比前额叶控制中心成熟得更早，所以他们很难控制自己社交情绪的冲动和感受。

---

[*] 梅里韦瑟·刘易斯（Meriwether Lewis）和威廉·克拉克（William Clark）是美国国内首次横越大陆西抵太平洋沿岸并完成往返的两位美国陆军军官。——译者注

[**] 理查德·布兰森（Richard Branson）是英国最具传奇色彩的亿万富翁，以特立独行著称，曾驾驶热气球飞越大西洋和太平洋。——译者注

第九章
养育：从青春期到成年期

青少年对他人的评价非常敏感

如果你认为孩子只想着自己，那么请三思！事实上，人们在青少年时期比人生中任何时候都更多地考虑别人。研究表明，与儿童和成年人相比，在社会评价的情况下，青少年的社交情绪大脑回路，特别是他们的心智化系统的活动会增强。

心智化系统可以解释他人头脑中的想法和感受，并将这些信息与自己相关联（Abraham，2013）。这就好像大脑中关注、思考、解释他人心智的部分正处于过度兴奋的状态。他们的心智化系统过分看重社会评价。因此，青少年会把同龄人说的话解读为对他们个人来说非常重要且有重大意义的东西。青少年会比小时候或者成年的时候都更容易这样做。

这就是为什么从同龄人那里得到负面的社交反馈时，青少年会比成年人或小孩子更沮丧、更焦虑。这也是为什么青少年在社交情景中会更不自在，情绪更敏感，更倾向于对他人的评判保持高度警惕。青少年之所以容易陷入焦虑和混乱，是因为他们的社交情绪大脑回路比儿童或成年人有更高的参与度，但前额叶皮层的调控回路却比儿童或成年人的参与度低（Somerville，2013）。尽管青少年可以很好地觉察，并有动机去了解他人的心理感受，但可能并不像成年人那样可以克制自己的冲动。

科学如是说

青少年对社会评价和拒绝非常敏感

- 当青少年知道有人在看他们的照片时，相比于成年人，会在更大程度上激活他们的伏隔核和前扣带回（大脑中决定社交信息价值的区域）。
- 当青少年参与游戏遭遇社交排斥时，相比于成年人，他们的心智化系统被高度激活（处理社会评价的系统），但侧前额叶皮层（大脑调节情绪的区域）的活跃程度却没有成年人高。

青少年的大脑发展是不均衡的

研究表明，青少年的大脑发展是以缓慢和不均衡的轨迹进行的（Marek，Hwang，Foran，Haliquist & Luna，2015）。这可以解释青少年为什么会有如此不一致的行为。他们在早上还很愉快，但到中午时就会很烦躁；在某一天很能干，但第二天就会变得毫无能力可言。记住以上内容可以帮助你变得更有耐心，而不是假定孩子的不一致是疯癫或任性的表现。

对于青少年来说，面容是最热门的入场券

不同年龄的人都会被面容所吸引，因为面容表达了太多的内容。但是青少年比小孩子和成年人更注重面容和面部表情。面部表情包含了重要的社交信息，包括其他人是谁，他们如何感受，以及他们在想什么，这对于人们决定以何种适应性的方式与他人互动至关重要。因此，青少年会比儿童或成年人更多地被面部的情绪线索所吸引（Blakemore，2008；Lawrence，Campbell & Skuse，2015），同样的，他们也会被一些与吸引力、信任、能力和社会地位相关的面部线索所吸引，尤其是同龄人的面部表情（Sherf，Behrmann & Dahl，2012）。青少年比儿童更能识别出表情的细微之处，同时他们也更能识别出表情在不同情绪之间的转换。即便是在与识别情绪无关的任务中，比如确定一个人的外貌，与儿童和成年人相比，青少年会更关注这个人面部的情绪线索。然而，他们越来越渴望被同龄人接受，而且对同龄人评价的敏感度也越来越高，这使得青少年能够从面部表情中提取更多与评价相关的信息，并认为情绪的面部特征与自己有更多的相关性。这就是你的孩子很容易从你的脸上"读"出你的评价，即使你没有他的那种感觉。

第九章
养育：从青春期到成年期

青少年的奖励机制

由于大脑发育的非线性路径，与成年人相比，青少年会持续地从奖励的情景中感受到更多的奖励。这也在一定程度上解释了为什么他们比成年人更多地参与追求感觉和冒险的行为，因为青少年大脑中的奖励回路进行了重大的重构。善于反思的父母可以试着减少对青少年安全的忧虑，同时通过记住进化论之所以这样设计，就是为了让他们成为更成熟的成年人，减少他们与青少年之间的冲突（矛盾）。

冒险行为会带来额外的动力

青少年之所以对新奇的、刺激的事物更感兴趣，是因为在这些情境中他们会比儿童和成年人释放出更多的多巴胺。因此，与儿童或成年人相比，青少年更有动力去寻求并参与那些新奇、刺激、情绪激烈、冒险的行为。所有这些行为会让他们体会到更多的愉悦感。所以只有他们才会去寻求新奇和刺激，而你却不会。

多巴胺神经元和突触的迅猛生长，使青少年对奖励机制的各个方面，无论是社交的还是非社交的，实际的还是预期的，都变得更加敏感。多巴胺连接的增长首先发生在伏隔核和杏仁核，然后才会出现在前额叶皮层（Casey et al., 2008）。因此，在青少年能够完全控制自己的行为之前，以及在他们能够充分理解这种行为的长远影响之前，他们寻求奖励的行为会增加（Galvan, 2010）。

在多巴胺过剩方面，似乎存在性别差异，青少年时期的男孩产生的多巴胺受体比女孩多。这或许可以解释这样一个事实：男孩一般比女孩更爱冒险。

青少年处理奖励的方式与众不同

相比于儿童和成年人,青少年会寻求不同的奖励。对于儿童来说,奖励通常是糖果,而对于成年人来说,奖励通常会涉及金钱。对于青少年来说,奖励更多是社交性的,例如被同龄人认为是有魅力的。青少年也比成年人更多地认为冒险是更有趣,有更多回报的行为。甚至对于青少年来说,在奖励是否足够的问题上也存在差异(Galvan et al.,2006)。与成人和儿童相比,高奖励的刺激会激活富含多巴胺的的伏隔核,但对低回报的刺激则反应较弱。换句话说,除非某件事是真正令人兴奋的,而不仅仅是某种刺激,否则青少年可能并不感兴趣。这就是为什么弟弟会很高兴和你一起出去吃饭,而正处于青少年时期的哥哥则会直接说:"好无聊!"

青少年可以像成年人一样,能够推理并了解他们所从事的行为的风险(Reyna & Farley,2006)。然而,由于奖励系统先于前额叶皮层成熟,所以青少年认为冒险对他们来说有更高的价值,但却不能像成年人那样控制自己的情绪和冲动。

为什么青少年会做出"糟糕的"决定?

青少年对奖励和快乐感觉的需求增加,会凌驾于他们的决策能力和行为抑制之上,即使他们对以上情形心知肚明。青少年的大脑对所有奖励都释放出更多的多巴胺,再加上前额皮层活动不活跃,使他们更容易去尝试毒品和酒精。

当一个青少年做出糟糕的决定时,并不是因为他们不明白自己行为的风险。他们在理智层面的确是明白的,只是青少年更看重奖励的价值。因此,青少年会付出更多的努力,冒更多的风险来获得奖励,并且会更有冲动这样做。

青少年的决策更偏向于眼前利益而非长远利益。这是因为大脑皮质下的社交情绪奖励中心的活跃度较高,而前额叶皮层的活跃度低的缘故。

第九章
养育：从青春期到成年期

皮质下区域与即时满足有关，而前额叶皮层更多地与延迟满足有关。当皮质下区域的力量大过皮质区的力量，就会使青少年倾向于根据短期收益而不是长期后果来做出决定。

青少年们为何会心理脆弱？

在青少年的大脑中，社交情绪奖励中枢更强大，而对这些中枢进行自上而下调节的前额叶皮层则较弱。这种不平衡的状态虽然可以适应青少年必须经历的各种学习体验，但也使青少年更容易受到心理问题的困扰（Casey et al., 2008; Nelson, Leibenluft, McClure & Pine, 2005）。青少年对面部表情、行为和情绪的敏感度较高，与此同时他们完全控制情绪和冲动的能力会有所下降。这种能力的下降是由他们的高度敏感性引发的，这使他们更倾向于把事情个人化，感到很受伤、被拒绝，而且会很忧虑。这会使青少年更容易患上抑郁和焦虑。

某些童年期的特征预示着青春期会遇到更大的困难。如果小孩子在童年期更容易冲动，那么他们进入青春期也更容易表现出冲动的特征。而那些自我控制能力较好的儿童，在青春期时也往往能对自己的冲动进行更好的自我控制（Eigsti et al., 2006）。当杏仁核区域活动的正常增加不能像大多数青少年那样正常消退时，青少年会更容易感到焦虑（Casey et al., 2008）。

科学如是说

当受试者被告知："不要看闪烁的灯光！请往反方向看。"他们的本能是立即看闪烁的灯光。青少年克制这类冲动的能力比儿童好很多，几乎和成年人一样好，但仍不能达到最好水平。就像成年人一样，在大约70%~80%的时间中，他们可以抵御这个诱惑，但只有当他们有强烈的动机去这样做时，才可以达到这一水平！

大脑的领导能力最后才成熟

青少年的执行能力基本准备就绪,但并没有完全就绪(Marek et al, 2015)。然而,青少年的大脑比成年人更少地激活前额叶执行区域的活动。这就是为什么成年人比青少年更善于利用大脑的监测、计划、监督资源,并抵制诱惑。

这一切具有什么样的适应性?

你可能会认为,在解决复杂问题、决策和自我控制方面发挥重要作用的前额叶皮质区,是最后一个成熟的大脑区域,这并不具有适应性。然而,自然却一如既往地给出了适应性的理由。快速高效的运转会降低大脑的灵活性。青少年的大脑需要更高的灵活性以满足其发展阶段快速变化的需要。假如青少年很快就变得更加聪明,那么他们适应、学习青春期和成年期的新经验的能力就会有所降低。青春期是一个对全新的、更广阔的生活领域进行收集和回应的时期。你不希望他们在人生的这个阶段就关闭其他可能性。否则,他们以后的成年生活将更加受限。

激励你的孩子

如果青少年有可以抵御诱惑的动力,那么他们就更容易做到。这并不意味着你需要给他们提供这样的动力,比如承诺给他们买一套新衣服,或是买一辆车。不管信不信,实际上孩子是有动力与你保持良好关系的。他们希望得到你的正面评价。为了得到正面评价,他们会更有动力地去控制冲动。这就是为什么表达对青少年的期望和要求,以及相信他们有能力做到是如此的重要,但不要以一种贬低或控制的方式来表达。你只需要以尽可能简短的语言来告诉他们,然后只需要相信他们已经听进去

第九章
养育：从青春期到成年期

你的话，而且会尽最大可能去运用你的信息。请记住，青少年的大脑还没有完全成熟，尽管他们非常在意你，在意你的期望，但还是会时不时地把事情搞砸。

跟青少年在一起时保持反思：同样的工具，不同的侧重点

作为具有反思能力的青少年的父母，你可以使用跟年幼的孩子在一起时的相同的思考技能和原则，但需要特别强调分离、独立和放弃控制的部分。请记住，你们之间的关系对青少年来说仍然非常重要。你的建议可以帮助他们控制情绪的波动、同伴的困扰、猎奇和冒险行为，还可以帮他们避开一些非常危险的情况，促使他们做出更适当的反应。问题的关键是，你不能完全控制他们，你也不能完全改变他们的方向。如果试图去完全控制，往往会适得其反。研究表明，青少年主要想从朋友那里学东西，但并不是全部（DeVore & Ginsberg，2005）。在某种程度上，青少年想要从你这里获取你所拥有的智慧。有时候，他们想知道，你在他们这个年龄时会因什么而挣扎，以及你是如何了解这个世界的，但是你需要谨慎地给出建议。

你如何回应孩子的行为，取决于你如何理解这些行为的意义，而不是这些行为本身。幸运的是，科学支持你以一种积极乐观的方式来构建青少年的社交、情绪和寻求奖励的行为（Giedd et al.，1999）。当你过于关注消极因素时，可以试着从更积极的角度重新审视这种情况。这将有助于你在必要时放手，从而支持孩子。当你以一种更加积极、更少控制的方式对待孩子时，他们就不需要把你拒之门外。用更加积极的方式对待他们，他们就能更多地接受你所说的话。

追求新鲜事物（猎奇）是有好处的

青少年多巴胺激素释放的增加，会促使他们更多地追求新鲜事物。这是他们扩大社交圈，对新的机遇、新的有关支持、安全、教育甚至就业保障的资源保持开放的动力来源。没有这些动力，孩子就将会选择在家中度过他（她）的余生。

不要将拒绝或批评个人化

跟青少年在一起时最痛苦的部分是当他们与你分离时，你会感觉自己被他们拒绝了。不论他们如何批评你的衣服、说话的方式、或者喜欢的音乐，不管他们对你的限制有多大的抗议，不管他们是多么确信你不聪明也没有能力，请记住，这些都与你个人无关。所有这些都与他们需要疏远你有关，只有这样他们才能学会如何发挥自己的作用。他们并不想让你将这些个人化，也不想让你觉得自己很糟糕。他们只是想少受一些吸引，这样他们就能更容易地放弃（依靠）你。

父母的冲动冒险，是为青少年精心策划的奖励

我们都喜欢偶尔的刺激或冒险。然而正如我们所发现的，青少年比成年人更看重它。当青少年外出寻求刺激时，并不一定意味着他们的行为是冲动的。事实上，冲动行为在 10 岁左右就会减少。青少年经常会提前计划他们寻求刺激的活动，他们会像成年人一样权衡其中的风险和危险（Steinberg，2008）。他们会跟成年人一样看到风险，但如果回报很高的话，他们就不会像成年人那样让风险来阻碍他们。这可能需要你利用所有的反思能力来接受这个事实，但是从他们自己的角度来看，青少年并不愚蠢，甚至不是那种特别爱冒险的人。

第九章
养育：从青春期到成年期

> **科学如是说**
>
> 当青少年没有跟朋友或熟人在一起，处在情绪平静的情况下时，他们冒险的几率跟成年人一样高。在更情绪化的情况下，如果有潜在的奖励，比如自己会看上去比较强硬，或给朋友留下比较深刻的印象，那么青少年冒险的几率就是成年人的两倍。例如，当青少年和朋友一起开车时，他们更容易踩油门，并且会试图闯红灯。相比之下，成年人和朋友在一起时，开车不会有什么不同。

即使是反思性的养育也不能彻底减轻你对青少年的担忧。彻底减轻你的担忧甚至不是一个好的选择。孩子需要你在一定程度上为他们担心和提防，而你需要平衡自己的忧虑和乐观。要记住，不顾风险、重视奖励是让青少年离开沙发进入成人现实世界的动力。

同伴关系就是寻找生活的同路人

青春期再一次调动了依恋系统，同时会促使青少年与同龄人之间形成紧密的、戏剧化的关系。在这种关系中，分离和拒绝会导致强烈的负面情绪。青少年越来越喜欢和同龄人在一起，因为相比于你和家庭成员而言，其他青少年可以为他们提供更多的新鲜感、奖励（多巴胺）和更多的联结感。这就是他们更愿意跟朋友谈论烦恼，而不是跟你谈论的原因。

尽管这对为人父母来说是很困难的，但这也正是孩子所需要的东西。这并不是说你完全失去了重要性，你只是不再被放在优先中心的位置了。你可以把丧失重构为他们的收获，或者可以更进一步，把你的丧失重新定义为自己的收获！紧密的同伴关系，可以培养他们的社交技能。当孩子对恋人分手和朋友背叛产生反应，就好像它们是生死攸关的事情，从生物学来讲，这是千真万确的。因为同伴正是他们未来生存需要依赖的人。他们的大脑已经在为这样的剧本进行准备，这样他们就可以解决这个问题，并且可以在以后跟他人建立安全和成功的关系。

所有人都会因为社交拒绝而感到痛苦。青少年之所以会感到更加强烈的痛苦，是他们大脑的连接所导致的。如果你认可并能对他们的痛苦感同身受，这样的痛苦会有助于建立他们的复原力。但同时也要提醒自己和孩子，现在感觉非常痛苦的事情，将来也会好起来，生活还会继续。

重新设定作为父母的目标

现在很多家庭为了让孩子获得成功，给孩子们施加了太多压力。他们试图控制孩子的行为，来确保孩子可以成功。不幸的是，这会导致人们对于失败产生过多的焦虑。孩子可能会对学业成就和赚钱感到非常焦虑，以至于会害怕探索环境中有创意的想法和兴趣。这些想法和兴趣可能无法为考取常春藤大学或得到高薪工作提供任何必要的证书。我们不能责怪父母，这是整个社会的压力。作为善于反思的父母，我们鼓励你多思考。你可以通过远离这些压力来更好地帮助你的孩子，即便你是整个街区唯一这样做的父母。教育领导者会支持你这样做。

我们现在对名牌大学的痴迷，正在创造这样一代孩子，他们对自己的生活感到焦虑和不满意（Deresiewicz, 2014）。许多毕业于名牌大学的孩子们，一直在体验着成功。当他们不成功时，他们会感到害怕、沮丧、崩溃，在他们那里没有犯错误的余地。这些孩子中的一些人会百分百地规避风险，而这恰恰违背了我们所了解的、青少年所需要的东西。青少年学习如何通过探索、经历那些超越自己舒适、熟悉和有保证的区域，来成为一个独立的个体。他们需要为了自己去尝试，看看什么适合自己，喜欢什么、不喜欢什么，同意什么、不同意什么。这就是创造"自我"的方式。如果孩子有足够的安全感去冒险、去失败，只是为了兴趣去探索，那么孩子会有更好的表现。对失败感到安全，可以建立起孩子的复

第九章
养育：从青春期到成年期

原力，还可以成为他们未来的一个保障（Duhigg, 2016）。

通常情况下，当父母们想要控制时，他们会快速地告诉孩子们该做什么，如何思考困难的状况。父母们最好克制这种冲动，取而代之的则是保持好奇。好奇并询问孩子对当前状况的看法，可以问他们一些问题，比如："你觉得你该做什么？"当孩子有更多自由自己做决定时，这有助于培养他们应对困境的积极性（Duhigg, 2016）。这并不是说你需要附和孩子的每一个想法，这是不现实的，也不是孩子所期望的。重要的是，即使你不听从他们的意见，你也应该确保孩子可以感觉到你听进去了他们的话，并且会认真对待。对于青少年来说，真的分享他们的想法是有风险的，父母需要确保这是一个他们可以安全尝试的风险。

让设定限制成为可协商的过程

聚焦于关系的原则暗示了你不能对青少年施加限制。如果你可以把限制纳入到你们新发展出的关系中时，设定限制可以发挥更好的作用。给青少年设定限制，很像在工作场合所使用的双赢或"达成一致"的谈判策略。每一方都给出他们的意见，双方都感觉自己的意见被听到了，双方都得到了一些他们所需要的东西。比如，你希望孩子在和朋友们外出时，遇到计划改变的时候要给你打电话。你可以坚持这一点，如果他们不遵守，你甚至会把他们的手机没收。这并不一定是一种糟糕的方式，但其实有一种更加增进关系、利于发展的方式。青少年需要学会发展出自己的决策能力，以关系为基础的养育方式比独裁的养育方式更好。

这里仅仅就你和孩子可能有的对话举一个例子，当你表达自己的希望时说："今天和朋友出去的时候，无论何时若计划有变时，都要给我打电话。"他们会说："为什么？"你可以告诉他们你担心他们的安全。他们会说："放轻松点！我们不会有事的，非常安全！"然后，即使你也尊重他们确信自己是安全的想法，但你还会继续表达自己的担心，因为父母就是这样的。你可以补充说，你相信当孩子们知道父母也参与其中时，会有更好的表现。你的话表明，你没有针对他们——这是你的感觉和行为，你尊重他们作为一个独立个体的存在。接下来你可以把对话移交给他们，看看他们对你的要求的感受，看看他们是否能想出更有效的策略来解决你的担忧和感受。他们可能会说："必须给你打电话，告诉你所有的细节让人很尴尬。你还把我当小宝宝。这样如何，我会发短信告诉你'计划有变'。"你说："好吧，我愿意尝试一下，但我希望你至少可以把你的新计划也发短信告诉我。"他们做了个鬼脸，然后说："不要得寸进尺！"当说再见时，如果你需要说什么时（实际上你不需要，但是如果你觉得你必须说），你可能会说："我很高兴我们可以讨论，我相信你能理解，并且会有很好的判断。"请记住，当在接力赛中移交接力棒时，一个运动员会拿着接力棒，但不会握得太紧，因为他们要把接力棒传给下一个。

关于给予孩子多少回旋的余地，亦或需要在多大程度上约束孩子，该遵循怎样的规则，并没有什么正确的答案。最好的指导方法是让自己了解，你希望孩子遵守哪些限制，并在所有限制被确定之前，弄清楚为什么这些限制对你来说很重要。需要确保让他们知道，你对他们的观点感兴趣，并且会听取他们的意见。当父母忽视自我反思，或者没有顾及孩子的观点时，他们更有可能在设定限制上唠叨不停，或者变得过于教条，而这些对孩子和父母都不好。

不畏艰辛地坚持

对于父母来说，试图与发展中的要推远父母的青少年保持一种紧密的关系，在情绪上是非常困难的。当你常常觉得他们不想听取你的意见，不关心你的想法，你说的话他们会左耳进右耳出时，你很容易灰心丧气。但事实是，你说的一些话还是会留在他们的头脑中。如果你用一种反思

第九章
养育：从青春期到成年期

的方式与他们交谈，倾听他们的想法，那么你就是在帮助青少年磨炼他们的思考能力。就如何看待人们的感受和动机，如何确定冲突和不确定性是正常、可接纳的，往往有不止一种方式。即使孩子并没有专门和你谈论他们的问题，他们也会把在家中学到的反思性思考能力带入到同伴关系中。他们不会把这些归功于你，甚至不会告诉你这些。但我们知道，青少年会把父母的推理、禁令和价值观进行内化，即使他们从来没有"坦白"过。当孩子把事情搞砸了，你能够坚持反思，能够修复可能发生的关系破裂，并持续提供情感支持和指导，同时相信他们可以改变，那么这会成为他们收拾残局的最佳机会。

亲子故事

- 在一个反思性养育团体中，大家鼓励安妮和艾丽两位母亲进行自我反思，弄明白她们想要给女儿设定什么样的限制：

    安妮：当我女儿态度不好时，我该做什么呢？
    带领者：你能跟我们多讲一些女儿态度不好的情况吗？
    安妮：当我跟她说话时，很多时候她的态度都很差。比如，她会无视我，就好像她根本没有听到我说的话，要么就只用一个字来回答我，或者扮鬼脸。
    带领者：当她这样做时，你有什么感受？
    安妮：我觉得需要阻止她，告诉她这样是错的。我的意思是，难道作为父母不应该教他们如何举止得体吗？
    带领者：是的，我们确实有着教孩子如何举止得体的责任。我在猜，也很想知道，当她态度不好时你会有什么感受？

安妮：我感觉糟透了。我感受到被拒绝，不被尊重。这也是我要教她不能这样做的原因。

带领者：你觉得她会有什么感受？

安妮：嗯，我想她是想摆脱我。事实上我对此很高兴，因为她是个很好的女孩子。我认为分离对她来说是有好处的。

带领者：所以我猜你有种很复杂的感受：一方面觉得被拒绝，但另一方面也觉得高兴。而这让你不知该如何应对。

安妮：没错！所以我想问我该怎么做，因为我不知道是应该无视，还是教她不要这么做。

带领者：对父母来说，面对这种不确定性太难了。在这个问题上没有正确的答案。但是现在，你意识到自己既有好的感受，也有不好的感受，你有想到什么可以解决的方式吗？

安妮：好吧，你现在这样问我，我觉得只要她的态度不是太过分，我可以忽略。但是如果太过分了，那么我就可以告诉她，这让我很受伤，我会看看她会如何反应。

艾丽：我不会容忍这种态度的。我只会告诉我女儿，她不能那样跟我说话。我会跟她说，如果她那样对我，她需要承担后果，比如我会拿走她的手机。

带领者：就你的情况而言，你女儿对你有一个好态度是非常重要的。所以你跟安妮用了不同的处理方式。也许你可以和我们分享一下女儿态度不好时，你会有什么感受？

艾丽：如果她对我态度不好，我会疯掉。我曾经用非常糟糕的方式对待我母亲。我很苛刻，态度也很恶劣，我还经常想让母亲告诉我不要这样做。但是，她采取了放任的方式。当我长大后，我为自己年轻时这样对她感到非常内疚。我不希望我女儿有这样的感觉，所以我会毫不含糊地告诉我女儿，她不能这样无礼地跟

第九章
养育：从青春期到成年期

我说话……我不希望女儿以后会因为这样对待我而感到后悔。

带领者：我当然能理解这一点。我想知道，你觉得女儿对此会如何感受呢？

艾丽：当我听了安妮所说的，我意识到我并不知道这会对我女儿有什么影响。这让我想到，因为和我母亲之间发生的事情，让我对女儿有些反应过度了。我母亲从未说过我如何影响了她。我也许可以告诉我女儿，她这样做会让我有什么感觉，而且不会像我现在感受的如此强烈，也不会觉得这是针对我个人的。我不用总是带入自己的个人感受，有时我可以更中立些，也许我可以说："人们不太喜欢别人对自己态度不好。"我可以问问她是否思考过这个问题。

- 一位青少年的父母学会了通过少做事情来获得更多。林女士和雷先生谈到了他们的女儿莉莉在学校表现不佳的情况。他们说，女儿根本无心学习，她的成绩很糟糕。他们认为最好用积极些的方法，所以他们用金钱奖励和礼物来激励女儿，但没有起作用。这样做只会导致更多的紧张气氛，还会就她得到C是否应该有奖励，而不仅仅是得A和B时才有奖励产生很多争论。她的学习习惯、成绩以及对表现得好的兴趣没有任何改善。由于遇到了阻碍，父母们对这种情况越来越愤怒，并开始因为莉莉成绩不好而让她承担一些后果和惩罚，但这也不起作用。而且跟女儿的关系处于这样一种消极的状态，让他们感觉很糟糕。他们尝试了另一条路，主要是出于绝望，但碰巧它带来了一个惊人的发现。他们决定让步——不是以一种愤怒、无情、冷漠的方式——只是让步。他们解释说，他们看到自己所有的逼迫和刺激都没有帮助。他们决定后退一步，看看会发生什么。接下来发生的是，莉莉开始行动了。

她开始更主动地投入更多时间在她的功课上。她的成绩提高了，对自己也很满意。当然，她的父母也很高兴。但是，他们想说的并不是对女儿学业成绩提高了感觉有多好，而是他们发现自己可能抑制扼杀了她的学习动机。现在他们给了她空间，她则展现出非常能干、也非常值得信任、知道如何做事的一面。

- 一位父亲学会相信女儿可以自己做决定。道格先生和前妻离婚时，女儿小爱还是个孩子。现在，女儿14岁了，她总是维护她的母亲。道格先生觉得前妻跟女儿讲的有关他以及他为什么离婚的事情，都不是事实。他尊重女儿保有对母亲的好感的需要，但他想知道，什么时候才能告诉女儿他们离婚的真正原因。小组中的另一位父亲问道格先生，他之所以要告知实情，是因为他觉得女儿真的需要这些信息，还是更多地为了澄清事实，纠正自己的坏名声。道格先生回答说："难道真相不重要吗？"一位母亲问道，妻子的恶言恶语是否给他和女儿的关系造成了问题。他解释说，他们关系很好，喜欢一起看电影、打网球。道格先生最终得出了自己的结论，他说："她可以自己思考。她知道她的父亲是什么样的人，而且对她父亲也很有好感。真相不会改善任何事情，真相只会丑化她的母亲，让她愤而为妈妈辩护，这样只会让她难过。"

反思性养育的语言

- 当孩子向你倾诉他们对朋友的愤怒和失望后，你该说些什么：有一种选择是，除了发出一些富有同情心的声音外，什么也不用说。请记住，孩子会把你当成坏情绪的垃圾桶，这样他们就可以继续前进了。

第九章
养育：从青春期到成年期

- 当孩子离开家，和朋友一起开车去参加聚会时，你该说些什么："我知道我可以相信你，对于不喝酒和开车的问题有正确的判断。如果需要的话，我随时可以来接你。"

- 对刚刚遭遇失恋，无法想象失去男（女）朋友的世界会怎样的青少年，你可以说什么：不管你想说什么，都不需要立刻就说出来。并不是所有的青少年愿意在此时谈论这个话题，而且他们也不会给父母太多交流的时间。失恋的青少年需要时间疗愈，而你也会有很多机会跟他们谈论此事。你可以用一些轻柔的言简意赅的语言来表达你的同情心和智慧。"我很抱歉这件事发生在你身上。我知道这让人很伤心。"下一次，你也许可以说："我知道你会觉得自己永远都不会好起来了，但是大家最终都会好起来的。你现在很难相信这点，但你迟早会感觉好一些的。"也许，在另一个场合，你可以跟孩子分享你十几岁时被甩的经历。"每个人都会经历这样的事情。我被甩了，而且我和你一样感觉很糟糕。"

家庭练习

- 练习通过对话而不是教导来教孩子。诸如坚韧、自我克制、乐观等特质，与孩子成人后有更好的表现息息相关。一些可以理解他人为什么如此行事，为什么会感恩的特质，可以帮助一个人更好地与他人相处。好奇、思想开明、热衷学习的特点可以促进独立思考。作为家长，如果你想教青少年形成这样的特质，可以练习把这作为你和孩子交谈的一部分。当特定的情况出现时，比如孩子遇到困难想要放弃的时候，或者他们因为犯错而自暴自弃时，是一个很好的尝试探讨这些的时机。请记住，真正的对话是开放式的，是双向的。你可能会跟孩子分享，为什么你认为尽管遇到挫折，但坚持追求一个目标仍然是好的；或者为什么你认为犯错误是有价值的；还有为什么即使没有一个好的结局，也值得付出努力。然后对孩子会怎么想保持好奇，做一个好的倾听者。可以试着讨论新闻里或其他地方的人们，这样的讨论包含了你试图了解人们内心的感受和动机，或者讨论感恩对他人的重要性。切记不要对他人的性格做出消极的评论，比如说他们是懒惰、态度恶劣的。不要支配你认为孩子应该具备的价值观。即使他们不想多说话也无须担心。即使孩子对你发脾气，你的价值观也会有所渗透。但是请记住，当你和孩子谈话时，应该是讨论，而不是自己长篇大论。记住要保持对话，而不是让它成为一个演讲。

- 练习让自己成为一个更善于倾听的人，而不是一个健谈的人。青少年会有不同于你的兴趣。如果你想激发他们的好奇心和学习热情，你必须保持非常开放的态度，并允许他们自由地表达他们的兴趣、想法、价值观、理论和信念（信仰）。花更多的时间了解他们的看法，而不是分享你的观点。

- 练习从冲突和伤害中迅速恢复。青少年和他们的父母会陷入一些激烈的争吵中，而孩子很容易对你说一些很伤人甚至很讨厌的话。他们非常容易向你提出不合理的要求，然后对你为他们所做的努力缺乏感激之情。他们会拒绝你想和他们一起参加活动的邀请，还会贬低你的想法，贬低你喜欢的东西。他们会把所有的问题都转嫁到你身上，有时甚至会责怪你。接受所有这一切非常不容易。父母们会为自己感到难过，甚至觉得自己是受害者，并且会有报复的冲动，这也不足为怪。然而，当孩子迅速恢复过来，想和你再次交谈时，你也必须迅速恢复。青少年可能在这一分钟心情很差，表示拒绝，但在一下分钟可能就会开心，想要开始互

第九章
养育：从青春期到成年期

动了。他们在自己的时间框架里这样行事，而不是你的时间框架。也许你只是拒绝开车送他们去城里参加聚会，他们就会为此发脾气，还会说讨厌你、你毁了他们的生活，嘴里还会嘀咕着一些脏话，然后走进房间，砰的一声关上门。你可能会在房间里自己疗伤，或者饱尝愤怒和受伤的滋味。然后，你瞧，10分钟后，他们会扑通一声躺在你床上，想和你聊天。你需要尽最大努力从受伤愤怒的模式，转变为愉快的聊天模式。不要问他们为什么突然间心情就变好了。尽量不要告诉他们你仍然很受伤、很愤怒。通常只要在心里感激他们心情更好了就好。养育一个青少年，就像在踩着石头穿越一条水流湍急的河流一样，对片刻的休息心存感激，而不要太在意两者之间的动荡。

The Reflective Parent

后 记

每一个故事都会有结局,如何以反思的方式养育孩子这一故事也不例外。故事的结局就是你的孩子最终会长大成人,但你仍需要像之前一样使用反思性的养育方式。我是这样做的,事实上,当初开始写这本书,是因为当孩子年幼时,我自己需要这样的一本书。然而,现在我的孩子们已经30多岁了,我已经当了祖母。但我意识到,我在本书中所说的所有东西同样适用于我现在对孩子的养育。要和一个成熟的成年人重新建立起一种新的关系模式是不容易的。我必须保持反思能力,以确保我不会得罪他们,破坏我们的关系。我仍然必须这样保持反思的事实,应该不足为怪。保持反思,是与任何人建立牢固关系的关键所在,对象可以是任何人:孩子、恋人、夫妻、朋友、熟人、老师、学生、同事、雇员和雇主。反思是一个全方位的关系建造者。

无论孩子多大,即使你的孩子当了父母,你也需要使用你的反思能力。这是因为"一朝为父母,终生为父母!"虽然孩子会长大成人,但你永远都是他们的父母,他们也永远是你的孩子——但会有些不同。他们仍然希望你会为他们感到骄傲,并对他们抱有积极的想法。他们对你们可能的负面评价仍然很敏感,你也仍然有保护和提建议的冲动,这些都是自然之举。你需要记住的是,反思性的养育比以往任何养育方式都更需要你把孩子看作是独立的、有能力的、并且能够决定如何管理他们的生活的人。如果你可以做到这一点,你就更有可能与他们保持良好的关系。如果你能管住自己的嘴,只有当被问到时才给建议(而且需要非常谨慎地给建议),不过多地谈论他们不打电话你有多伤心,你就可以跟他们保持一个健康、成熟的关系。最后,跟成年的孩子在一起时,仍然保持反思,这可以让他们仍然希望探望你、享受和你在一起的时光,这是给予反思性养育的礼物。他们可能没有如你期待那样多的探望或交谈,但是保持反思使得建立最好的关系成为可能,这作为回报已经足够。

The Reflective Parent
参考文献

Abraham, A. (2013). The world according to me: Personal relevance and the medial prefrontal cortex. *Frontiers in Human Neuroscience,* 7, 1-4.

Ainsworth, M. S., Blehar, M. C., Waters, E., & Wall, S. (1978). Patterns of attachment: A psychological *Theories study of the strange situation.* Hillsdale, NJ: Erlbaum.

Allen, S. & Daly, K. (2007). *The effects of father involvement: An updated research summary of the evidence inventory,* Guelph, Ontario, Canada: Centre for Families, Work & Well-Being.

Arnsten, A. F. T. (2009). Stress signalling pathways that impair prefrontal cortex structure and function. *Nature Reviews Neuroscience,* 10, 410-422.

Baron-Cohen, S., Tager-Flusberg, H., & Cohen, D. (2007). *Understanding other minds: Perspectives from developmental cognitive neuroscience* (2nd ed.). New York, NY: Oxford University Press.

Beebe, B. (2006). Co-constructing mother-infant distress in face-to-face interactions: Contributions of microanalysis. *Infant Observation,* 9, 151-164.

Beebe, B., Jaffe, J., Markese, S., Buck, K., Chen, H., Cohen, P.,... Feldstein, S. (2010). The origins of 12-month attachment: A microanalysis of 4-month mother-infant interaction. *Attachment and Human Development, 12,* 3-141.

Blakemore, S. J. (2008). The social brain in adolescence. *Nature Reviews Neuroscience, 9,* 267-277.

Blakemore, S.-J., & Choudhury, S. (2006). Development of the adolescent brain: Implications for executive function and social cognition. *Journal of Child Psychology and Psychiatry, 47,* 296-312.

Borelli, J. L., Crowley, M. J., David, D. H., Sbarra, D. A., Anderson, G.M., & Mayes, L. C. (2010). Attachment and emotion in school-aged children. *Emotion, 10*(4), 475-485.

Borelli, J. L., Crowley, M. J., Snavely, J. E., & Mayes, L. C. (2013) Dismissing children's perceptions of their emotional experience and parental care: Preliminary evidence of positive bias. *Child Psychiatry and Human Development, 44,* 70-88.

Brazelton, T. (1983). *Infants and mothers: Differences in development.* New York, NY: Delacorte.

Brothers, L. (1990). The social brain: A project for integrating primate behavior and neurophysiology in a new domain. *Concepts in Neuroscience, 1,* 27-51.

Brown, D. J. (2014). *Boys in the boat: Nine Americans and their epic quest for gold at the 1936 Berlin Olympics.* New York, NY: Penguin.

Bruner, J. S. (1972). Nature and uses of immaturity. *American Psychologist, 27,* 1-23.

Buckner, R. L., Andrews-Hanna, J. R., & Schacter, D. L. (2008). The brain's default network: Anatomy, function and relevance to diseaase. *Annals of the New York Academy of Sciences, 1124,* 1 38.

Casey, B. J., Jones, R. M., & Hare, T. A. (2008). The adolescent brain. *Annals of the New York Academy of Sciences, 1124,* 111-126.

Cattaneo, L., & Rizzolatti, G. (2009). The mirror neuron system. *Archives of Neurology, 66,* 557-560.

Champagne, R, & Curley, J. (2009). Epigenetic mechanisms mediating the long-term effects of maternal care on development. *Neuroscience and Biobehavioral Reviews, 33*, 593-600.

Champagne, F., & Meaney, M. (2001). Like mother, like daughter: Evidence for non-genomic transmission of parental behavior and stress responsivity. *Progress in Brain Research, 133*, 287-302.

Chartrand, T. L., & Bargh, J. A. (1999). The chameleon effect: The petception behavior link and social interaction. *Journal of Personality and Social Psychology, 76,* 893-910.

Coan, J. A., Schaefer, H. S., & Davidson, R. J. (2006). Lending a hand: Social regulation of the neural response to threat. *Psychological Science, 17,* 1032-1039.

Coley, R. L. & Hernandez, D. C. (2006). Predictors of paternal involvement for resident and nonresident low-income fathers. *Developmental Psychology, 42,* 1041-1056.

Crone, E. A., & Dahl, R. E. (2012). Understanding adolescence as a period of social-affective engagement and goal flexibility. *Nature Reviews Neuroscience, 13,* 636-650.

Decety, J., & Ickes, W. (2011). *The social neuroscience of empathy.* Cambridge, MA: First MIT Press.

Decety, J., & Jackson, P. (2006). A social-neuroscience perspective on empathy. *Current Directions in Psychological Science, 15,* 54-58.

Deresiewicz, W. (2014). *Excellent sheep: The miseducation of the American elite.* New York, NY: Free Press.

DeVore, E. R., &. Ginsberg, K. R. (2005). The protective effects of good parenting on adolescents. *Current Opinion in Pediatrics, 17,* 460-465.

Diamond, A. (2013). Want to optimize executive functions and outcomes? Simple, just nourish the human spirit. In P. D. Zelazo & M. D. Sera (Eds.), *Minnesota Symposia on Child Psychology: Developing Cognitive Control Processes: Mechanisms, Implications, and Interventions* (Vol. 37). Hoboken, NJ: Wiley.

Dias-Ferreira, E., Sousa, J., Melo, I., Morgado, P., Mesquita, A. R., Cerqueira, J. J.,... Sousa, N. (2009). Chronic stress causes frontostriatal reorganization and affects decision-making. *Science,* 325, 621-625.

Domes, G., Heinrichs, M., Glascher, J., Buchel, C., Braus, D., & Herpertz, S. C. (2007). Oxytocin attenuates amygdala responses to emotional faces regardless of valence. *Biological Psychiatry, 62,* 1187-1190.

Domes, G., Heinrichs, M., Michel, A., Berger, C., & Herpertz, S. C. (2007). Oxytocin improves "mind-reading" in humans. *Biological Psychiatry, 61,* 731-733.

Drake N. (2014) Why do people see faces in the moon? *National Geographic.* Retrieved from http://news.nationalgeographic.com/news/2014/04/140412-moon-faces-brain-culture-space-neurology/.

Duhigg C. (2016). *Smarter faster better: The secrets of being productive in life and business.* New York, NY: Random House.

Dunbar, R. I., & Shultz, S. (2007). Evolution in the social brain. *Science, 317,* 1344-1347.

Ebstein, R., Salomon, I., Lerer, E., Uzefovsky, F., Shalev, I., Gritsenko, I., ... Riebold, M. (2009). Arginine vasopressin and oxytocin modulate human social behavior. *Annals of the New York Academy of Sciences, 1167,* 87-102.

Eigsti, I.-M., Zayas, V., Mischel, W., Shoda, Y., Ayduk, O., Dadlani, M. B.,... Casey, B. J. (2006). Predicting cognitive control from preschool to late adolescence and young adulthood. *Psychological Science, 17,* 478-484.

Eisenberger, N. I. (2012). Broken hearts and broken bones: A neural perspective on the similarities between social and physical pain. *Current Directions in Psychological Science, 21,* 42-47.

Eisenberger, N. 1., Jarcho, J. M., Lieberman, M. D., & Naliboff, B. D. (2006). An experimental study of shared sensitivity to physical pain and social rejection. *Pain, 126,* 132-138.

Eisenberger, N. I., Master, S. L, Inagaki, T. K., Taylor, S. E., Shirinyan, D., Lieberman, M. D., & Naliboff, B. D. (2011). Attachment figures activate a safety signal-related neural region and reduce pain experience. *Proceedings of the National Academy of Sciences*, 11721- 11726.

Eliot, L. (2000). *What's going on in there? How the brain and mind develop in the first five years of life.* New York, NY: Bantam Books.

Epley, N., Waytz, A., & Cacioppo, J. T. (2007). On seeing human: A three-factor theory of anthropomorphism. *Psychological Review, 114,* 864-886.

Fagan, J. & Palm, G. (2004). *Fathers and early childhood programs.* Clifton Park, NY: Delmar Learning.

Faulkner, W. (1951). *Requiem for a nun.* New York, NY: Random House.

Field, T., Diego, M., & Hernandez-Reif, M. (2010). Preterm Infant Massage Therapy Research: A Review. *Infant Behavior & Developm*ent, *33*(2), 115-124. http://doi.org/10.1016/j.infbeh.2009.12.004.

Flanders, J. L., Leo, V., Paquette, D., Pihl, R. O., & Séguin, J. R. (2009). Rough-and-tumble play and the regulation of aggression: An observational study of father—child play dyads. *Aggressive Behavior, 35,* 285-295.

Flouri, E., & Buchanan, A. (2004). Early father's and mother's involve ment and child's later educational outcomes. *British Journal of Educational Psychology, 74,* 141-153.

Fonagy, P., Bateman, A., & Bateman, A. (2011). The widening scope of mentalizing: A discussion. *Psychology and Psychotherapy: Theory, Research and Practice, 84,* 98-110.

Fonagy, P., Gergely, G., Jurist, E., & Target, M. (2004). *Affect regulation, mentalization, and the development of the self.* New York, NY: Other Press.

Fonagy, P., & Target, M. (2006). The mentalization-based approach to self pathology. *Journal of Personality Disorders, 20,* 544-576.

Fonagy, P., & Target, M. (2007). The rooting of the mind in the body: New links between attachment theory and psychoanalytic thought. *Journal of the American Psychoanalytic Association, 55,* 411-456.

Frank, M. C., Vul, E., & Johnson, S. P. (2000). Development of infants' attention to faces during the first year. *Cognition, 110,* 160-170.

Fuster, J. (1998). *The prefrontal cortex: Anatomy, physiology, and neuropsychology of the frontal lobe* (3rd ed.). New York, NY: Raven.

Galvan, A. (2010). Adolescent development of the reward system. *Frontiers in Human Neuroscience, 4,* 1-9.

Galvan, A., Hare, T. A., Parra, C. E., Penn, J., Voss, H., Glover, G., & Casey, B. J. (2006). Earlier development of the accumbens relative to orbitofrontal cortex might underlie risk-taking behavior in adolescents. *Journal of Neuroscience, 26,* 6885-6892.

Gander, M., &. Buchheim, A. (2015). Attachment classification, psychophysiology and frontal EEG asymmetry across the lifespan: A review. *Frontiers in Human Neuroscience, 9,* 1-39.

Gazzaniga, M. S., Ivry, R. B., & Mangun, G. R. (2002). *Cognitive neuroscience.* New York, NY: W. W. Norton.

Giedd, J. N., Blumenthal, J., Jeffries, N. O., Castellanos, F. X., Liu, H., Zijdenbos, A., ... Rapoport, J. L. (1999). Brain development during childhood and adolescence: A longitudinal MRI study. *Natwe Neuroscience,* 2, 861-863.

Gilmore, R.O. & Johnson, M. H. (1995). Working memory in infancy: Six-month-olds' performance on two versions of the oculomotor delayed response task. *Journal of Experimental Child Psychology*, 59, 397-418.

Ginsburg, K. R. (2007). The importance of play in promoting healthy child development and maintaining strong parent—child bonds. *Pediatrics*, *119*. Retrieved from http://pediatrics.aappublications.org/content/119/1/182 .full

Goldsmith, M., with Reiter, M. (2007). *What got you here won't get you there: How successful people become even more successful.* New York, NY: Hyperion.

Grienenberger, J., Denham, W., &. Reynolds, D. (2015). Reflective and mindful parenting: A new relational model of assessment, prevention, and early intervention. In P. Luyten, L. C. Mayes, P. Fonagy, M. Target, & S. J. Blatt (Eds.), *Handbook of psychodynamic approaches to psychopathology.* New York, NY: Guilford Press.

Grienenberger, J., Kelly, K., & Slade, A. (2005). Maternal reflective functioning, mother—infant affective communication and infant attachment: Exploring the link between mental states and observed caregiving behavior in the intergenerational transmission of attachment. *Attachment and Human Development*, 7, 299-311.

Grossman, P., Niemann, L., Schmidt, S., & Walach, H. (2004). Mindfulness-based stress reduction and health benefits: A meta-analysis. *Journal of Psychosomatic Research,* 57, 35-43.

Gusnard, D. A., Akbudak, E., Shulman, G. L., & Raichle, M. E. (2001). Medial prefrontal cortex and self-referential mental activity: Relation to a default mode of brain function. *Proceedings of the National Academy of Sciences*, 98, 4259-4264.

Hauser, M. D., Chomsky, N., & Fitch, T. W. (2002). The faculty of language. What is it, who has it, and how did it evolve? *Science,* 298,1569-1579.

Herbet, G., Lafargue, G., Bonnetblanc, F., Moritz-Gasser, S., Menjot de Champfleur, N., & Duffau, H. (2014). Inferring a dual-stream model of mentalizing from associative white matter fibres disconnection. *Brain, 137,* 944-959.

Hornbuckle, S. R. (2010). Factors impacting the child with behavioral inhibition. *Forum on Public Policy Online* (Vol. 2010, No. 5).

Hove, M. J., & Risen, J. (2009). It's all in the timing: Interpersonal synchrony increases affiliation. *Social* Cognition, *27,* 949-961.

Iacoboni, M. (2008). *Mirroring people: The new science of how we connect with others.* New York, NY: Farrar, Straus and Giroux.

Iacoboni, M., & Dapretto, M. (2006). The mirror neuron system and the consequences of its dysfunction. *Nature Reviews Neuroscience, 7,* 942-951.

Iacoboni, M., Molnar-Szakacs, I., Gallese, V., Buccino, G., Mazziotta, J. C., & Rizzolatti, G. (2005). Grasping the intentions of others with one's own mirror neuron system. *PLOS Biology, 3*(3). doi: 10.1371/ journal.pbio.0030079.

Iyengar, U., Kim, S., Martinez, S., Fonagy, P., & Strathearn, L. (2014). Unresolved trauma in mothers: Intergenerational effects and the role of reorganization. *Frontiers in Psychology.* Retrieved July 6, 2016, from http://journal.frontiersin.org/article/10.3389/fpsyg.2014.00966/full.

Jacobsen, T., & Hofmann, V. (1997). Children's attachment representations: Longitudinal relations to school behavior and academic competency in middle childhood and adolescence. *Developmental Psychology, 33*(4), 703-710.

Lundström, J. N., Mathe, A., Schaal, B., Frasnelli, J., Nitzsche, K., Gerber, J., & Hummel, T. (2013). Maternal status regulates cortical responses to the body odor of newborns. *Fronteirs in Psychology.* Retrieved July 6, 2016, from http://journal.frontiersin.org/article/10.3389/fpsyg.2013.00597/full.

Kabat-Zinn, J. (1994). *Wherever you go, there you are.* New York, NY: Hyperion.

Kagan, J. (2003). Biology, context, and developmental inquiry. *Annual Review of Psychology, 54,* 1-23.

Kagan, J., & Baird, A. (2004). Brain and behavioral development during childhood. In M. S. Gazzaniga (Ed.), *The cognitive neurosciences III* (pp. 93-103). Cambridge, MA: MIT Press.

Keysers, C. (2011). The *empathic brain.* Netherlands: Frontiers.

Keysers, C., Wicker, B., Gazzola, V., Anton, J.-L., Fogassi, L., & Gallese, V. (2004). A touching sight: SII/PV activation during the observation and experience of touch. *Neuron, 42,* 335—346.

Kim, P., Leckman, J. F., Mayes, L. C., Feldman, R., Wang, X., & Swain, J. E.(2010). The plasticity of human maternal brain: Longitudinal changes in brain anatomy during the early postpartum period. *Behavioral Neuroscience, 124,* 695-700.

Kim, S., Fonagy, P., Allen, J., & Strathearn, L. (2014). Mothers' unresolved trauma blunts amygdala response to infant distress. *Social Neuroscience, 9,* 352-363.

Klein, R. (2002). *The dawn of human culture.* New York, NY: Wiley.

Kobak, R. R.-G. (1993). Attachment and emotion regulation during mother-teen problem solving: A control theory analysis. Child *Development, 64,* 231-245.

Kolb, B., Mychasiuk, R., Muhammad, A., Li, Y., Frost, D. O., & Gibb, R. (2012). Experience and the developing prefrontal cortex. *Proceedings of the National Academy of Sciences, 109,* 17186-17193.

Korb, A. (2015). *The upward spiral: Using neuroscience to reverse the course of depression, one small change at a time.* Oakland, CA: New Harbinger.

Kovács, Á. M., Téglás, E., & Endress, A. D. (2010). The social sense: Susceptibility to others' beliefs in human infants and adults. *Science, 330,*1830-1834.

Krahé, C., Springer, A., Weinman, J. A., & Fotopoulou, A. (2013). The social modulation of pain: Others as predictive signals of salience—a systematic review. *Frontiers in Human Neuroscience, 7,* 386. http://doi. org/10.3389/fnhum.2013.00386.

Larose, S., & Bernier, A. (2001). Social support processes: Mediators of attachment state of mind and adjustment in late adolescence. *Attachment and Human Development, 3*(1), 96-120.

Lawrence, K., Campbell, R., & Skuse, D. (2015). Age, gender, and puberty influence the development of facial emotion recognition. *frontiers in Psychology,* 6, article 761.

Leckman, J. F., Feldman, R., Swain, J. E., Eicher, V., Thompson, N., & Mayes, L. C. (2004). Primary parental preoccupation: Circuits, genes, and the crucial role of the environment. *Journal of Neural Transmission, 111,* 753—771.

Lieberman, A. F., Padrón, E., Van Horn, P., & Harris, W. W. (2005). Angels in the nursery: The intergenerational transmission of benevolent parental influences. *Infant Mental Health Journal, 26,* 504-520.

Lieberman, M. D. (2003). Reflexive and reflective judgment processes: A social cognitive neuroscience approach. In J. Forgas, K. Williams, & W. von Hippel (Eds.), *Social judgments: Implicit and explicit processes* (pp. 44-67). Cambridge, UK: Cambridge University Press.

Lieberman, M. D. (2007). Social cognitive neuroscience: A review of core processes. *Annual Review of Psychology, 58,* 259-289.

Lieberman, M. D. (2013). *Social: Why our brains are wired to connect.* New York, NY: Crown.

Llinas, R. (2001). *I of the vortex: From neurons to self.* Cambridge, MA: MIT Press.

Lynch, M. (1994). Preparing children for day surgery. *Children's Health Care, 23*(2) 75-85.

Lyons Ruth, K., & Jacobvitz, D. (1999). Attachment disorganization: Unresolved loss, relational violence, and lapses in behavioral and attentional strategies. In J. Cassidy & P. E. Shaver, *Handbook of attachment: Theory, research, and clinical implications* (pp. 520-554). New York, NY: Guilford Press.

Lyons-Ruth, K., & Spielman, E. (2004). Disorganized infant attachment strategies and helpless-fearful profiles of parenting: Integrating attachment research with clinical Intervention. *Infant Mental Health Journal,* 25(4), 318-335.

Macdonald, K., & Macdonald, T. M. (2010). The peptide that binds: A systematic review of oxytocin and its prosocial effects in humans. *Harvard Review Psychiatry, 18,* 1-21.

MacLean, P. C., Rynes, K. N., Aragon, C., Caprihan, A., Phillips, J. P., & Lowe, J. R. (2014). Mother-infant mutual eye gaze supports emotion regulation in infancy during the Still-Face paradigm. *Infant Behavior and Development, 37,* 512-522.

Marek, S., Hwang, K., Foran, W., Haliquist, M., &. Luna, B. (2015). The contribution of network organization and integration to the development of cognitive control. *PLOS Biology, 13,* 1-25.

Mars, R. B., Neubert, F. X., Noonan, M. A., Sallet, J., Toni, I., & Rushworth, M. S. (2012). On the relationship between the "default mode network" and the "social brain." *Frontiers in Human Neuroscience.* Retrieved July 6, 2016, from http://journal.frontiersin.org/article /10.3389/fnhum.2012.00189/full

Mayes, L., Rutherford, H., Suchman, N., & Close, N. (2012). The Neural and Psychological Dynamics of Adults' Transition to Parenthood. *Zero to Three,33*(2), 83-84.

McWayne , C., Downer, J., Campos, R., & Harris, R. (2013). Father involvement during early childhood and its association with children's early learning: A meta-analysis, early education and development, 24:6, 898-922.

Meltzoff, A. N. (1999). Born to learn: What infants learn from watching us. In N. A.

Fox, L. A. Leavitt, & J. G. Worhol (Eds.), *The role of early experience in early development* (pp. 145-164). Johnson & Johnson Pediatric Institute Pediatric Round Table Series.

Meltzoff, A. N., & Decety, J. (2003). What imitation tells us about social cognition: A rapprochement between development psychology and cognitive neuroscience. *Philosophical Transactions of the Royal Society B, 358,* 491-500.

Monk, C., Spicer, J., & Champagne, F. A. (2012). Linking prenatal maternal adversity to developmental outcomes in infants: The role of epigenetic pathways. *Development and Psychopathology, 24,* 1361-1376.

Morris, A. S., Silk, J. S., Steinberg, L., Myers, S. S., & Robinson, E. (2007). The role of the family context in the development of emotion regulation. *Social Development, 16,* 361-388.

Moutsiana, C., Johnstone, T., Fearon, P., Cooper, P. J., Pliatsikas, C., Goodyer, I., & Halligan, S. L. (2015). Insecure attachment during infancy predicts greater amygdala volumes in early adulthood. *Journal of Child Psychology and Psychiatry, 56,* 540-548.

National Institute of Mental Health. (2011). The teen brain: Still under construction [Web article]. Retrieved July 6, 2016, from http://www .nimh.nih.gov/health/publications/the-teen-brain-still-under-construction/index.shtml

National Scientific Council on the Developing Child. (2004). *Young children develop in an environment of relationships* (Working Paper 1). Center on the Developing Child, Harvard University.

Nelson, E. E., Leibenluft, E., McClure, E. B., & Pine, D. S. (2005, February). The social re orientation of adolescence: A neuroscience perspective on the process and its relation to psychopathology. *Psychological Medicine,* 163-174.

Noveck, J., & Tompson, T. (2007). Family ties key to youth happiness [Survey].

Associated Press. Retrieved July 4, 2016, from http://www.washingtonpost.com/wp-dyn/content/article/2007/08/20/AR2007 082000451.html.

Ochsner, K. N., Knierim, K., Ludlow, D. H., Hanelin, J., Ramachandran, T., Glover, G., & Mackey, S. C. (2004). Reflecting upon feelings: An fMRI study of neural systems supporting the attribution of emotion to self and other. *Journal of Cognitive Neuroscience, 16,* 1746-1772.

O'Connor, M., Sanson, A., Hawkins, M. T., Letcher, P., Toumbourou, J. W., Smart, D., . . . Olsson, C. A. (2011). Predictors of positive development in emerging adulthood. *Journal of Youth* and *Adolescence, 40,* 860-874.

Olson, S. (2012). *From neurons to neighborhoods: An update: Workshop summary.* Washington, DC: National Academies Press.

Pally, R. (2001). *The mind-brain relationship.* New York, NY: Other Press.

Pally, R. (2007). The predicting brain: Unconscious repetition, conscious reflection and therapeutic change. *International Journal of Psychoanalysis, 88,* 861-881.

Pally, R. (2010). The brain's shared circuits of interpersonal understanding: Implications for psychoanalysis and psychodynamic psychotherapy. *Journal of the American Acadamy of Psychoanalysis* and Dynamic *Psychiatry, 38,* 381—411.

Panksepp, J. (1998) *Affective neuroscience: The foundations of human and animal emotions.* New York, NY: Oxford University Press

Pajulo, M., Suchman, N. E., Kalland, M., & Mayes, L. C. (2006). Enhancing the effectiveness of residential treatment for substance abusing pregnant and parenting women: focus on maternal reflective functioning and mother-child relationship, *Infant Mental Health Journal, 27,* 448-465.

Powell, N. D., Sloan, E. K., Bailey, M. T., Arevalo, J. M. G., Miller, G. E., Chen, E., ... Cole, S. W. (2013). Social stress up-regulates inflammatory gene expression in the leukocyte transcriptome via B-adren-ergic induction of myelopoiesis. *Proceedings* of the National Academy of Sciences, *110*,16574-16579.

Pruett, K. (2000). *Fatherneed: Why father care is as* essential as mother care *for your child.* New York, NY: Broadway Books.

Pruett, K. & Pruett, M.K. (2009). *Partnership parenting: How men and women parent differently—why it helps your kids and can strengthen your marriage.* Cambridge, MA: Da Capo Press.

Quinn, N. (2005). Universals of child rearing. *Anthropologic Theory, 5*, 477-516.

Reyna, V., Farley, F. (2006). Risk and rationality in adolescent decision-making: Implications for theory, practice, and public policy. *Psychological Science in the Public Interest, 7*,1-44.

Rosenberg, J. & Wilcox, W.B. (2006). The impact of fathers on cognitive ability and educational achievement. *U.S. Department of Health and Human Services Administration for Children and Families Administration on Children, Youth and Families Children's Bureau Office* on *Child Abuse and Neglect.*

Rutherford, H.J., Williams, S. K., Moy, S., Mayes, L. C., & Johns, J.J.(2011). Disruption of maternal parenting circuitry by addictive process: Rewiring of reward and stress systems. *Frontiers in Psychiatry*. Retrieved July 7,2016, from http://journal.frontiersin.org/article/10.3389/fpsyt.2011.00037/full

Saphire-Bernsteina, S., Way, B. M., Kim, H. S., Sherman, D. K., & Taylor, S. E. (2011). Oxytocin receptor gene (OXTR) is related to psychological resources. *Proceedings of the National Academy of Sciences, 108,* 15118-15122.

Sherf, K. S., Behrmann, M., & Dahl, R. E. (2012). Facing changes and changing faces in adolescence: A new model for investigating adolescent-specific interactions between pubertal, brain and behavioral development. *Developmental Cognitive Neuroscience, 2,* 199-219.

Shonkoff, J. P, Garner, A. S., Siegel, B. S., Dobbins, M. I., Earls, M. F., McGuinn, L.,

... Wood, D. L. (2012). The lifelong effects of early childhood adversity and toxic stress. *Pediatrics, 129* (1), e232-e246.

Shonkoff, J. P., & Phillips, D. A. (Eds.). (2000). *From neurons to neighborhoods: The science of early childhood development.* Washington, DC: National Academies Press.

Sisk, C. L., & Zehr, J. L. (2005). Pubertal hormones organize the adolescent brain and behavior. *Frontiers in Neuroendocrinology, 26,* 163-174.

Slade, A. (2006). Reflective parenting programs: Theory and development. *Psychoanalytic Inquiry, 26,* 640-657.

Slade, A., Grienenberger, G., Bernbach, E., Levy, D., & Locker, A. (2005). Maternal reflective functioning, attachment, and the transmission gap: A preliminary study. *Attachment and Human Development, 7,* 283-298.

Somerville, L. H. (2013). Special issue on the teenage brain: Sensitivity to social evaluation. *Current Directions in Psychological Science, 22,* 121-127.

Sperduti, G. S., Guionnet, S., Fossati, P., & Nadel, J. (2014). Mirror neuron system and mentalizing system connect during online social interaction. *Cognitive Processing, 15,* 307-316.

Spunt, R. P., Meyer, M. L., & Lieberman, M. D. (2015). *Journal of Cognitive Neuroscience, 27,* 1116-1124.

Steinberg, L. (2008). A social neuroscience perspective on adolescent risk-taking. *Developmental Review, 28,* 78-106.

Strathearn, L. (2011). Maternal neglect: Oxytocin, dopamine and the neurobiology of attachment. *Journal of Neuroendocrinology, 23,* 1054-1065.

Strathearn, L., Fonagy, P., & Montague, P. (2008). What's in a smile? Maternal brain responses to infant facial cues. *Pediatrics, 122,* 40-51.

Suchman, N. E., Docoste, C, Rosenberger, P., & McMahon, T. J. (2012). Attachmentbased intervention for substance-using mothers: A preliminary test of the proposed mechanisms of change. *Infant Mental Health Journal, 33,* 360-371.

Swain, J. E. (2011a). Becoming a parent: Biobehavioral and brain science perspectives. *Current Problems in Pediatric and Adolescent Health Care, 41,* 192-196.

Swain, J. E. (2011b). The human parental brain: In vivo neuroimaging. *Progress in Neuro-psychopharmacology and Biological Psychiatry, 35,* 1242-1254.

Swain, J. E., Lorberbaum, J. P., Kose, S., & Strathearn, L. (2007). Brain basis of early parent-infant interactions: Psychology, physiology, and in vivo functional neuroimaging studies. *Jouranl of Child Psychology and Psychiatry, 48,* 262-287.

Takahashi, H. K., Kitada, R., Sasaki, A. T., Kawamichi, H., Okazaki, S., Kochiyama, T., & Sadato, N. (2015). Brain networks of affective mentalizing revealed by the tear effect: The integrative role of the medial prefrontal cortex and precuneus. *Neuroscience Research, 101,* 32-43.

Tau, G. Z., & Peterson, B. S. (2010). Normal development of brain circuits. *Neuropsychopharmacology Reviews, 35,* 147-168.

Tomasello, M. (1999). *The cultural origins of human* cognition. Cambridge, MA: Harvard University Press.

Tomasello, M., Carpenter, M., & Liszkowski. (2007). A new look at infant pointing. *Child Development, 78,* 705-722.

Tononi, G., & Edelman, G. M. (1998). Consciousness and complexity. *Science, 282,* 1845-1851.

Tronick, E. (2007). *The neurobehavioral and social-emotional development of infants and children.* New York, NY: W. W. Norton.

Wager, T.D., Rilling, J.K., Smith, E.E., Sokolik, A., Casey, K.L., Davidson, R.J., Kosslyn, S.M., Rose, R.M., Cohen, J.D. (2004). Placebo-induced changes in FMRI in the anticipation and experience of pain. *Science, 303,* 1162-7.

Van Overwalle, F. (2009). Social cognition and the brain: A meta-analysis. *Human Brain Mapping, 30*, 829-858.

van Roekel, E., Verhagen, M., Scholte, R. H., Kleinjan, M., Goossens, L., & Engels, R. C. (2013). The oxytocin receptor gene (OXTR) in relation to state levels of loneliness in adolescence: Evidence for micro-level gene—environment interactions. *PLOS ONE, 8*(11), e77689.

Voss, L. J., Federmeier, K. D., &. Paller, K. A. (2011). The potato chip really does look like Elvis! Neural hallmarks of conceptual processing associated with finding novel shapes subjectively meaningful. *Cerebral Cortex,* doi: 10.1093/cercor/bhr315

Waters, E., Hamilton, C., & Weinfield, N. S. (2000). The stability of attachment security from infancy to adolescence and early adulthood: General introduction. *Child Development, 71,* 678-683.

Wilson, E. O. (2012). *The social conquest of earth.* New York, NY: Liveright.

Wiseman, O., Zagoory-Sharon, O., & Feldman, R. (2012). Oxytocin administration to parent enhances infant physiological and behavioral readiness for social engagement. *Biological Psychiatry, 72* (12), 982-989.

Wisner, K. L., Parry, B. L., & Piontek, C. M. (2002). Postpartum depression. *New England Journal of Medicine, 347,* 194-199.